曲终人不见
江上数峰青

——《老子》演讲录

阮忠　著

海南出版社
·海口·

图书在版编目（CIP）数据

曲终人不见　江上数峰青:《老子》演讲录／阮忠
著 . -- 海口：海南出版社，2023.2
（博约文丛／郭齐勇，阮忠主编）
"十四五"国家重点出版物出版规划项目
ISBN 978-7-5730-0853-4

Ⅰ . ①曲… Ⅱ . ①阮… Ⅲ . ①道家 ②《道德经》—研
究 Ⅳ . ① B223.15

中国版本图书馆 CIP 数据核字 (2022) 第 207322 号

曲终人不见　江上数峰青——《老子》演讲录
QU ZHONG REN BU JIAN　JIANG SHANG SHU FENG QING
——《LAOZI》YANJIANG LU

作　　者：	阮　忠
责任编辑：	鄢　蕾　朱　奕
装帧设计：	黎花莉
责任印制：	杨　程
出版发行：	海南出版社
地　　址：	海口市金盘开发区建设三横路 2 号
邮　　编：	570216
电　　话：	0898-66819831
印刷装订：	三河市兴达印务有限公司
版　　次：	2023年2月第1版
印　　次：	2023年2月第1次印刷
开　　本：	880 mm × 1 230 mm　1/32
印　　张：	11.25
字　　数：	258千字
书　　号：	ISBN 978-7-5730-0853-4
定　　价：	68.00元

目　　录

引　言

老子当年出函谷关①的时候，一定没有想到他的《老子》（也就是《道德经》）产生了如此大的魅力，两千多年来被人们津津乐道，从海内说到海外，说得不亦乐乎。大家反复阅读，各抒己见，见仁见智，那原本只有五千言的《老子》，后世解读的文字汇集在一起，可能没有人知道文字的数量翻了多少倍，也不知道多少人以它为饭碗，养活了一家老小。

清代著名学者魏源著《老子本义》，在书前有《论老子》一文，他说："解老自韩非下千百家，老子不复生，谁定之？"是呀，没有老子，谁能判断这解老千百家的是非？如今，距离魏源离世又过去了一百六十多年，说老子的人仍络绎不绝。如果老子复生，他一定会被身后汗牛充栋的《老子》相关著作弄得眼花缭乱、惊诧不已，不知他会不会因此大为感慨，或说"正合我心"，或说"与我当初所想真是南辕北辙"，于是抚髯哈哈大笑。

老子所处的春秋晚期和后面紧跟的战国时期，都属东周时代。东周第一位天子是周平王，他在位五十一年，从公元前770年把都城从镐京迁到洛邑以后，再也掌控不了手下的诸侯。在这之前，周幽王曾废了他这个太子宜臼，立了宠妃褒姒的儿子，也就是宜臼的异母弟弟伯服为太子。幽王想逗宠妃褒姒一笑，把不能随便

---

① 函谷关实为战国时秦惠文王设置，《史记》只说出关。

点燃的边塞烽火一再点燃，让诸侯纷纷奔驰而至，却发现原来不过是"狼来了"的玩笑。直到有一天"狼"真来了，也就是犬戎伐周，幽王急举烽火而诸侯不至，幽王被杀。平王是在这样的危局中即位的，迁都也是无奈之举，犬戎的威胁太大，不避而远之，只怕落得跟他爹一样的下场。但那时齐、楚、秦、晋等诸侯国的势力已经很大了，加上一些小诸侯国，大家都盯着权力、土地、百姓，互相攻伐，心里想着争斗的策略，想着怎样才能战而胜之。周天子一代一代往下传，传到公元前 256 年，五百多年间周天子无力左右诸侯，只能听任诸侯各自为政，太平就太平，攻伐就攻伐。于是，"春秋之中，弑君三十六，亡国五十二，诸侯奔走不得保其社稷者不可胜数"①，天下生灵涂炭，百业凋敝。

当战争成为家常便饭以后，诸侯们不再讲道义。赋诗言志时彬彬有礼，到争夺时就会翻脸，我看你不舒服就打你，我想要你的土地就打你，我想要你的百姓就打你。"打"字当头，刀剑说话。老子那时候自个儿研究"道"生万物，陶醉在自己的世界里。且不说孔子先在鲁国、后在其他诸侯国之间劳碌奔波大讲道德政治，说得天花乱坠也没人用他的主张。战争延续到战国，秦、齐、楚、赵、魏、韩、燕七雄争强，更是打得不可开交。孟子说，惨哪，"争地以战，杀人盈野；争城以战，杀人盈城"②，老百姓的性命如同草芥，那命还叫命吗？这个战争没有停息的时代真是奇怪，诸侯之间放肆地开战，却又让人自由地思考，中国历史上许多重要的思想家都出现在春秋战国。春秋有老子、孔子、孙子，战国有墨子、孟子、庄子、惠施、荀子、

---

① 司马迁：《史记·太史公自序》。

② 《孟子·离娄上》。

韩非等，百家争鸣，文化兴盛。齐国还在都城临淄开了稷下学宫，任学人在那里论学，战国的百家争鸣和它有很大关系。战国还有七国争雄下的合纵连横。所谓合纵，是指齐、楚、赵、魏、韩、燕六国联合抗秦；秦国和任何一个国家的联合则称为连横，以远交近攻，破坏六国联盟。当时楚怀王是纵约长，诸侯的首领，力量本不可小觑，时人有说法："横则秦帝，纵则楚王。"但诸侯终不敌秦，秦最后逐一攻破六国，在秦王嬴政时得了天下，建立了秦王朝。

这个时代的百家争鸣催生思想家，东汉班固在《汉书·艺文志》里有一个小结，说当时的思想流派有"九流十家"。儒家、墨家、道家、法家、名家、阴阳家、农家、杂家、纵横家加在一起是"九流"，再加小说家就是"十家"。后来"三教九流"的说法中，"九流"就是从这儿来的，"三教"则是儒、道、释。班固说的仅仅是他认为的"九流十家"，有些流派还没包括进去，如兵家。兵家有孙武、孙膑，二人在军事史上很有地位。从古至今，论战争的战略战术，没有谁能绕过他们。也许是儒者不好言兵，班固有意把兵家给略掉了。因为那时最不能忘的就是战争，用兵是战争的必然，史家班固应当不会遗忘。

因这个时代的合纵连横而产生的纵横家，又称"策士"。南朝梁代的文学批评家刘勰有一个说法，说是"战国争雄，辩士云踊；从横参谋，长短角势。……一人之辩，重于九鼎之宝；三寸之舌，强于百万之师"①。有的纵横家居然"朝为布衣，夕为卿相"，平头百姓可凭一通谋略之辩，为诸侯器重，完全改变人生。纵横家中的双杰是苏秦、张仪。苏秦合纵，张仪连横，各为其主，巧

---

① 　刘勰:《文心雕龙·论说》。

舌如簧而名满天下。

不说合纵连横了。百家争鸣中的思想流派，有四家最为人称道，合称"四大显学"，它们是儒、墨、道、法。不过在战国中期，墨家学说和杨朱学说很流行，儒家的孟子很着急，老是和别人辩论，他的学生说："老师呀！别人都说你喜欢和人吵架，见面就吵架。干吗呢？"孟子说："弟子们哪，我是不得已呀！社会上的人不归于杨朱学派就归于墨翟学派，那我们仲尼老师开创的儒家学派怎么办呢？"杨朱学派主张"拔一毛而利天下，不为也"，极端利己，极端享乐，有人把它归于道家，后来逐渐不传。四大显学到了秦以后，只有儒家、道家名声最响。其实法家应该也很有名，但它融入了各个朝代的社会治理中，作为学派不像儒家、道家以及后来传入的佛学那么有影响。但有哪一个朝代不用法呢！

西汉一度独尊儒学，这是汉武帝时候的事。西汉初年，刘邦得了天下以后，传位给汉惠帝，汉惠帝之后是汉文帝，汉文帝传位给汉景帝。从汉高祖到汉景帝，是西汉战后恢复经济的时期。尤其是汉文帝和汉景帝时，朝野信奉"黄老之学"，让百姓清心寡欲，休养生息，施行轻赋税、少徭役等举措，为后来汉武帝时期的鼎盛奠定了基础。汉武帝即位后，汉兴已经六十多年了，那时粮仓里的粮食层层堆积，最底层的粮食都烂了；铜钱也多得不得了，钱仓里串钱的绳子也烂了。武帝仗着国力强盛，改变了祖先对匈奴的怀柔政策，对扰边的匈奴人不再封官嫁女，而是你扰边就打你，以保太平。当时，他身边的儒士董仲舒提出，国家一统了，最好思想也一统，才能改变"师异道，人异论，百家殊方，指意不同"[①]的混乱局面，于是提出"罢黜百家，独尊儒术"。汉

① 班固：《汉书·董仲舒传》。

武帝采纳了他的意见，于是儒学独尊，成为经学。

东汉末年，由于帝王幼小，国家权力为宦官或外戚所把控，豪强割据，互相征伐，东汉王朝渐趋崩溃，佛教进入中原，道教也产生了。而魏晋时以道家思想为核心的玄学兴起，《周易》《老子》《庄子》成了清谈家乐道的"三玄"，儒学独尊的局面彻底被打破了。随后又有了儒、道、释三教合一。三教有不同的说法，因为有人说儒家宗教化了，道家也宗教化了，但道家和道教是两回事，道家是思想流派，道教是我国本土宗教。魏晋玄学之后，儒、道、释三家逐渐走向融合，到唐代、宋代都讲三教合一，三种思潮相互渗透，彼此影响，从而使儒学不再纯粹，道学也不再纯粹。这种情况此后一直没有改变。

虽说不是智者就得其用，但总会有智者脱颖而出。老子就是智者，但他在相当长的时间里，只是一个沉默不语的智者，没见他给天子或诸侯献计献策。据传说，若不是他弃周而去经过函谷关时，关令尹喜"卡"了他一下，让他坐下来做了"道德"这篇好大好大的文章，真不知道他的《老子》会不会问世，也不知道什么时候问世。老子当时好像没有想到立言以成就自己的名声，也没有想到多招些弟子，让弟子为他传名。他似乎不经意间写了《老子》，更不会料到这大巧若拙的五千余言，后世将名满华夏、名满全球。

《老子》是一部格言式的智慧书，老子的智慧在这五千言里得到集中体现，而且他论"道"的玄妙、抽象，至今没有谁称得上完全懂。但人们从中普遍感受到了他独特的宇宙观、社会观、人生观以及贯穿其中的自然精神与朴素辩证法，并把他的一些格言印在自己的脑海里，时时闪现，甚至当作座右铭，引导自己的人生。这意味着《老子》这部书，既有空灵的一面，又有实用的一面。后来研究他空灵宇宙观的大有人在，研究他处世原则、做人方法的也大有人在。一个在理念上矛盾的老子，以他的理念造就了世俗不同的人生，想起来倒也是奇妙无穷。作为思想家，有几人能够像他这样呢？

说《老子》的，难免随其文化立场而发，或以儒解之，或以法解之，或以佛解之，或以西学解之，诸多途径，各寻其宜。在我看来，最本色的解读应该是庄子说《老子》。庄子少学老子而发展了老子的思想。明代道教内丹派东派的开创者陆西星深好老庄，他曾经说《庄子》是《老子》的注疏，要想知道《老子》，应该先读《庄子》。这有些道理。现代的林语堂先生说过这样一番话："我以为了解老子的最好方法，便是配合庄子来研读。毕竟庄子是他的弟子和最伟大的道家代表人物。就时间而言，庄子比韩非更接近老子思想的发展体系，除此外，他们的观点几近完全一致。因此，从七万多字的《庄子》一书中选择精华，便不难说明老子思想的意蕴了，但一般人却很少做这种尝试。"① 他自己是用《庄子》来说《老子》的。我有同样的想法，老子思想的老到和语言的精练，刚好让庄子用来做畅想的素材，庄子寓言看上去荒诞不经，实际上是以老子的思想做依托，走得再远，总不失老子的根本。

老子用"道"营造了巨大的天地空间和世间万物，即使庄子的大鹏扶摇高飞九万里也只像一粒浮尘。对于《老子》，儒解者会儒化，佛解者会佛化，法解者会法化，西学解者会西学化。当然，庄学解者会庄学化。但庄子毕竟是最早、最贴近老子的学人，他受到老子的影响最多，也最深刻。老子开创的道家学派因为庄子才得以确立，如果不是庄子的弘扬，老子的影响也不会这么大。其次是写了《解老》《喻老》的韩非，还有《淮南子》《吕氏春秋》

① 林语堂：《老子的智慧·绪论》。

也说《老子》，相对于后来的解老者、注老者，他们所解必然有适己的变异，但不妨碍我们借此来看《老子》。

《老子》又是国学中的重要著作。关于国学，这么多年以来已经被人说得很多了。它究竟是什么？原始的国学是儒学，儒学十三经是正统的国学。现在说国学，就不限于儒学经典，包括了先秦儒、墨、道、法、名、阴阳、兵、农等学派的经典著作，它们一直是中国历史文化长河中美丽的浪花，理应被视为国学的瑰宝。但有些传统的读本，则不适合列入国学，如《弟子规》，它作为当时儿童的启蒙教材，不能比肩《论语》。而《老子》具有和《论语》一样的经典地位，一代一代传播。

中国传统文化是我们应该常学常讲的，我以前讲传统文化，无论是讲《论语》《孟子》，还是讲《老子》《庄子》，总有人发问："学了何用？"二十多年前，我在武汉桂子山上讲庄子的《逍遥游》，课后有位学生就问我："老师，学这有什么用呢？"《逍遥游》是庄子最著名的代表作。我笑了，说道："要说有什么用，你想要立竿见影的实用功效可能没有。譬如说，你今天听我讲了《逍遥游》，明天就去做买卖，一做就很成功，这个作用可能没有。或者你明天去炒股，一炒就赚，手上的股票疯涨，这个作用可能也没有。但当你面对一种影响中华民族两千多年的思想文化时，有理由拒绝它吗？你能在社会生活中摆脱这种文化的影响吗？为此，我们需要主动去了解这种文化，了解我们自己。"

于是，我讲了《逍遥游》里的一个小故事。故事说宋国有一户人家会做防冻膏，这家人世世代代都以漂洗棉絮为职业。因为有防冻膏，在河里漂洗棉絮可以不冻手，所以他们冬天也照常劳作。有个人听说了这件事，便到宋国去拜访这户人家，说："我给你们一百元钱，买这个做防冻膏的方子好不好？"这家人一起商量，想到世世代代漂洗棉絮，每天所得不过几块钱，现在卖这个方子，一下子能够赚一百块钱，很高兴地卖了。不料，这人拿了做防冻膏的方子去游说吴王。当时，吴国和越国在天寒地冻的冬天打仗，吴越之地多江湖，两国军队在水上交锋。因为吴国有防冻膏，军人的健康不受影响，结果大败越军。打了胜仗后，吴王很高兴，给了这个进献防冻膏方子的人一块土地，还封了他一个不错的官职。所以庄子说，同样是防冻膏，有的人世世代代漂洗棉絮，有的人裂土封王，关键在于你会用不会用。学习国学，其实道理也是相通的，随后使劲去创新，那时候你的底气也会足得多。

国学关乎人的修养，它能让人增长学识、提高能力，让人聪明又优雅。2007 年 6 月，北京大学的袁行霈先生在《人民日报》上发表了一篇小文章《国学究竟有什么用？》，回答世人问的国学有什么用。袁先生说，你要说有用，那也没有什么用。你要吃饭，这国学不能当饭吃；你要投资赚钱，这国学没有教你怎样投资赚钱。"但其精华部分能丰富我们的精神世界，增强民族的凝聚力，协调人和自然的关系以及人和人的关系，能促使人把自己掌握的技术用到造福于人类的正道上来，这是国学无用之大用，也是人文无用之大用。试想，如果我们的心灵中没有诗意，我们的记忆中没有历史，我们的思考中没有哲理，我们的生活将成为什么样子？"他这话说得很有味道，没有国学，生活没有诗意，记忆没有历史，思考没有哲理，这是我们应该高度警惕的，所以我们要学国学。而在现实生活中，事业做得好的，国学的修养常常很深，因为国学教我们开阔人生的视野，教我们一些做人做事的基本方法和态度，让我们有很深的人文情怀，这在日常生活中、在人与人交往中是很有必要的。何况，国学真能使人有智慧，当然你得坚持学习，善于感悟，不要把自己读成了老话说的冬烘先生，迂腐无用。

一个有智慧的人，你知道他最大的智慧是什么吗？最大的智慧是化别人的智慧为自己的智慧，这就是能耐。不要以为凡事只有你自己才干得了，生活好像不是这样的。凡事身先士卒，你可能会有很大的成就，但这其实是不够的。在大千世界，没有谁的智慧足够，没有谁的能力足够。人与人的互助，一定是以他人的能力为能力，以他人的智慧为智慧，只有这样才可能把事业做得很大。西汉高祖刘邦是个很典型的例子。有一次，做了皇帝的刘邦在洛阳南宫和群臣一起聊天，他问群臣："你们看我为什么得了天下？"大臣高起、王陵说："陛下攻城略地之后，与天下人同利；项羽虽然仁而爱人，但妒贤嫉能，战胜不与人同功，得地不与人同利。"刘邦说："你们知其一不知其二，我之所以能得天下，是因为我出谋划策有张良，运策于帷帐之内，决胜于千里之外；后勤有萧何，他安定后方，提供军粮，让我没有后顾之忧；打仗有韩信，他战必胜，攻必取。而项羽只有一个年迈的范增出谋划策，又不能好好用他。所以项羽兵败。"刘邦这席话，就显示了他的大智慧。这故事记录在司马迁的《史记·高祖本纪》中。

国学真的要学，学国学使人有知识、有素质、有胸怀。有人说过，一个成功的人要有三种品质：一是永远乐观地面对生活；二是永远都不抱怨，既不抱怨过去，也不抱怨现在；三是具有超出常人的坚持力。这话说得很好，这三点需要学而后能，感悟国学的精神也是重要的内动力，只是有一个循序渐进的过程，就像老子说的"千里之行，始于足下"。我们记住他这句话，相信国学深厚的感召力，相信我们自己在这种感召力下一定会成长，踏踏实实向前走。"慎终如始，则无败事"，这也是老子说的，两千五百多年过去了，这些话语至今仍是生活的真理。他真是太有智慧！

智慧的老子给人智慧，像他这样充满智慧的人在当时寥若晨星，至今后人只能抬头仰望。老子说知道他的人很少，能够以他为榜样的人是很可贵的。孔子曾向老子学习，却没有真正以老子为榜样，而是走了自己的道路。老子并不在意，他过着自己的日子，连办私学收徒这样的事也没有明确的记录。当时，满腹学识的老子实在是孤苦伶仃，孔子去拜见他时也只是短暂的相会和交流，函谷关的关令尹喜可能是极少数懂得他的人。老子也没想到身后自己的道、德论说会酿造出"老学"，红遍世界。幸亏他没有像司马迁说的那样，以立名为人生最高的追求。如果那时候他一心想着要建立名誉以光宗耀祖，也许这五千言就没有这么大的魅力了，老子也不是现在人们心中的老子了。

老子的魅力在哪里呢？魅力在那些自然、社会和人生的话题中，给后世留下了一些难以猜透的谜团；魅力在于他说的话充满了智慧，是人生和社会的格言。他把自己说的许多话陈述得朦胧而又富于思辨，让人禁不住一遍又一遍地品读，回味无穷。国学大家钱穆先生曾说："庄周毕竟似乎太聪明了些，他那一卮水，几千年来人喝着，太淡了，又像太冽了，总解不了渴。反而觉得这一卮水，千变万化地，好像有种种的怪味。尽喝着会愈爱喝，但仍解不了人的渴。究不知，这两千年来，几个是真解味的，喝了他那卮水，真能解渴呀！你若不信，何妨也拿他那卮子到口来一尝，看是怎样呢！"[①] 这话也是可以用来说老子的。读《老子》正是给人解渴难尽的感觉，它那不能解渴的种种味道，是许多社会和人生的经验，需要人们细细地品味，这其实也就是《老子》至今仍让我们沉醉的魅力。

说了这么多，算是我们进入《老子》的引言。

---

① 钱穆：《庄老通辨》。

第一章　老子、《老子》和关联人

我们来说《老子》这部书。在说它之前，得说说老子这个人，对他有些了解，也便于对《老子》有更多、更全面的认知。这走的是孟子"知人论世"的路，路是老路，也是我们的必由之路。

据现在的记载，老子活着的时候，与世人交往很少。但他毕竟不是一个孤立的人，在他那个时代的前前后后，总有些人和他产生关联，对这些人我们也做一点交代，同样有利于我们认识老子这个人，理解《老子》这部书。曾在我的母校华中师范大学任教的钱基博先生在谈到《老子》的读法时说，除了通其旨意、审其篇章、会核众注之外，还应旁读诸子。这也是行之有效的老方法，以利我们讲得深厚一点。我在讲解《老子》的时候，会提到孔子、庄子、韩非等人的一些说法，以做相互的印证或参照。

一、楚人老子

关于老子，最早给他立传的是西汉的司马迁。司马迁用了十几年的心力，写了我国第一部纪传体通史，开始称《太史公书》，后来改名《史记》，其中的七十列传中有一篇《老子韩非列传》。他说老子是春秋时楚国苦县（今河南鹿邑东）厉乡曲仁里人。那时楚国的地盘很大，除两湖之外，还有今河南、安徽、江苏的一部分。像楚人庄子（一说为宋人）是今河南商丘人，而楚人项羽是今江苏宿迁人，楚人刘邦（一说为魏人）是今江苏沛县人。托名西汉刘向所作的《列仙传》说老子是春秋时陈国人。这陈国人的说法和司马迁的苦县人说法相一致，因为苦县在春秋时是陈国的属县。

老子，姓李名耳，字聃。后人称他为李耳的很少，多习惯称他为老子或者是老聃，这是对他的尊称。《列仙传》说老子是仙人，姓李名耳，字伯阳。人们说老子大约生在公元前571年，或者是公元前581年，死在哪一年没有人知道。其实老子究竟生在哪一年，没有人知道，断言他生于哪一年的都是推测，不足信。因为孔子年轻时曾向老子学礼，孔子生于公元前551年，人们推测老子比孔子大二十岁，或者大三十岁，真难有定论。再说，老子悄悄地去过隐士的日子，他不张扬，有谁会注意他是哪年死的而有专门的记载呢？吴根友先生依据《庄子·养生主》关于"老聃死，秦失吊之"的寓言，说当时有老者哭之，如哭其子，少者哭之，如哭其母，推断老子的年寿不高。在那个充满战乱的艰难时代，这也是有可能的事。有人从"秦失"推断，说老子可能死在秦国。但"秦失"姓秦就一定是秦国人？即使他是秦国人，当时就一定是在秦国而不在其他诸侯国？这也是问题。况且庄子好编寓言故事，一部《庄子》关于老子的故事不少，都是庄子按自己思想表达的需要编写的，很难断定"秦失吊老聃"故事的真假。

老子生活在东周春秋后期，东周从公元前770年周平王东迁，将周的都城从镐京迁到洛邑开始，到公元前256年被秦王所灭结束。东周又可分为两个时期：公元前770年至公元前476年属于春秋，近三百年；公元前475年到公元前221年属于战国，两百多年。老子出生后，周王室就日薄西山，气息奄奄，渐渐衰微不能振作。而这一时期在位的周天子，先后是周简王、周灵王、周景王、周悼王、周敬王。

司马迁说老子在周王室做过"守藏室之史"。《庄子·天道》里说老子是"周之征藏史"，唐代道士成玄英为《庄子》做注，说征藏史就是秘书官，掌管朝廷的典籍。因此，人们倾向于说老子是图书管理员。《列仙传》说老子做过柱下史——柱下史是官名，还把它和司马迁说的"守藏室之史"放在一起理解，也说老子是管理图书的官员，还有人说是史官。即使是史官，地位也相当卑微，因为司马迁这个史官当时说过自己的社会地位相当于"倡优"，也就是唱戏的戏子。老子在当时有一些名声，他自己说："吾不能富贵，窃仁人之号。"① 不然鲁国曲阜的孔丘，也就是后来儒学的创始人孔子怎么会从山东曲阜去河南洛阳向他学习？

老子的老师，司马迁没说，西汉刘向编的《说苑》，在《敬慎》里讲了老子和老师常枞的故事。说常枞弥留之际，老子去看望他，常枞有三问。一问老子过故乡而下车是为什么？老子回答：不忘故旧。二问老子经过高大树木时快步而行是为什么？老子回答：敬老。三问老子："我的牙齿、舌头在吗？"老子说舌头在牙齿没了。常枞问："你知道是什么意思吗？"老子说：柔存而刚亡。常枞最后说："天下之事尽于此，我再没有什么要告诉你了。"这个故事是好事者编的，不足为信。司马迁只说老子"修道德，其学以自隐无名为务"。这"修道德"的"道德"，不是我们现在说的"道德"，而是老子《道德经》中的"道德"；而"自隐无名"说老子喜欢隐居，不求知名于世，而是默默地过自己的日子。难怪老子的哲学是退让哲学、谦和哲学。他后来眼见周王室衰落了，诸侯兴起，自行其是，彼此攻伐，也就是孔子说的礼崩乐坏，以致

① 司马迁：《史记·孔子世家》。

"陪臣执国命"而不听天子之命了。老子目睹了社会动乱的一幕幕，心彻底凉了，"守藏室之史"不做也罢。这个有心治理社会的人，却始终是冷静的旁观者，最终决定弃周王室而去，做一名隐士。只是没有像东晋的陶渊明高歌一句"归去来兮"，昭告世人，回到田园。

老子出走，走到函谷关。函谷关位于现在河南灵宝市东北，关口在崤山山谷中，是西行的必经关口。老子走到关口，关令尹喜知道他的用意，迎上来对老子说："您老人家要去过隐居生活，但不能就这样走了，得把一肚子的学问写出来。"老子那时述而不作，有学问却没有著作。他不太愿意著书，可这时不愿意不行呀！关尹不肯放他远行。在"您给我写书"这样的强求下，本来不想彰显学问，也不想扬名天下的老子，迫不得已，在函谷关的关楼上坐下来，花了好多天时间，把毕生的学问浓缩成五千字的上下篇，言道德之意，写完甩手离去。这五千字，不意成了道家学派的思想精华，奠定了老子在这一学派的宗师地位。

关于"关令尹喜"一向存在争议。有人说是函谷关的长官即"关令"名叫尹喜；有人说"关令"和"尹"姓连在一起，所以叫"关令尹"；还有人把"喜曰"断在一起，那就成了"关令尹高兴地说"。这三个说法并存，一般称他为尹喜，人们好称他为关尹。有人说关尹是甘肃天水人，天水是著名的北国江南，风景秀美，气候宜人。据说那儿是中国人的始祖伏羲的诞生地，明代成化年间建了伏羲庙，清代多次重修，形成现在很壮观的牌坊、宫门和祠堂，祠内古柏参天。人们每年都在那里祭祀伏羲，怀念先祖。据说关尹在老子离开函谷关以后，觉得做关令没什么意思，学老子也去做了隐士。这关尹是个有心人，平素对老子应该有所知，所以见了老子才产生了要他著书的想法。如果真是司马迁说的这样，那关尹对道家和中国文化都有很大的贡献。

东汉班固在《汉书·艺文志》的《关尹子》九篇下做了一个注，说关尹在老子过函谷关时，辞官随老子而去，自然成了老子的弟子。因为和老子的关系，关尹后来被归于道家学派，《关尹子》九篇早已不传。在学术上，《庄子·天下》视关尹和老聃为一派，说他和老聃是"古之博大真人"，奉行有与无，表面上柔弱谦下，内心空虚而不毁万物。所谓"博大真人"在庄子笔下就是神人，有"仙人"的味道，有生而无死，大水漫天淹不着他，大旱让金石都熔化了，可他居然感觉不到炎热。后来，《列仙传》里也有关尹的一席之地，说他和老子一样成了仙，还说他是周朝大夫，这没有什么依据。

顺便说一句，老子的弟子除了这里说的关尹外，司马迁的老子列传中记载了孔子向老子请教，可以说孔子也是老子的弟子。再就是《汉书·艺文志》提到的文子。在《文子》九篇下，班固说文子是老子的弟子，与孔子同时。他又补充了一句"似依托者也"，意思是文子不一定是老子的弟子，而是后人伪托的。文子的"子"也是尊称，不知其名。有人说文子又叫计然，是范蠡的老师。又因为有楚平王问政文子的说法，而楚平王公元前 529 年至公元前 516 年在位，那么文子也应是春秋后期的人，晚于老子而与孔子同时期。现传《文子》十二篇，疑为后人伪托。书中思想和老子一脉相承，却像庄子一样把"道"说得高不可及、深不可测。《道原》里关于"道"虚无、清静、平易、柔弱、纯粹、素朴的观念，显然源于老子，他被归在道家学派也是自然的。还有战国中期在思想界与墨子平分秋色的杨朱，又称杨子，也有人说他是老子的弟子，庄子曾经提到过他，并没有他是老子弟子的依据。还有人说列子（即列御寇）、庄子寓言里的庚桑楚等人也是老子的弟子，同样没有很实在的依据。在唐代道教兴盛的时期，唐高宗、唐玄宗等崇尚玄学，庄子、文子、列子、庚桑子和老子一起被封。老子做了太上玄元皇帝，庄子为南华真人，文子为通玄真人，列子为冲虚真人，庚桑子为洞灵真人。同时，《庄子》被称为《南华真经》，《文子》被称为《通玄真经》，《列子》被称为《冲虚至德真经》。这是另一码事。

关尹放老子走了之后，没有人知道老子最后去了哪里。司马迁说了五个字"莫知其所终"，老子去向自然成了千古悬案。在传说中，老子在函谷关写完《老子》之后，骑着青牛晃悠悠地出了关，从此有很多说法，最常见的是老子"化胡"，说他教化胡人去了。庄子说老子向西游于秦国，这都是后人的猜想，谁知道真相呢？当然也没有人知道老子这个楚人在晚年过得怎样，会不会凄凉、孤独而终，也不知道他"化胡"也就是教化北方胡人的成效究竟如何。他倒是因力主"道"生万物，被后人认为开创了道家学派，是道家学派的领袖。

在充满传奇色彩的老子故事里，可以说老子是被关尹发掘出来的。如果当时关尹不强留老子，不逼迫老子写书，那老子的影响可能因有述无作而非常有限，散发着思想光芒的《老子》也不可能产生，那真是中国文化史上的一件憾事。

关于老子，司马迁在《老子列传》里还提到两个人，一个是老莱子，另一个是周太史儋。他说老莱子是楚人，写了十五篇文章，宣扬道家的学说。但老莱子没有著作传世，他这个人后来在社会上还很有影响力，不是别的，正是他的孝心孝行。元代有个叫郭居敬的人，编写了《二十四孝》，后配图成为《二十四孝图》，"老莱娱亲"是其中之一。说老莱子孝顺，七十多岁时，为讨九十多岁父母的欢心，总是穿着小孩子的花衣裳，有时甚至故意摔倒在地上，扮小孩子啼哭，不觉得自己已是一个七十多岁的老人。鲁迅先生曾写过一篇《二十四孝图》的文章，嘲笑老莱子装模作样，实在不该。当然这是后人编造的，说这样的行为也是孝子的楷模。而这样的老莱子，不太合道家的自然法则。再就是周太史儋，司马迁说有人认为这个周太史儋就是老子，他在孔子死了129年后见过秦献公，为秦献公出谋划策。又有人说他是隐士，不知隐居在哪里。

司马迁的这一记述，引起后人关于老子是谁的猜测。二十世纪二三十年代，一些著名学者有过激烈的争论。老子是谁？李耳？老莱子？周太史儋？还是其他人，譬如说是关尹？这些争论各说各理，最终占上风的是李耳老聃是老子。还有老子是春秋时人还是战国时人的争论。春秋时人？战国时人？是战国初期人还是战国中期人？也是各说各话。我一向不太在意这些争论，因为在今天看来，"老子"是一个符号，司马迁说了三个老子，明显倾向于李耳。后人的研究、推断，如果没有确切的依据，就不必太纠结。司马迁说老子是周守藏史，是孔子的老师。孔子生活在春秋晚期，那老子自然也是春秋时人，这一点没有疑问。有人说老子是战国时人，老子在孔子之后，这也没有确切的依据。凭感觉或靠主观判断，都不可取。

老子活了多久呢？本来司马迁说老子西去，"莫知其所终"，也算是一个不知道他活了多久的结论。但司马迁在《老子列传》中又恍恍惚惚地说了一句："盖老子百有六十余岁，或言二百余岁，以其修道而养寿也。"这样说不及"莫知其所终"实在，不足取信。司马迁用了"或言"，表示他也是不信的。司马迁还说老子的儿子叫李宗，孙子叫李注，等等，也难知真假。

《老子》八十一章，说"道"谈"德"，无论理念多么抽象，这些理念中都有老子的身影在跃动。我随后讲他的这些理念，自然也是在讲老子这个人。这里也就不展开说了。《老子》中有两章是老子专说自己的，虽然他的这些话是正话反说，有嘲讽世俗之人的意思，但还是告诉了人们他是怎样的人，他的所作所为与众人有怎样的不同。先看第二十章中写的：

> 唯之与阿，相去几何？善之与恶，相去若何？人之所畏，不可不畏。荒兮其未央哉！众人熙熙，如享太牢，如春登台。我独泊兮其未兆，如婴儿之未孩。傫傫兮若无所归。众人皆有余，而我独若遗。我愚人之心也哉！沌沌兮！俗人昭昭，我独昏昏；俗人察察，我独闷闷。澹兮其若海，飂兮若无止。众人皆有以，而我独顽似鄙。我独异于人，而贵食母。

这一章首句有的版本有"绝学无忧"。有的版本认为这是错讹，把这一句放在第十九章，觉得更相合。也是，第十九章最后写道，"见素抱朴，少私寡欲"，把"绝学无忧"接上去的确更合适，而不必放在这里意思突兀而不连贯。

这一章张松辉先生认为是"老子的一首抒发悲愤心情的诗"[1]，甚至说它类似屈原的《离骚》。他这样说当然不是指这首诗的体制，而是指诗的抒情和老子悲愤人生的孤独。就此来说，其实这一章还是比不得屈原的《离骚》，老子的人生是不得志，但他有很多时候以淡泊和退让消解自己内心的不平，他的不得志内含的社会冲突也比屈原的要小得多。屈原最终不听渔父随波逐流的劝告，以身殉国，投江而死；老子则以身避世，求自己隐居的安宁。不过，老子没有屈原那样的政治平台——尽管老子的政治

---

① 张松辉：《老子新解》。

抱负包容天下，屈原的政治抱负只在楚国的美政。

　　老子在这一章开始说做人的态度和性情。他问：做人应诺的恭敬和呵斥的怠慢之间的差距有多大？人性的善良和邪恶之间的差距有多大？它们之间的差距是很小的。一个人言与行一旦过度，恭敬会变成怠慢，善良会转化成邪恶。他这里说了事物的相对性，恭敬与怠慢是相对的，善良与邪恶也是相对的。他要做一个恭敬的人、善良的人。但他又说："别人害怕的事，我也不能不害怕。"这是什么话呢？是说他在社会生活中，得从众随流而不能逆行。可他的思想已经走得很远很远了，没有穷尽。于是他把众人和自己做了一番比较：

　　"众人熙熙，如享太牢"，这"熙熙"说的是欢快热闹，他描述了社会上俗人的模样，争相逐利，像屈原《离骚》里说的："众皆竞进以贪婪兮，凭不厌乎求索。"后来司马迁在写生意人的《货殖列传》里记录了民间俗话"天下熙熙，皆为利来；天下壤壤（攘攘），皆为利往"。在利益面前，老子说人们好像享受着最高的祭祀仪式：太牢。古代祭祀，有太牢、少牢之别。太牢用牛、羊、猪三牲做供品，少牢用羊和猪做供品。众人兴高采烈，好像是在明媚的春天登上高台观赏美丽的景色一样。但老子说："在利益面前我这个人很淡泊、很恬静，别人追逐名利，而我像一个没启蒙、不懂事的小孩子，混混沌沌的，连笑都不会。不单是这样，面对名利，我有时还很疲惫，无家可归。"这里的"儡儡"，就形容疲倦的样子。

　　老子接着说："众人的财富有余，而我却显得财富不足；众人在追求名利上没有止境，而我一点欲望都没有。众人心里明白敞亮，而我稀里糊涂。我这个人的心哪，就是一个愚笨人的心，众人昭昭，我独昏昏；众人苛求严察，我宽宏大量；众人清醒精明，而我这个人愚顽又浅薄。"战国屈原遭流放行吟泽畔时，对渔父说的"举世皆浊我独清，众人皆醉我独醒"，和老子的感觉相似。但两人的表达不一样，屈原是正说，老子是正话反说。接着老子又说道"澹兮其若海，飂兮若无止"，比喻自己的胸怀宽广如辽阔的大海，又像疾风吹而不止。他表白：我这个人之所以和众人不同，就在于"贵食母"。"母"指的是"道"，"食母"则是得了"道"，所以他能够淡泊，无所谓名利。老子辞官隐居，和他这样的人生理念有关。老子又在第六十七章说自己：

> 天下皆谓我道大，似不肖。夫唯大，故似不肖。若肖，久矣其细也夫。我有三宝，持而保之：一曰慈，二曰俭，三曰不敢为天下先。慈，故能勇；俭，故能广；不敢为天下先，故能成器长。今舍慈且勇，舍俭且广，舍后且先，死矣！夫慈，以战则胜，以守则固。天将救之，以慈卫之。

老子说："天下人认为我的'道'大，似乎不像什么器物。"他说："我告诉你们，正因为'道'大，所以它不像什么器物。如果像什么器物，那它就太小了。"这话让人感到他还是向人说过自己主张的"道"，但不为人接受。庄子在《逍遥游》中记述过自己和名家代表人物惠施的谈话，惠施就说庄子的学说大而无当，没有什么用处，所以被众人抛弃。老子的"道"大，不为人理解，恐怕也是让人觉得无用，没有人用它。老子在第二十章里说自己孤独，这也是很重要的原因。

随后，老子又说："我有三宝，持而保之：一曰慈，二曰俭，三曰不敢为天下先。""慈"讲仁爱，"俭"讲节约，"不敢为天下先"讲退让。在那个时代，慈爱、节俭的思想常见。孔子讲慈爱，用了一个"仁"字；墨子也讲节俭，说人生一世应当"节用"。而"不敢为天下先"是老子最为奉行的。处事不要冲在前面，而要待在后面。老子对这三点有进一步的解说："慈，故能勇；俭，故能广；不敢为天下先，故能成器长。"听了这话，能够感觉到老子的慈爱、节俭和不敢为天下先固然是做人的低调，但也是以退为进的处世方法。他所处的春秋社会，充斥着诸侯战争，因为慈爱，就能勇敢；因为节俭，就能宽裕；因为不敢为天下先，所以能够做万物的首长。

这是老子自己的看法，与世俗之人的看法截然不同。世俗之人不求慈爱只顾勇敢，不求节俭而贪图富贵，不愿居后而只顾向前，这样做，他说是死路一条，万万不可以。在三者中，唯有慈爱最有力量："夫慈，以战则胜，以守则固。天将救之，以慈卫之。"他夸大了慈爱的作用，觉得有慈爱就能战则胜，守则固，还说苍天也是慈爱的，在人们心目中赏善罚恶的老天爷，也是以慈爱为本的。后来孔子讲德治、孟子讲仁政、墨子讲兼爱，都贯穿着爱的精神，原来淡泊无欲、自称愚蠢笨拙的老子，满是爱心。可在当时，人们苦于刀枪剑戟、腥风血雨的争斗，有谁能够用爱来滋润社会，一统天下呢？

作为政治家的老子不合时宜，一生很不得志，却没有刻意去实现自己的政治抱负，而他自然无为的政治抱负也不可能实现。

二、《老子》又名《道德经》

老子在函谷关的著述原名就是《老子》，并没有称为"经"，像《诗经》原本称《诗》或《诗三百》，《书经》原本称《书》。西汉武帝时，经学兴起，它们才被称为"经"。《老子》因前三十七章为上篇言"道"、后四十四章为下篇言"德"，而被称为

《道德经》，这是东汉末年的事。还有的版本是"德"前"道"后，而被人称为《德道经》。通行的还是《道德经》。有人说这书写成后应有人做了修改，不然它的语言怎会那么凝练，那么整齐，看起来就有爱意。但没有人知道这整理者是谁，也不知道是不是真的有人费心做了修改。因为修改者也需要有老子那样的智慧，还得有更高超的语言技巧。这一疑问有人在想，终为无人能断的疑案，姑且不用管它。

老子说的"道"与"德"有独特的含义，与孔孟以及其他学派说的道德不同，由此形成了儒、道两家的互渗互补。道家文化是《老子》这部书奠定的，自它诞生后的两千多年来长热不衰，这也是中国文化史上的趣事。老子因为《老子》这部书而名声大噪。唐代韩愈曾为死于柳州的朋友柳宗元感慨，说柳宗元为将相还不及写的文章名声久远。果然是这样，应了春秋时鲁国大夫叔孙豹说的"立言"可以不朽。

《老子》的影响在魏晋以后渐兴。魏晋时王弼作《老子注》，年长于他的吏部尚书何晏也注《老子》，当他见了王弼的《老子注》，感叹"若斯人，可与论天人之际矣"[①]！他觉得自己对《老子》的注不及王弼，也就放弃了。还有与王弼、何晏同时的"竹林七贤"中的阮籍、嵇康等人，都性好《老》《庄》。到东晋，由于士人清谈的玄言风盛，《老子》《庄子》一下就热了起来。做过振威将军、荆州刺史、荆益宁三州军事都督的殷仲堪曾说："三日不读《道德经》，便觉舌本间强。"[②]这代表了当时许多清谈家的想法，而《老子》和《庄子》《周易》合称"三玄"，是清谈家的重要谈资。

---

① 刘义庆:《世说新语·文学》。

② 刘义庆:《世说新语·文学》。

《老子》不仅仅是谈资，后来又成了作家的创作素材。南朝梁代的文学批评家刘勰就说那时世道混乱而文辞平和，"诗必柱下之旨归，赋乃漆园之义疏"[①]。只是当清谈成为士大夫的生活，导致了魏晋虚浮的社会风气；当清谈成为作家的创作素材，文学就少了最需要的作家真情，这是另外的话题。

　　这么流行、这么受人欢迎的《老子》的有些问题引发了后人的争议。一是这部书的作者是不是姓李名耳字聃的老子。有人说是，有人说不是。说不是的人认为应该是老子的弟子写的，就像《论语》是孔子弟子编的一样；还有人说是战国中期的环渊写的，"环渊"音变为"关尹"。但这都没有确凿的证据，难为人采信。二是《老子》这部书产生在什么时候。老子是春秋末年的人，这书是他在关尹的要求下写的，自然就产生在春秋末期。但有人认为这部书产生于战国。如果是这样的话，书的作者就不会是老子，只是同样没有确凿的证据。我们没有必要在这上面花太多的气力，关键还是《老子》这部书真真切切地存在着，如果没有证据，那我们还是依从司马迁的说法。

　　《老子》的读本较多，最受人关注的是河上公的《老子道德经河上公章句》（以下简称《老子章句》），这也是《老子》较早的注释本。河上公不是人的名字，也许是黄河边上的一位老人，因河命名，给自己取了"河上公"的号。他又被人叫作"河上丈人"。后来很多文人都是这样，如苏轼在黄州东坡躬耕，就自号"东坡居士"。河上公究竟是谁，已经不能知道了。有人说他是秦汉时方术之士安期生的老师。方术通常利用巫术为人求仙，安期生就是利用方术求仙的人。这种说法在民间流传，同样没有什么

---

① 刘勰:《文心雕龙·时序》。

依据，也不知道他是做什么的。

其次是王弼的《老子注》。王弼，字辅嗣，三国时的魏国人，东汉末年荆州牧刘表的曾外孙，"建安七子"王粲的侄孙。他生于226年，死于249年，只活了二十三岁。但他相当了不起，年纪轻轻就为难解的《老子》《周易》做注，也阐发自己的所思所想，成了魏晋玄学的领头羊，还被后人称为天才哲学家，可惜死得太早。他的《老子注》是"老学"领域的经典著作。今人学老子，多好以他的《老子注》为蓝本。所以，王弼的影响至今不衰。

其三是唐玄宗批注的《道德经》，也叫《唐玄宗御制道德真经疏》，人称唐玄宗注本。唐玄宗治下的李唐王朝进入鼎盛时期，他想用老子思想治国，却遭遇了"安史之乱"。安禄山、史思明反唐，弄得他狼狈逃出长安，还被迫让"三千宠爱在一身"[①]的贵妃杨玉环在马嵬坡自缢身亡，随后又退下皇位，让第三个儿子李亨继位称帝。唐代诗人白居易想到唐玄宗和杨玉环的故事，写下了《长恨歌》，让后人吟叹唐王朝的悲剧，也吟叹这两人的爱情悲剧。纵然两人"在天愿作比翼鸟，在地愿为连理枝"，怎奈何"天长地久有时尽，此恨绵绵无绝期"。而八年的"安史之乱"，也使唐王朝在动荡不安中走向衰落。唐玄宗信奉道教，为《道德经》做注是很自然的事，注成也有很大的影响。不过，为《老子》做注的帝王不止他一人，此后还有宋徽宗赵佶、明太祖朱元璋、清世祖爱新觉罗·福临，也算是《老子》流传的盛事。

20世纪以来，人们在地下考古发掘中又发现了两种《老子》的本子，这里简单地说一说。

一是帛书《老子》。1973年，长沙马王堆发掘汉墓，意外获

---

① 白居易:《长恨歌》。

得了《老子》帛书注本。它是用两种文字书写的，自然分成了甲本和乙本：甲本是篆书写成的，乙本则用汉代通行的隶书书写。所谓帛书的"帛"，是丝织物的总称。古代文字的书写有不同的载体，最早的载体是龟甲和兽骨。文字刻在龟甲和兽骨上，后人称之为甲骨文。随后有人用青铜器和铁器做载体，文字铸在它们上面，形成了后人说的金文——主要是青铜器的铭文，铁器上的铭文往往因年代久远锈蚀了，甚至连铁器一起烂掉了。春秋时，郑国名相子产曾把郑国的法律铸在铁鼎上，广而告之，但现在一直找不到这座铁鼎，多半是锈蚀不传了。再往后，社会进步，人们用木牍（即小木片）、竹简（即小竹片）做载体，把字写在木片和竹片上。那时搞文书工作的人叫"刀笔吏"，为什么呢？因为在竹片和木片上写字，难免有写错的时候，要修改就用小刀把写上的字刮掉重写。继续发展，文字的载体有了缣帛，主要是绢或丝绸。再往后，文字的载体有了纸张，有了电子文档。现在用得最多的自然是方便且容量大的纸张和电子文档，竹片、木片、缣帛不常用，但也有人用。帛书《老子》是写在丝绸上的，故称"帛书"。帛书《老子》的"德经"在前，"道经"在后，两个本子都不完整。但它出自汉墓，还是有很大的贡献，可以把它和现在流行的《老子》版本结合起来读，看汉代《老子》传播的情况和文字变异，是其他《老子》版本的补充。

二是楚简《老子》。1993 年，湖北荆门郭店的楚墓发掘时，在一号楚墓里发现了八百多枚楚简，里面就有《老子》的抄本，今人把它们分为甲、乙、丙三种。一些学者断定，这批楚简产生的年代是战国前期，有人把它和王弼的《老子注》、帛书《老子》放在一起研究，认为马王堆出土的帛书《老子》比王弼本《老子注》要早，而楚简《老子》又比帛书《老子》更早一些。自 20

世纪以来，人们对这些出土文献相当重视，因为古代历史、哲学、文学等方面的研究，一般用王国维提出的"二重证据法"，也就是以现存的纸质文献和地下考古文献做依据。地下文献是我们很期待的，我有时开玩笑说，盼望地下文献大白于天下，让我们知道一些不为人知的真实历史。但这有时难免让研究古代历史、哲学、文学的人紧张，担心出土的地下文献会不会否定我们一生的研究成果。如果出现这种情况，足以让人叹息不已，伤心不已。这是玩笑话，我们的学术研究应该更慎重些，得像老子说的"慎终如始"。

这些不同版本的《老子》当然可以互相参照起来读，这样读有个很大的好处是，可以看到《老子》这部书在流传过程中发生了怎样的演变。这主要是学者们的事。河上公的《老子章句》、王弼的《老子注》、唐玄宗的《道德真经疏》以及先后出土的帛书《老子》、楚简《老子》，主要在学者中通行，文字还是难了一点。对一般阅读的大众来说，只要读普及版的《老子》就可以了。好在当今出版了一些通俗的《老子》读本。

当今普及《老子》的读本很多，如任继愈先生的《老子新译》，是最简易的读本。任继愈先生是山东德州人，1916 年出生，2009年病逝，当代著名的哲学家，做过北京大学教授、国家图书馆馆长。因为他的学识和成就，这部通俗的《老子新译》为人关注。但他对《老子》的翻译和解说也不是唯一的，仍然是各有各的说法。再就是陈鼓应先生的《老子注译及评介》。陈鼓应先生是福建长汀人，台湾学者，做过台湾大学哲学系教授、北京大学客座教授等。他除了研究西方哲学之外，重点研究道家学说。这本书注释详细，还有译文和评说，也便于初学者阅读。现在《老子》的普及本实在太多——不仅在中国，而且在全世界都是。武汉大学吴根友教授在《诸子学通论》里做过小小的统计，说在明朝中叶，《老子》就走向了世界，现在日本、韩国、英国、意大利、瑞典、西班牙等国都有译本或研究著作。中国也好，世界也好，喜欢《老子》的人各有所爱，不宜强求。一般来说，还是希望选择的读本好一点。好的读本给人的新知和愉快会多一些，但无论是谁的读本，读者最好能有一点自己的思考。

三、与老子并称的黄帝

远古的黄帝和春秋的老子相距的时间不知有多少年，他们两人被后人串联在一起，是因为思想有一致的地方，简而言之，是"黄老之学""黄老之术"，让人觉得"黄老"是一体的。

"黄老之学"是司马迁说的，他有时称"黄老"，有时称"黄帝、老子之术"，有时称"黄老道德之术"。说起黄帝，现在所知的黄帝情况，主要有三个来源：一是神话，二是庄子的寓言，三是司马迁的《史记·五帝本纪》。另外有后人伪托的《黄帝四经》《列子》等。

神话里有黄帝和蚩尤在远古打仗的故事，他们在涿鹿之野也就是现在的河北一带交锋，蚩尤请风神、雨神作法，黄帝针锋相对地请了一个旱神。不是下雨刮风吗？让旱神把雨水吸干。还有一次两边交战的时候，蚩尤造大雾，大雾三天不散，黄帝手下的士兵将军们看不清楚道路，不知道该往哪儿走。这时黄帝令风神做指南车，指示东西南北四方，最后黄帝活捉了蚩尤。神话里的黄帝活灵活现，实际上当时黄帝应该是部落的首领，黄帝和蚩尤之间的战争是部落战争。在传说中他们过着神一样的生活，有神一样的行为和气象。

庄子寓言里的黄帝，是他思想的传声筒。庄子很多地方写到黄帝，他把黄帝塑造成具有最高权威的帝王，君临天下，却没有治理天下的良方，是一个未得"道"者。庄子让他去向一位放马的少年请教怎样治理天下，牧马少年告诉他，治理天下就像放马一样，除掉害马就行了。还让他去向广成子请教什么是治理天下的"至道"，广成子劝他虚静无为。庄子寓言里最有名的黄帝故事是《天地》的黄帝游于赤水之北，归来时丢失了随身的"玄珠"。黄帝派智者、眼明的离朱、善辩的吃诟和无心的象罔去寻找，最后找到玄珠的是象罔。这很有意味，有心有才智的人找不到玄珠，无心无才智的人才找得到，这里面的机巧是庄子抱定的自然无为。"玄珠"喻"道"，有为不能得道，无为才能得道，是庄子重要的思想。庄子还虚构了黄帝在洞庭之野演奏《咸池》之乐的故事，说只有自然醇和的"天乐"才是最美妙的音乐，借此说明人怎样才能得道。庄子寓言里的黄帝大多是作为未得道者追寻着"道"，让人们逐渐明白，要想得"道"是需要修炼的，把内心欲望和有为的冲动一点点消解掉，把自身具有的知识一点点消解掉，这样成功才会来临。这些其实是庄子的主张，是他按照自己的想法虚构的黄帝，当然是寓言化的黄帝，不能视为真实的历史。

司马迁写的《五帝本纪》是《史记》的第一篇，"五帝"指的是黄帝、颛顼、帝喾、尧和舜。《五帝本纪》以黄帝开篇，认为他是中国人的始祖，有了黄帝，才有了中国人的历史。司马迁著名的历史观是"原始察终，见盛观衰"①，在写作历史时，探究事物的开始和结束，看事物为什么兴盛，为什么衰败。和这一想法相照应，他还说了一句很有气魄的话："究天人之际，通古今之

① 司马迁：《史记·太史公自序》。

变，成一家之言。"① 要在《史记》中考察天与人之间的关系，看古今发生了怎样的变化，并写成自己独具一格的著作。最终他果然达到了这一目标，记下了我国从黄帝到汉武帝太初年间的三千多年历史，写就我国第一部纪传体通史。因此，人们说司马迁开创了我国纪传体史学的先河。又因为他用散文的笔触写历史人物、历史事件，所以人们还说他开创了我国纪传文学的先河，被鲁迅先生誉为"史家之绝唱，无韵之《离骚》"②。

在《五帝本纪》里，黄帝姓公孙，名轩辕，和我们刚才讲的与蚩尤作战的黄帝不一样，他是神一样的超人，"生而神灵，弱而能言，幼而徇齐，长而敦敏，成而聪明"，生下来就奇异，弱小时就能说话，少年时勤劳而有智慧，长大后敦厚敏捷，聪明灵巧。当时，神农氏衰微，诸侯互相侵伐，你打我，我打你，暴虐侵犯百姓，神农氏对付不了。这时炎帝又生事了，侵略、欺负诸侯，于是黄帝修德兴兵，和炎帝在阪泉之野摆开战场，三场血战之后，黄帝征服了炎帝。这些故事都非常神奇，是真还是假？《史记》作为一部通史，东汉班固有一个评价，说它"不虚美，不隐恶"③，好的不夸张，坏的不隐瞒，是"实录"。历史最需要的是"实录"，有什么记什么，实事求是，这样才能让后人看到社会从前真实的面貌。但司马迁笔下的黄帝好像不是真的。实际上，《五帝本纪》不光是黄帝，其他四位帝王的记述都用神话代替历史，用学界的说法是把神话历史化了。这一点我们还是可以理解的，司马迁要写一部完备的通史，最早的祖先是什么情况，他只能依

---

① 司马迁：《报任安书》。

② 鲁迅：《汉文学史纲要》。

③ 班固：《汉书·司马迁传》。

据传说编写出来，给后人一些印象。幸好有这些传说，让我们勾勒出了远古祖先模糊的样子，比什么都没有还是好多了。

黄帝也入了魏晋时人伪托战国列御寇所作的《列子》，其中的《黄帝》篇虚构了一些黄帝的故事，有的故事源于庄子寓言。还有托名刘向所作的《列仙传》，它以司马迁《五帝本纪》写的黄帝为基础，略有发展，说黄帝采首山的铜，在荆山下铸鼎，鼎成之后有天龙垂胡须迎接黄帝升天，而群臣拉着龙须，也都上了天，更显得荒诞不稽。

黄帝和老子怎么会联系在一起的呢？司马迁《老子韩非列传》说："申子之学本于黄老而主刑名。"申子是申不害，郑国京（今河南荥阳东南）人，战国时曾在韩国为相，有残篇《申子》传世。他是法家的先驱之一，主张的"刑名"就是形与实，要求形与实相符，还特别重"势"，也就是君主的地位和权势。而这里的"黄老"，司马迁在《孟子荀卿列传》里提的是"黄老道德之术"，说赵人慎到、齐人田骈、楚人环渊都以它为师，各有著述；在《曹相国世家》里提到的是"黄老术"，说曹参担任齐相，就用"黄老术"治理当地百姓。从这些记载来看，"黄老之术"在当时的影响很大，不同的人都信奉它。这也许和战国时齐国在都城临淄办的稷下学宫有关系，当时不是"黄老之术"，而是"黄老之学"，它在稷下学宫的儒、墨、名、法、阴阳、道德六家中，"一直处于主导地位"[1]。入汉，汉高祖时的陈平丞相"少时，本好黄帝、老子之术"[2]，并在吕后专权时，为相却不管事，以酒色为乐避祸全身。

司马迁没有具体说明"黄老之学"怎样转化成了"黄老之术"。

---

① 王葆玹：《黄老与老庄》。

② 司马迁：《史记·陈丞相世家》。

没有疑问的是，讨论或者说争鸣"黄老之学"的是思想家、学者，他们停留在思想层面；而把"黄老之学"的相关理论用于社会管理的是实践的政治家。在这种情况下，"黄老之学"转化成"黄老之术"也是自然的事情。可以断言，任何黄帝著的书都是伪托，汉马王堆有帛书《黄帝书》，又称《黄帝四经》，包括《经法》《十大经》《称》《道原》，和《老子》同在。根据司马迁的记述，高祖时的陈平、曹参都与"黄老之术"有关联，那《黄帝四经》最迟也应产生在西汉初年。王葆玹先生认为，它应该出于战国时的齐国，在申不害之前，因为申不害的思想本于黄老。说《黄帝四经》产生于申不害之前是有道理的，至于最早是不是出现在齐国，还只是推测。另有《黄帝内经》，是一部医书，有人说是养生书，也是后人伪托。

黄老在刑名、清静自然的理念上是一致的。文帝、景帝在汉高祖刘邦之后，有感于社会经历长时间的战乱，经济凋敝，于是用"黄老之术"治天下，减轻赋税、徭役，让老百姓休养生息。当时，不仅是帝王将相喜欢"黄老之术"，甚至太后也喜欢。被汉景帝尊封为太后的窦太后就很喜欢黄帝、老子的学说，这样一来，太子和窦家子弟都尊黄老，读黄帝、老子的书。当时，也有人唱反调。汉景帝的《诗经》博士辕固生对窦太后说："您读黄老的书干吗？那是小孩子的话。"窦太后很生气，惩罚辕固生到猪圈里杀猪，杀得死猪就算了，杀不死就不饶他。窦太后身边的人同情辕固生的遭遇，给他一把很锋利的长矛，辕固生的运气不错，到猪圈就把猪捅死了。这故事有点滑稽，但它是"黄老之术"行于天下的另类声音，还是值得关注。随后的儒学独尊，经学大兴，并不是偶然的。

"黄老之学"在战国晚期有很大的社会影响，这才有可能在西汉初年演化为"黄老之术"。尽管这样，它不宜等同于老子之学，虽说"黄老之学"中有老子的一些思想。

四、老子的弟子孔子

春秋之时，公学渐衰，私学兴起。延及战国，诸子大多收徒施教，孔子办学规模最为壮观，传说有弟子三千，贤人七十二。老子的弟子为人知道的不多，也不知道他这样有学问、有思想的人，在成才后怎样运用自己的知识。孔子曾向老子请教，是我们现在明确知道直接受教于老子的人。那时，孔子年过而立，身边已有弟子，但还不是儒家学派的圣人。

孔子字仲尼，排行老二，生于公元前 551 年，死于公元前 479 年，春秋时鲁国人，现在的山东曲阜是孔子的家乡。他七十岁前述而不作，弟子有心，把老师平时说过的一些话、做过的一些事记下来，编成《论语》二十篇。它们记载了孔子重要的人生理念、社会理念、道德理念和政治理念，这些理念成为儒家最原始的思想。后人的孔子崇拜，大多是因为《论语》而生的。后来，司马迁为孔子立传，很出乎意料地把他写入了《世家》，让他和一些有名的王侯将相享有同样的地位。司马迁还为孔子的一些重要弟子立了传，这也是很特殊的事，应该是出于对孔子高山仰止的情怀。

孔子和老子的学说完全不一样，在他们影响之下形成的儒家和道家学派的弟子们彼此都瞧不起对方，互相攻击是常事。但孔子曾向老子请教，司马迁记录在案，也是许多人认同的。当时，孔子听说了老子的名声，专程到东周王朝的都城洛邑也就是现在的河南洛阳去拜见老子，向老子学习礼。老子友好地接待了孔子，从他们两人的对话可以感受到老子这个长者对年轻孔子的关爱。

孔子见到老子，很恭敬地说明来意。老子说："你孔丘对我说的这些，其人早就没有了，尸骨都腐烂了，只有他的言论还在。"停顿了一下，老子接着说："君子得其时则驾，不得其时则蓬累而行。"意思是生逢其时，入仕做官的时候，就驾车而行，施展才华，救助苍生，实现自己宏大的抱负；生不逢时，不过是一介布衣的时候，就像小草一样随风飘摇得了，自个随波逐流。这话与后来孟子说的"穷则独善其身，达则兼善天下"相似。

老子又说了："良贾深藏若虚，君子盛德，容貌若愚。"这话有两层意思，同样很有深意。一个好商人，深藏若虚，他拥有财富却好像什么财富都没有，不像有的人，拥有时一定要炫耀，结果因为露财遭到横祸，严重的甚至丢了性命。一个有高尚道德的君子，他的模样是很笨拙、很愚蠢的，有高尚的道德却像没有一样，一点都不张扬。老子这话有道理，在社会生活中，有财富的人、道德修养深的人，往往不显山露水。这与他示弱、不敢为天下先的理论一脉相承。也许孔子去见老子，面有骄色、言辞之间流露了自己的欲望，所以老子教育孔子要去掉骄气，不要有太多的欲望。如果不去掉骄气、不去掉欲望，对个人没有什么好处。

老子说这些话，也表明了自己想过的生活。人生要因时而动，适合干什么的时候就干什么。如果不得志，就做不得志的事；如果你偏偏要去做得志的事，要去过得志时的生活，那不仅做不成，而且会平添很多痛苦。再说人是要自律的，好商人深藏若虚，好君子盛德若愚，你是好商人、好君子，也别太把自己当一回事，低调些，舍弃傲气多欲、骄色淫志都是做人的必要，是一个人修养的高境界。老子这番话有普适的意义，非常值得重视。每一个人在生活中都可能因为某事做得成功，受到别人赏识，从此自满自足起来，实在是太不该。"虚心使人进步，骄傲使人落后"，至今都有道理。

孔子回去后，对弟子们说："我知道鸟能够飞，鱼能够游，野兽能够跑，对它们我自有办法。能飞的鸟，可以用箭射下来；能游的鱼，可以用钩钓起来；能跑的野兽，可以用网把它逮住。而龙，我不知道它是怎样乘风云上天的。我今天见到老子，就像见到了龙。"孔子觉得老子的学问特别神秘，特别高深，实在是赶不上，只有赞叹的功夫。其实，老子这番教导孔子的话并不神秘，无非是要孔子做一个低调的人，做合适的事，为社会所用就出一把力，不能为社会所用就过自己的日子。但孔子把老子比喻为乘云飞腾的龙，反倒把老子神秘化了。这些老子和孔子的故事，都见于《史记·老子韩非列传》。在《史记·孔子世家》里，还记载了老子对孔子说的另一番话：一个人聪明而善观察却接近死亡，是因为喜欢议论别人；一个人博辩广大却有生命危险，是因为喜欢揭发别人的毛病。人不要太把自己当一回事了。

除此以外，《论语·述而》记载了孔子的话："述而不作，信而好古，窃比于我老彭。"这"老彭"，马叙伦先生说，"彭"和"聃"声通相借，老彭就是老聃，这也是关于老子的一种说法。孔子本说自己"述而不作，信而好古"，却因此和老子扯到一起了。老子一生有作，是晚年的偶然，在孔子知道他时，也的确是述而不作、信而好古的。还有《庄子》一书也多次提到孔子和老子的交往，但《庄子》这部书多是寓言。洒脱不拘的庄子，写老子也好，写孔子也好，写其他的先圣时贤也好，都是把他们作为自己思想的传声筒，从中要理解的不是老子或孔子的思想，而是庄子自己的思想，不能当作老子的真实故事。

因为孔子向老子问学，后来，有人说儒学出于道学，但孔子和老子走着完全不同的人生和思想道路。有人说孔子创立了儒家学派，视他为儒家学派的领袖。但这儒家学派，是孔子之后，经孟子弘扬儒学才得以确立的，孔子在儒家学派中的领袖地位，也是后学尊崇而逐渐形成的。孔子向老子学礼，以礼和仁为自己思想的核心，而老子以自然无为为思想核心，可见孔子有另立新学的自觉。如果孔子只是跟在老子后面亦步亦趋，那他就不可能成为儒家学派的圣人。孔子十五岁有志于学，七十岁以后还勤学不辍。但他出身卑微，可怜生下来父亲叔梁纥就死了，小时候少了父亲的庇护，做过许多低贱卑微的事情。这样的经历没有影响他成为伟大的老师，他办私学办得有声有色，"学而不厌，诲人不倦"[1]，即使是周游列国十四年，也没有间断教育弟子。久而久之，在春秋的社会浪潮中，他把自己磨炼成了道德和教育的巨人，深刻影响了中国人和中国文化。

孔子早先想做政治家，因此在教书育人之际对人的道德和社会政治思考最多，觉得社会政治要建立在人的道德之上，治理国家最该用的是"德"而不是刑法；远人不服，不应该用战争征讨，而应该用仁义感召。他在鲁国参政，做到了管理工程的司空、管理治安的司寇。他的治国方略，说抽象一点，是"为政以德"[2]；说具体点，是"君君、臣臣、父父、子子"[3]。后面这八字方针讲了人与人之间的等级，还讲了不同的人肩负的职责：君要像君，臣要像臣，父要像父，子要像子。通过层级管理，各尽职守，最

---

[1] 《论语·述而》。

[2] 《论语·为政》。

[3] 《论语·颜渊》。

后每人都会取得成就。他这套理论在鲁国没有得到施行，却让邻居齐国的齐景公惊慌不已。

一次，孔子去齐国，齐景公问他怎样治理国家，孔子说："君君、臣臣、父父、子子。"齐景公心领神会，说道："好哇！要是君不像君，臣不像臣，父不像父，子不像子，即使国家有粮食，我也会没有吃的。"齐国有位大臣叫晏婴，又叫晏子，是一个绝顶聪明的人。齐景公对晏婴说，鲁国的孔子治国很有一套，如果鲁国用他治国，把国家治理得很好，那齐国怎么办呢？他这话表示孔子是齐国的威胁，鲁国变强了，齐国相形之下就被削弱了。在当时诸侯纷争的情况下，齐景公有压力也是很自然的。那时孔子在鲁国还没有得到任用，想在齐国寻求政治上的出路。晏子说，孔子繁文缛节那一套，多少代都学不完，让齐景公放弃用孔子治国的念头。

孔子五十六岁在鲁国代理国相，齐景公真有点害怕了，心想鲁国称霸的话，要先从邻国下手，那么齐国会首当其冲。有个叫黎钮的大夫说："没关系，我们先想办法阻止一下，万一不行再割让土地收买。"于是他们在国内挑选了八十个美女和一百二十匹彩色的马送给鲁定公，好色的鲁定公从此爱美女而不爱朝政。那时候有拯救天下雄心的孔子觉得在鲁国不能实现自己的远大抱负，干脆离开鲁国去游说天下诸侯。孔子在游说诸侯的十四年里，吃了许多苦，有人说他"累累若丧家之狗"[①]。孔子得知欣然笑着说："我的样子不像，但在列国间游来游去无处安身，真像是丧家之狗。"

孔子带着一帮弟子游走在诸侯国之间，一边执着地宣传自己的政治主张，一边教育跟随在身旁的弟子们，充满信念地在坎坷

① 司马迁：《史记·孔子世家》。

的道路上游学。我记得好辞赋的汉武帝曾经请很有名的辞赋家枚乘进京，考虑到枚乘的年纪大了，就让人用蒲草把车轮裹上，让车子走起来平稳一点，史书上说是"安车蒲轮"。但枚乘还是经不起旅途的劳顿，没到长安就老命呜呼了。枚乘比孔子晚两百多年，从这个故事可以想到孔子坐牛车在外面走了十四年是多么不容易的事。那时孔子处在五十六岁到七十岁之间，年纪也很大了。孔子七十岁时回到鲁国，鲁哀公仍不用他，他也不再对政治有什么想法，而是专心读书、教书、编诗、修订《春秋》。他最有名的是读《易经》，有"韦编三绝"的感人故事。当时《易经》写在竹简上，用牛皮绳穿起来的竹简因翻动太勤，那很有韧性的牛皮绳居然断了三次，可见他老人家读书实在是用功。孔子还修订《春秋》，增删之后，给我们留下了"后世知丘者以《春秋》，而罪丘者亦以《春秋》"① 的名言。

　　孔子的社会理论在当时跟老子的主张一样不合时宜。可想而知，一个战争的年代，诸侯彼此之间用刀剑厮杀，凭武力夺取政权，攻占土地，而孔子说德治天下多好哇，"为政以德，譬如北辰居其所而众星共之"②。这"德"核心是仁爱，换句话说，只要君王用仁爱治天下，那所有的人就会像群星围绕北斗星一样自觉地围绕君王，这该是多美的事呀。孔子一辈子待价而沽，期待有用他的人，甚至说"苟有用我者，期月而已可也，三年有成"③。但梦想不能成真，晚年他感慨"凤鸟不至，河不出图"④，因为传

---

① 司马迁：《史记·孔子世家》。

② 《论语·为政》。

③ 《论语·子路》。

④ 《论语·子罕》。

说中天下清明凤鸟就会出现，黄河就会出现龙马背负的八卦图，他最终也没有等到那一天，七十二岁时死去。司马迁曾去过鲁国的都城曲阜，参观孔子的庙堂、车服、礼器以及弟子学习礼仪的地方，在那里久久徘徊，舍不得离开。感慨天下君王多，贤人也多，但很多人当时很荣耀，死后就无声无息了。而孔子是一介布衣，死后传了十几代，学者仍以他为宗师，凡谈礼、乐等六艺的人都以孔子为准则。这孔子真是"至圣"呀！

孔子的社会治理方略在战争年代做不到，在社会太平的年代就很不一样了。北宋初年，有人对宋太宗赵匡义说，大臣赵普不读书，读书也只读一部《论语》。一次，赵匡义见到赵普，就问他："别人说你不读书，读书只读一部《论语》，是真的吗？"赵普理直气壮地回答说："是呀！我是只读一部《论语》。我从前以半部《论语》辅佐太祖赵匡胤打天下，现在我再用半部《论语》辅佐陛下兴太平。"这话一出，从此就有了"半部《论语》治天下"的说法。因为赵普帮赵匡胤夺取了天下，所以他敢把话说得牛气冲天。

老子和孔子，一个是道家学派的创始人，一个是儒家学派的创始人。老子重人的自然性，重人的纯粹无私；孔子重人的社会性，要求人好"仁"重"礼"，以建立社会的普遍道德原则。老子去欲，要人寡欲乃至无欲；孔子节欲，要人非礼勿视，非礼勿听，非礼勿言，非礼勿动以及非义不取。两人的政治理想也不同，孔子要建立的是道德社会，他也倒退，想倒退到西周初年，所以很想念周公。不像老子，要建立的是自然社会，要倒退到原始时代。在这些思考中，两人的人生修养也是很不相同的。

五、老子的后学庄子

说老子，怎么都得说他的后学庄子。庄子的生卒年也有不同的意见，一般认为他大约生于公元前368年，死于公元前286年。也就是说，老子出生后两百年左右，庄子出生了，那个时代是战国中叶。

庄子和老子相距的时间太远，不可能像孔子那样去向老子当面请益，但《老子》五千言让他痴迷，他乐于接受老子思想，还不断地把老子写进自己的文章里，时而尊敬老子，时而挤对老子，通过老子为他所用的方式，在观念上自觉地把自己和老子紧紧地联系在一起，成为老子的忠实继承者。后人常说"老庄"，就像"孔孟"并称一样。孔子是儒家的圣人，孟子是亚圣。如果我们这样比照的话，老子可以说是道家的"圣人"，庄子可以说是道家的"亚圣"。

庄子姓庄，名周，有人说他字子休，蒙人。"蒙"在现在的河南商丘，也就是说庄子是河南商丘人。据说安徽人不服气，说"蒙"是安徽的蒙城，蒙城还有庄子庙呢。这是两种最有代表性的说法。不过，人们一般认为庄子是河南商丘人，因为《庄子》一书中常提商丘。他早年做过漆园吏，大概是一个管理漆园的官员，没干多久就辞职了，从此过着贫寒的隐居生活。有人说，他那时住在偏僻狭窄的巷子里，靠编织草鞋为生，缺吃少穿，面黄肌瘦，想起来怪可怜的。只是他自己毫不在意，去见魏惠王时也穿着打了补丁的衣服。

庄子好读书，司马迁这样说他："其学无所不窥，然其要本归于老子之言。"^①这话有两层意思。一是说他博学多闻。当时，庄子的朋友、名家学派的惠施学富五车，庄子也可以用学富五车来评价。因为读《庄子》这部书，会感觉他学识广博，想象丰富而怪诞，非同一般。二是庄子是在老子思想的影响下成长起来的，老子写了五千言，他写了十几万言，都是对老子思想的解释和发挥。本来道家学派在老子那儿没有成形，经过庄子的努力，强化了"道"的学说，道家学派也确立了。可以说，没有庄子对老子思想的弘扬，道家学派的确立不知道会晚多少年。

庄子传播老子学说，靠他那三寸不烂之舌。他善辩，把想说的话用对话的方式记录下来，形成《庄子》这部著作。《汉书·艺文志》说《庄子》有五十二篇，司马迁说庄子著书十余万言，应该是针对这五十二篇而言的。现在流传的《庄子》只有三十三篇，将近七万字，分为内篇、外篇和杂篇三个部分。它的作者也有争议，是庄子写的，还是庄子弟子写的？现在流行的说法，内篇七篇是庄子写的，外篇十五篇、杂篇十一篇是庄子弟子写的。当然，也有完全相反的意见。我常把《庄子》作为一个整体，是庄子和弟子的共同作品，说庄子，就是说他和以他为代表的后学的思想。

庄子不像老子，老子论"道"固然玄虚，但做人实在而理性，说的话大多朴实而充满了辩证思想，说了可以做。而庄子会编生动的故事，编造了许多虚无缥缈的寓言，把我们说得如同在云里雾中，得用心去琢磨，就像琢磨老子抽象朦胧的"道"一样。庄子比老子更有批判精神，也有很强的针对性，通过批评他人传播自己的思想理念，只迁就自己的兴趣和表达，而不顾及别人的感受。当时，庄子瞧不起别人，别人也瞧不起他。惠施说他的理论

---

① 司马迁：《史记·老子韩非列传》。

大而无用，他立马反驳惠施："不是我的理论没用，而是你不善于运用我的这些理论。你说大葫芦剖开后不能盛东西，怎么不知道用它做腰舟在江湖上漂流呢？"

庄子用寓言弘扬老子的思想，他跟在老子后面讲道论、讲自然、讲无为、讲虚静，让老子的思想变得更加玄妙，也令他自己的思想让人着迷。庄子处在百家争鸣最激烈的战国时代，那时候诸侯七雄争强，逐鹿天下，争先恐后地任用策士。这些策士能言善辩，偏于实用，为战争出谋划策。而像庄子这样的空头理论家也有不少，他们坐而论道，形成了很盛行的论辩风气。

论辩必有是非，庄子也有是非。但他在论辩中混淆是非，让论辩莫衷一是。他这样评说论辩的双方："你胜过了我，你是对的，我就是错的吗？我胜过了你，你真错，我真对吗？好，我们两人不能分辨谁是谁非，那请人来判断论辩双方谁是谁非。但是，如果请的人跟你的意见相同，那怎么能够判断你我的是非？如果请的人跟我的意见相同，那怎么能够判断你我的是非？如果请来的人既不同意你的意见，又不同意我的意见，那怎么能够判断你我的是非？"这是庄子著名的论辩无是非论。这样的说法很像是诡辩，在这种情况下，谁会乐于用庄子做幕僚，空说一些自然无为就社会太平、天下一统这样不着边际的道理。庄子像老子一样不为人用也是自然的，不过他也不想从政，没有把高官厚禄放在眼里。传说楚王请他去做国相，他说做国相不自由，宁可在泥水沟里待着，也不愿去做楚国的国相，硬生生地拒绝了。而且他还鄙薄惠施担任的魏国国相，说不过是一只腐烂的死老鼠。在这时候，他有点像是自己笔下的圣人许由。

虽然庄子以老子的思想为根本，但他没有摆出很虔诚很恭敬的样子，反倒有点玩世不恭。他很多时候把老子写进自己的寓言，在寓言中有时老子是道家学派的创始人，是传道授业解惑的老师，他对老子很崇拜；有时又把老子作为儒家学派的代表人物，任性鄙薄。

庄子的《养生主》讲"庖丁解牛"的故事，还给人们留下了一个成语——游刃有余。随后他说了老子之死的故事：老子死了，他的朋友秦失前去吊唁，秦失进去之后，居然号叫三声就出来了。弟子问秦失说："老师，你这样吊唁朋友，行吗？"秦失说："可以。"随后他说了自己在老子灵前只号叫三声的理由："我开始认为老子是具有最高道德的人，但我进去一看，老子静静地躺在那儿。有年迈的老人哭他，像哭死去的儿子；有年少的孩子哭他，像哭死去的母亲。"说到这里，不得不承认庄子很会把握世间的人情世故，因为人生老来丧子和少年丧母都是最悲痛的事，秦失说这些人都哭得太伤心了。

庄子这样写老子死后老人和孩子的感受，然后借秦失说这些人之所以哭得伤心，一定是情不自禁，自然而然这样哭的，但这违背了自然，会遭受自然的惩罚。他让秦失说："适来，夫子时也；适去，夫子顺也。安时而处顺，哀乐不能入也。"这其实是庄子非常有名的理论。这一理论在《老子》中有体现，但没有庄子说得这样充分。意思是老子出生时，顺时而生，是自然的结果；老子死时，顺时而死，也是自然的结果。在他看来，社会生活中的每个人都应该安时处顺，面临死亡这样自然的结果也犯不着悲哀。如果悲哀就违背了人情，违背了自然的道理。如果人能顺应自然，那么世间任何苦难都不存在了。

这话有道理。人们在社会生活中，往往因不能安时处顺而有许多忧愁和烦恼。只要我们面对成功和失败，始终保持安时处顺的人生态度，那么任何忧愁和烦恼都没有了。这话好说，事却很难做，人生不如意十有八九，怎么可能在不如意的时候那么喜悦和快乐呢？如果遇上忧愁和烦恼就顺应自然，那人该怎么进取呢？生活中的困难和问题又怎么解决？庄子主张自然无为、消极处世，劝人知其无可奈何也应当认定是个人命运，所以任何忧愁、烦恼都不合他的想法。庄子贴近老子，即使对老子有批评和调侃，也不妨碍他依然是老子学说的继承和发扬者——他絮絮叨叨地重复、夸饰、延伸老子的"道"与自然无为理论可以证明。他常在那里自得地笑着，全然没有把儒学、墨学、名学放在眼里。

庄子在思想上认同老子"道"生万物和"道"的自然法则，认为"道"清静自然，无为而无不为，认同老子的绝圣弃智、绝仁弃义，也想回到没有纷争的原始时代。但他把老子的理念往玄虚和神秘推进了，弄得更加不可推测。尤其是在玄妙空虚上比老子走得更远。老子对生活的积极理念和精神，远为庄子所不及。庄子对人生的消解，让人通过"心斋""坐忘"舍弃外部世界与人的自身，进入无欲而无为的境地，"独与天地精神往来"的极度独立的自我情怀，则是老子所不及的。

六、同居一传的韩非

讲韩非，我们有两个理由。一是韩非与老子在《史记》中同居一传，名为《老子韩非列传》。他上了目录，其中还有两个没上目录的人：庄周和申不害，又被人称为庄子和申子。二是韩非在庄子之后，认真地解读了《老子》，他的思想取向和老子很有差异，但《老子》也为他所用。

司马谈做汉武帝的太史令，是儿子司马迁的前任。他写过一篇《论六家要旨》，被司马迁有意收在《太史公自序》里，和《史记》同时流传。这篇小文章分说儒、墨、名、法、道、阴阳，就此而论，司马迁是知道法家不同于道家的，但他在《史记》里把法家的韩非和道家的老子放在同一传里，构成《老子韩非列传》。这看起来很奇怪，因为老子是道家学派的始祖，韩非是战国晚期法家学派的集大成者，两人在思想上有太大的差异。司马迁的《史记》为人物立传，有时是一人专传，如写汉高祖刘邦的《高祖本纪》，写西汉李广的《李将军列传》；有时是两人或三人合传，如《廉颇蔺相如列传》《魏其武安侯列传》。这两人或三人同传是因为人物的言行、遭遇的事件交织在一起，不便于分开写，就把这两人或三人写到一起了。再就是他把不同时期但思想倾向、学术风格、行为方式相近或相同的人放在一传中，如《游侠列传》《刺客列传》就是许多人的合传。其中也有些两人一传，在记述时并不发生交集，如《孟子荀卿列传》是孟子和荀子传，《老子韩非列传》是老子和韩非传，都是一先一后记述的。

韩非原是韩国的公子，生于公元前 280 年或公元前 298 年，死于公元前 233 年。他是战国晚期儒学大家荀子的学生。荀子名况，赵国人，西汉时为避汉宣帝刘询的讳，后人取与"询"古音相通的"孙"字，又称他为孙卿。他曾在齐国的稷下学宫三次担任祭酒，相当于学宫里的最高长官。他受孔子"礼"的思想影响，主张礼制，不及孟子仁政的影响大。韩非受荀子的教育，他的思想有一些来源于老子，最终成为人们公认的法家学派杰出的代表人物。这"集大成"三个字一般用起来是很谨慎的，很少有人能够达到这样的境界。在中国文学史上，人们曾说周邦彦是宋词婉约派集大成者，主要是他的词各体兼善，都写得很好。对于韩非来说，他的"集大成"主要是在思想上汇聚了前人的法家思想。一是他的法治思想受商鞅的影响。商鞅在秦孝公时成功变法，使秦国走向强盛。但他为变法得罪了太子时期的秦惠王，秦惠王即位后，以谋反的名义把他车裂了，也就是五马分尸，死得很惨。他的法治思想和举措在当时得以推行，也深刻影响了韩非。二是术治思想受申不害"术"的影响，重君王的权术。三是势治思想受慎到"势"的影响，讲权势，讲地位。商鞅认为治国没有法令不行，申不害认为治国没有权术不行，慎到认为治国没有地位不行。韩非把他们的法、术、势思想合为一体，形成他自己的法家思想体系，超越了前人。

　　韩非的个人命运很不幸。他的不幸有两点。一是他在韩国不受重用。韩非这个韩国公子是韩国王室的远亲，尽管当时有治国平天下的思想，但韩王没有给他一官半职，让他参与治国，施展自己的才能。二是他有口吃的生理毛病。古往今来患有口吃毛病的人很多，韩非之后还有一个名人也是口吃，这就是西汉的辞赋大家司马相如。司马相如弹得一手好琴，他受临邛卓王孙的邀请，到卓家做客，却看上了卓家寡居的女儿卓文君。于是司马相如弹了一曲《凤求凰》，打动了富家女卓文君的芳心。卓文君不管父亲不同意，执意跟穷小子司马相如私奔了，到成都家徒四壁，两人回临邛开了家小酒铺谋生。司马相如的辞赋写得很好，尽管文思迟缓，含笔腐毫，但只要潜心写作就行了。他靠写辞赋为汉武帝所知，汉武帝读了他的《子虚赋》后很感慨，问道："这是谁写的？我要能和作者交个朋友就好了。"汉武帝身边管猎狗的杨得意说："是我的老乡司马相如写的。"汉武帝让人把司马相如请来，两人谈论辞赋，谈到兴头上时，司马相如不失时机地说："我再为陛下写一篇《天子游猎赋》。"本来就喜欢文人用辞赋润色宏业的汉武帝满口答应，司马相如回家后慢慢写，仔细推敲，写成后献给汉武帝。汉武帝一看，说写得太好了，一高兴，封司马相如做了郎官，他也就成了汉武帝的文学侍从。可韩非生在合纵连横、也就是前面说的三寸不烂之舌强于百万之师的时代，光会写不行，一定要会说，韩非的口吃就成了致命的毛病。

后来，韩非遇上了在荀子门下一起读书的李斯。许多人知道李斯，他在秦统一天下以前，是秦王嬴政的重要谋臣。嬴政统一六国成了秦始皇，不忘他的功劳，让他官至丞相。荀子的学生肯定不止韩非和李斯两位，但有这两位学生，荀子一定是很满足的。李斯不像韩非做了政治理论家，在思想领域的贡献很大，而是直接投身社会变革，同样做出了很大贡献。作为同门弟子，两人本应该很好共处，但李斯的心眼小，自认为才能不及韩非，心生忌恨。这里的不及恐怕只是思想上不及，韩非写的政论文李斯写不出来。其实李斯的综合能力远胜于韩非，李斯能说也能写，他有一篇《谏逐客书》是千古美文，开篇的"臣闻吏议逐客，窃以为过矣"，不知多么明快，有这篇辞藻华丽、论理掷地有声的美文，不用他帮秦王嬴政开疆拓土、建立秦王朝的事功，就让他名垂千古了。

秦王嬴政统一天下以前，读到了韩非的文章《孤愤》《五蠹》，顿生感慨，很想和写这文章的人交朋友。于是李斯告诉嬴政，作者是他同学韩非。当时要想和韩非交朋友并不简单，韩非在韩国，秦韩两国敌对，但对拥有强大军事力量的秦王嬴政来说又是很简单的事。秦国强大，韩国弱小，使点手段把韩非弄到秦国来不就得了。于是秦王嬴政紧急派兵围攻韩国的都城，宣告只要韩非，不给就别怪我打你。韩国面临秦国大兵压境，韩王犯不上为本来就不受重视的韩非跟秦国大动干戈。为了保全自我，他把韩非拱手送给了秦王嬴政。

韩非到了秦国以后，秦王嬴政很高兴，他想得到的人终于得到了。但嬴政却没有好好和韩非交朋友，也没有重用他。韩非遭闲置，李斯就有话说了，他和另一个叫姚贾的大夫对嬴政说："大王，您现在想吞并诸侯，韩非终究心向韩国而不会真心为秦国。这是人之常情。您要是不用韩非，放他回去为韩国所用，就是我们的后患，不如治韩非的罪。"于是，韩非被关进了监狱，李斯趁机派人给韩非送去毒药，要他自寻了断。后来秦王嬴政想起了他，说好不容易弄到秦国的韩非到哪儿去了？派人去赦免韩非时，他已经死在监狱里了。

韩非的遭遇不好，不妨碍他是战国晚期重要的思想家，不妨碍他的法家思想对后世的影响很大。包括今天治国，我们有些法治理论还来源于韩非。司马迁认为，韩非有些思想源于老子的《道德经》，所以把韩非和老子放在一起。读过《韩非子》的人往往认为他主张的法令太严酷，说他是严刑峻法，执法严格而不仁厚。但话说回来，执法不严，这法不是废了吗？社会治理不就等同儿戏？再说不仁厚的韩非主张的法治，也有仁厚的地方。他说法令严峻，你不犯法就好了。水比火温柔，但从来死在水里的人多，死在火里的人少。

韩非有两篇和老子相关的重要文章——《解老》和《喻老》，是解释、阐发老子学说的，是韩非对老子的接受。在这方面，除了庄子之外，韩非算是最早、最集中阐释老子观点的，比前面提到的河上公、王弼早了几百年。由于时代相近的关系，韩非解读老子，有可能比秦汉以后的解读者更接近老子思想的本色。尽管司马迁说韩非的思想和做法都源于老子的道德之意，但两人很不一样。老子贵道德、虚静、自然、无为，以柔弱胜刚强；韩非好刑名法术，重严刑峻法，用法令权衡事情、辨明是非，法令要严格，要让人不敢犯法。老子说少发政令，不要让百姓不知所从；

韩非说，就是要发政令，要明确告知百姓，什么能做，什么不能做。老子立足现实而往后看，要求社会倒退、人性倒退；韩非立足现实往前看，主张社会前进、人性前进，社会法令要与时俱进，人性应该改造。老子说靠人自身的修养和节制，少私寡欲，无私无欲；韩非说用法令制度使人的欲望不敢膨胀。老子寄托于天，说"天道无亲，常与善人"；韩非寄托于赏罚，奖善惩恶。韩非用自己的思想来解读老子的理念，终究是为自己的理论服务的。

那么，韩非的《解老》和《喻老》只会是站在自己的立场上解读。曾在北京大学任教的台湾学者陈鼓应先生梳理过，说韩非《解老》对《老子》的阐释主要在下篇德的部分，重实际功用，而不重老子形而上的哲学。韩非务实，这是可想而知的。而《喻老》则用历史故事去附会老子的理念，曲解了老子。韩非的曲解，是他取老子的理念为己所用的必然。

七、还需说的话

讲了上面这些，这里还有些话想说。老子开创的道家学派，是思想流派，或说是哲学流派，东汉末年又影响许多人以他为依傍，创建了中国本土的道教，论学的老子好像有了成仙的秘诀，让他在红尘滚滚的人世间有了更大、更广泛的影响，可称为"老迷"的崇拜者摩肩接踵。

道教受战国以来方术的影响，方术之士讲人如何成仙，引起很多人的兴趣。历史上战国时的齐威王、齐宣王就很想成仙，人们说齐国在山东，与海相接，海上的海市蜃楼现象勾起人们对大海的许多遐想，又有海上仙山蓬莱、方丈、瀛洲的说法，刺激人想成仙。成仙就可不死，该有多好哇。后来秦始皇得了天下，既想天下是子孙万代之业，又想成仙，长生不老，让方术之士为他寻找成仙的道路。步秦始皇后尘的是汉武帝，汉武帝封方术之士少翁为文成将军，少翁死后又封方术之士栾大为五利将军，痴迷求仙。他也不细想，为人求仙的人自己都死了，求仙不是很荒唐的事吗？人生一世，面临死亡会有不死、成仙的意愿，特别是像秦始皇、汉武帝这种人，拥有天下的无穷财富，怎么舍得死呢？能够成仙就好了，成了仙不就世世代代拥有这些财富吗？秦皇汉武没有能够成仙，但不妨碍成仙是后来许多人的追求。人们让成仙成为一个梦想，在传说中，在小说里，往往会讲述仙人的故事，说他们过着怎样非凡的生活。现在民间还流传一些仙人的神话，如太阳神、月神、雷神、风神等等。还有月宫完全是神仙的世界，嫦娥、玉兔在那里生活。

　　道教好仙，它在成为中国本土的原始宗教时，自觉地去寻找一个祖师爷。他们以老子为原型，创造了一个太上老君，让原本实有的老子变成了神，老子作为道教的祖师爷就这样成立了。道教和老子有关系，自然也和庄子有关系，因为庄子在他的寓言中讲了更多的成仙故事。道教在东汉末年始创的时候，相传五斗米道的张道陵著《老子想尔注》，又称作《老君道德经想尔训》，《老子》演化为道教的重要理论，被称为《道德真经》。道教有许多流派，如正一教、全真教，以及青城派、武当派。道教讲养生、练功，仙风道骨，有出神入化的功夫。道家在庄子之后，好老庄者甚多，但没有形成道家流派。

　　我们这儿讲的老子，不是道教的老子，而是原始的、作为思想家的老子，和道教没有什么关系。道家非宗教，不能把道家和道教混为一谈，也不要因道家向善，讲"天道无亲，常与善人"，佛教也向善，讲慈悲为怀等，而把道家和佛教混为一谈。

　　再说，从上述这些人物和老子的关联来看，老子的影响广泛而深远。他的《老子》这部书，文字平易凝练，变幻跳跃，意在言外，让人理解起来又相当不易。自它问世以后，历来的仁智之见也很多。在二十世纪五六十年代，国内哲学界还有过老子哲学思想的大讨论，学者们各说各话，并存共立，一点都不奇怪。解读者生活的环境、经历、学养不一样，决定了他们对人对事的认知不一样，应有胸怀包容和理解，客观面对，理性分析和判断。鲁迅先生在《〈绛洞花主〉小引》里有一段关于《红楼梦》的名言，说《红楼梦》许多人都知道，但它写什么呢？这会因读者的眼光不同而有种种不同的看法：经学家看见《易》，道学家看见淫，才子看见缠绵，革命家看见排满，流言家看见宫闱秘事，凡此等等。其实不光是《红楼梦》，《三国演义》《水浒传》《金瓶梅》都会有这样的命运。《老子》这部书也是如此。如果我们能够在广纳众议的过程中，形成自己的判断和想法，有所认知并在理念上创新，那当然是最好不过的事情。

　　好隐而时名不盛的老子，也许不曾想到他会有很盛的史名，这源于他的"道"生万物以及万物的生生不息。他曾说过"死而不亡者寿"，也许不会想到这话可以用在自己身上。他是死了，可因为《老子》又永远活着，不知穷尽。

第二章　用"道"打开世界

　　"道"，不是老子或者说道家学派独有的。因为"道"的一般意义是道路、规律、方法、主张等，有广泛的适用性。老子可以用，道家学派可以用，其他人、其他学派都可以用。不过，道家学派享有"道"的专名，一定有它的特殊性，不是其他学派或其他人可以取代的，所以用"道"为这一学派冠名。讲《老子》，通常从"道"说起，因为"道"是老子认识万事万物、认识自我的基点，也是他谈人生、谈社会的话语本源。以它为门径，易于我们走进老子思想的殿堂，看老子为我们打开了怎样的世界。

一、孔、墨、韩说"道"

　　春秋战国时代，除老子讲"道"外，儒家的孔子讲"道"，墨家的墨子讲"道"，法家的韩非也讲"道"。同样说"道"，却是一"道"各表。不过他们当中没有谁像老子一样把"道"作为天地万物的本源，形成自己的宇宙观；也没有谁像老子一样把"道"的法则作为社会法则、人生法则。道家之所以被称为道家，这些是根本点。否则大家都说"道"，就很难分辨。说老子的"道"，不妨先讲一下孔子、墨子和韩非心中的"道"，这有利于我们在比较中加深对老子"道"的理解。

　　先说孔子之"道"。孔子常常说"道"，"道"有不同的内涵，举两个例子吧：

一是孔子对弟子曾参说："吾道一以贯之。"①这"道"是什么呢？曾参解释道："夫子之道，忠恕而已矣。"也就是说"忠恕"就是孔子奉行的"道"，这"道"指的是思想主张。孔子因材施教，他对曾参说自己的"道"是忠恕，即对人的忠诚和待人的宽容。不过一次学生子贡问他：有没有一个字是可以终生奉行的。他说有哇，那就是"恕"。"恕"讲对人的宽容，他对子贡说待人的宽容很重要，这也是至理名言。那时候是，现在还是。宽容是做人应有的基本素养。有了宽容，就多了善良，人与人之间容易和谐相处。

二是孔子说："道不行，乘桴浮于海。"②这"道"是以德治天下的思想主张。"桴"是木筏子，孔子主张以德治天下，他说如果自己的思想主张没能施行的话，就扎个木筏子到海上去漂流，不再管世事纷扰，只顾自己的生活和修养。话说到这份上，无非是表明自己要走的人生路是否真能实现都是未来的事，但不妨碍他以此设计人生。后来儒家奉行达则兼济、穷则独善的人生信条，与它相呼应。

从这里的两个例子看，孔子说的"道"，是建立在一般意义上的人生做法和社会主张。

再说墨子。孔子在前面有专门的介绍，墨子没有介绍，这里多说几句。

墨子，大约生于公元前 468 年，死于公元前 376 年，名翟，人们大多认为他是战国时鲁国人，也有人说他是宋国人，做过宋国大夫。他最初学习孔子的儒术，最终自成一家，是墨家学派的

---

① 《论语·里仁》。

② 《论语·公冶长》。

领头人。墨子主张兼爱、非攻，劝人彼此相爱，强烈地反对战争；主张节用、节葬，反对生活的奢靡铺张；主张尚贤、任能，不分富贵贫贱。这和他年轻的时候做过工匠有些关系。他也曾游说诸侯，宣扬自己的政治思想，寻求天下太平，他的思想在战国中期和杨朱学派一起产生过很大的社会影响。稍晚于他的孟子大约生于公元前 372 年，死于公元前 289 年，孟子说过那时天下的人在思想上不是站在墨子一边，就是站在拔一毛可利天下也不为的杨朱一边。可见那时候墨子的影响和墨家学派的声势之大。

墨子说"道"有言："故兼者，圣王之道也，王公大人之所以安也，万民衣食之所以足也。"① 这"兼"是指"兼相爱"，即人与人之间无差别的爱，而"圣王"是他心目中具有最高伦理道德、能使天下大同的君王。按他的意思，如果圣王以"兼相爱"的策略治理社会，天下就一定能够统一，归于太平。"兼相爱"是怎么回事呢？墨子是这样说的：爱别人的孩子像爱自己的孩子一样，爱别人的父亲像爱自己的父亲一样。这种大爱是天下人的泛爱，不分彼此的均等之爱。墨子觉得如果能够这样做的话，君王一定能够安心，老百姓的生活一定能够富足。社会就会出现君仁臣忠、父慈子孝、兄友弟悌的良好局面。然后他又说：君子没有谁不想当仁君、忠臣、慈父、孝子的，要当可以呀，只要做到了兼相爱就行，不兼相爱则不成。

墨子这里不是单纯地宣传社会道德，而是要用这种道德的力量实现社会一统。这样大的功利，他说是"万民之大利"，让人憧憬，但践行起来是大难题。一个人爱别人的孩子像爱自己的孩子一样，爱别人的父亲像爱自己的父亲一样，很难做到。墨子这

---

① 《墨子·兼爱下》。

番理论说起来爱心满满，可惜根本践行不了。墨子之"道"在秦统一天下以后就没怎么流传，实在是有道理的。总之，他说的"道"也是治理社会的政治主张。

三说韩非的"道"。韩非重法，好讲明君之道，人臣之道。

韩非说的明君之道，说白了是贤明君王治理天下的方法。他没有说具体的策略，而是说该怎样用人。君王治理天下，最重要的是会用人。韩非的话是："明君之道，使智者尽其虑，而君因以断事，故君不穷于智；贤者敕其材，君因而任之，故君不穷于能；有功则君有其贤，有过则臣任其罪，故君不穷于名。"[1]这话说得很有意味。细细想一下，他的意思是，圣明的君王治理天下，要使手下每个大臣把自己的聪明才智发挥到极致，有想法就充分表达，然后君王再斟酌、权衡他们的意见，决定事情做还是不做，该怎么做，不该怎么做。韩非这样说，是希望君王手下的人穷尽自己的智慧，供君王选用、决策。不过，韩非这里说的"智者尽其虑"的"智者"不一定是一个人，也可能是一个团队，大家齐心协力，让君王能够"不穷于智"，也就是智慧没有穷尽。而君王顺应贤者施展出的才能任用他，那么君王的才能也就没有穷尽了。

韩非的这种想法是一条很好的管理法则，它告诉人们，管理者要善于运用别人的智慧、别人的才能，才能够建立很大的功业。像西汉的高祖刘邦打天下的时候，最大的本事是用人。沙场冲锋陷阵有用兵多多益善的韩信，出谋划策决胜于千里之外有张良，保障后勤无后顾之忧有萧何，这"汉初三杰"最后帮助他战胜了西楚霸王项羽，建立了刘汉王朝。如果不是用他人的智慧和才能，

---

[1] 《韩非子·主道》。

当时得天下的就不一定是刘邦。韩非说的明君之道，是君王需要奉行的用人法则，要有最佳的效果，君王应有宽广的胸怀接纳这些智者和贤者，不猜疑，不妒忌，他人才会乐于为你所用，光辉的业绩就会随之到来。但韩非随后说了一句有点滑头的话："有功则君有其贤，有过则臣任其罪，故君不穷于名。"这话说得很明白，照他说的做，有功劳是君王的功劳，有过错是大臣的过错，所以君王始终都有美好的名声。做好了是我的，做错了是你的。这一点值得斟酌，君王应该有担当才是。

话再说开些，一般的人，无论是家庭还是事业，善于用他人的智慧和才干，这样才能有很好、很快的发展。韩非的老师荀子在《劝学》里有一个事理很明白的比方："登高而招，臂非加长也，而见者远；顺风而呼，声非加疾也，而闻者彰。"别人看得见招手是因为你站得高，站在高山上、楼台上，所以远处的人能看见；别人听得清是因为你顺风而呼，借了风势。虽然过了两千多年，荀子说的这事和这理仍然存在。他接着又说："假舆马者，非利足也，而致千里；假舟楫者，非能水也，而绝江河。"所谓"假"是借助的意思。这里说脚步走得不快的人，借助车马就能走得很快，顺利到达千里远的地方；不会游泳的人，借助船和桨，就能顺利横渡江河。荀子打的比方易懂，说明人要善于借助外在事物发展自己。实际上在社会生活中，每一个人都会借助外在事物寻求自身的发展，没有一个人可以例外。只是有些人自觉，有些人不自觉。自觉一些的，成效自然会更大一些。

韩非还说了人臣之道，即做臣子的方法。他说："顺上之为，从主之法，虚心以待令，而无是非也。"[①] 他要人臣做个顺臣，按

---

① 《韩非子·有度》。

法令办事。颁布了什么法令，就执行什么法令，不必有自己的想法，这样就没有是非了。其实凡事本有是非，韩非告诫人臣怎样回避是非，让人臣莫辨是非，唯命是从，是与非都是君王的事。他接着说："故有口不以私言，有目不以私视，而上尽制之。为人臣者，譬之若手，上以修头，下以修足。"[1] 这话说得更具体了，人臣有嘴巴说话，但不说自己的话；有眼睛看东西，但不看自己的东西。也就是说，人臣不要站在自己的立场上说话，不要从自身来看外部的事物。这样，君王就可以把臣子完全管理好，因为臣子服从管理。臣子好像是君王的手，要你修头就修头，要你修脚就修脚，既服从，又服务。韩非说这些，是在树立君王的绝对权威。唯君是从，也就不会有不同的意见了。韩非要人做顺臣，君明臣顺，天下事会好办得多。

从上述事例可以知道，"道"常为人说。孔子说"道"，墨子说"道"，韩非也说"道"，他们分属儒、墨、法三家。当然，他们还在其他地方说"道"，也还有其他人说"道"，但他们的学派都没有因为说过"道"而被称为"道家"或被归于道家一派。因为他们是在一般意义上运用"道"的概念，赋予"道"不同的实践方法，不像老子把人世间的万事万物统统归属于"道"，既有"道"是万物起源的宇宙观，又有"道"是世间普适法则的社会观、人生观。这使老子的"道"与孔、墨、韩以及其他人的"道"截然不同，后人以"道"名老子的"道家"是有道理的。

现在，我们具体来说老子的"道"。

---

[1] 《韩非子·有度》。

二、五花八门的叫法

"道"一般说来就是"道"，还能叫什么呢？但读《老子》，有时会很迷惑，在他的笔下，有人统计过，五千字的《老子》有七十几个"道"字，"道"出现的频率很高。这本无妨，它以"道"为核心，反复说"道"也是再自然不过的事。如"道可道，非常道""道之为物""道法自然"之类。当然，我们也知道"道可道"的第二个"道"是"言说"而不是作为万物本源的"道"。这里的问题是，被老子视为万物本源、具有无限能量的"道"，在《老子》这部书里不仅称"道"，而且还有一些异名，让人有点捉摸不透。

大体梳理了一下，在《老子》里，作为万物本源的"道"有下面这样一些提法：

"道"称"谷神""玄牝"："谷神不死，是谓玄牝。"

"道"称"夷""希""微"："视之不见名曰夷，听之不闻名曰希，搏之不得名曰微。"

"道"称"大""逝""远""反"："有物混成，先天地生……吾不知其名，字之曰道，强为之名曰大。大曰逝，逝曰远，远曰反。"

还有"道"称"一"。还是用他的话来说："天得一以清，地得一以宁，神得一以灵，谷得一以盈，万物得一以生。"这"万物得一以生"，也就是说"一"生万物，与他"道"生万物相吻合，那"一"也就是"道"了。

这是不完全的统计，这么多的称呼都指向"道"，老子离开函谷关时应该是人生晚年，居然还这么率性、随意，怎么不让人迷糊"道"究竟叫什么呢？在这些名称中，"道"是老子笔下最常见、用得最多、也最具代表性的名称。

"道"名称的复杂性是老子造成的，他不断变换"道"的提法，是他自己有时也迷糊，没有把"道"的名称完全确定下来，给后人留下了本不应该存在的问题，让人揣度。也是奇怪，《老子》只有五千字，就不能把"道"的名称定下来吗？可要知道，"名"在那个时代很为人关注，可以举两个例子。

一是孔子说的"正名"：一次，学生子路问孔子："老师，如果卫国国君用您老人家治理卫国，您老人家先要做的是什么呢？"孔子说："那我先要做的是'正名'。"所谓的"正名"即端正名号，也就是凡事有明确的说法，可以让人遵照执行。子路是孔子的忠实弟子，年轻时是一介武夫，说话粗鲁、率真。听了老师的话，子路接了一句："有这样的吗？老师太迂腐了。您想端正的是什么呢？"孔子听了子路有些冒犯的话也不高兴，说道："仲由，你太鲁莽了，怎么这样跟老师说话呢？怎么可以说老师太迂腐了呢？"他说：子路呀，"君子于其所不知，盖阙如也"[①]。孔子一向为人谦和，主张凡事知道就知道，不知道就不知道，不要不知道而强以为知道。所以他说对自己不知道的事物，就应该认识自己的不足。这也是他保持进步的良方，说子路应该谦逊一点才是。接着孔子说了下面这番很有名的话："名不正，则言不顺；言不顺，则事不成；事不成，则礼乐不兴；礼乐不兴，则刑罚不中；刑罚不中，则民无所措手足。故君子名之必可言也，言之必可行也。君子于其言，无所苟而已矣。"[②]"正名"不仅有孔子说的"名正言顺"之

---

① 《论语·子路》。

② 《论语·子路》。

义，还有荀子在《正名》里说的"名定实辨"的意思，任何一件事，做什么、怎么做、承担什么责任、达到什么目的，都要清楚，否则就不好做，茫然去做也难成功。所以人们一向在意师出有名，让大家走在一条正确的道路上，不然遇事不知道该怎么做。而且孔子把"正名"说得很严肃，一步步地推导，从小的事不成，到大的礼乐不兴、刑罚不中、民无所措手足，从一般事务上升到了国家制度、社会治理和百姓生活层面，从而可见"正名"是多么重要！

　　二是公孙龙的名实说。公孙龙大约生于公元前 320 年，死于公元前 250 年，传说字子秉，战国时赵国人，曾做过赵国平原君赵胜的门客，是名家学派的领袖。他是战国有名的辩士，游说过赵惠文王、燕昭王施行仁爱而息兵。公孙龙见当时社会上名与实的问题很混乱，想凭自己的才干把它弄清楚，就名与实著有《公孙龙子》一书，创造了很有名的"离坚白论"，说石头的坚硬和洁白是分开的，摸石得坚而不得白，看石得白而不得坚。还有"白马非马论"，说白马不是马，因为"白"是颜色，"马"是形状。颜色不是形状，形状不是颜色。既然白色不是马的形状，那马的形状怎么可以和白颜色相提并论呢？所以他说色非形，形非色，色与形、形与色不应当混在一起。人们把白与马混在一起，也是错的，白马不是马。白马分明是马，但他说白马是白颜色和马的组合，沦于诡辩。庄子说他能胜人之口，不能服人之心。公孙龙善辩，特别是在名与实上较真。当他骑着白马过关的时候，马要收费，他说白马不是马，守关者不买账，坚持按马收费。这当然是另一回事。

　　既然那个时代这么重"名"，老子其实也是想为"道"正名的。在这一点上，他的思想还是太徘徊了，随性东说西说，想正名却没有真正做到，而让"道"有那么多异名，给他自己造成太多问题。他撒手人寰，就把这些问题留给后人去揣摸，去解答。在这里，我们不妨对"道"的名称出现的这些状况做一点小结，以便对"道"有更深的印象。

一是"道"的名称具有高度的不确定性。说实在的，任何人确定一种重要的思想或者理念，对这思想或理念的表述如果要概念化，特别是关于思潮流派或学术流派的名称，应固化而不是在多名称中间摇摆。虽说"道"作为学派的名称是确定的，但在实际上又存在太多的不确定性，影响他人的认知和准确把握。况且，老子"道"的名称不一，还会因为语言本身的不同，引起"道"的内涵因表述不一而模糊不清。实际的情况正是这样，老子对"道"及"道"的异名都有自己的说法，说法的差异自然形成了"道"内涵的差异，好在他在"道"生万物上有同一性。同时，老子给"道"的这些异名，恰好表明他很想给人们一个关于"道"的清晰概念，遗憾的是他没有做到。后人也就不能明白，他老人家为什么不只保持一个本名，把各种各样的异名放弃，何苦说来说去，弄得人眼花缭乱呢？

二是"道"的名称多种多样，影响的不仅是老子自己对"道"的明确界定，也影响人们在认知老子的过程中对"道"的理解。为什么后人对老子的"道"有各种各样的说法，很难达成一致？这固然有各人生活环境不一、文化素养不一的影响，但主要还是因为老子对"道"的说法太多，根源是"道"之名的不确定性。这不确定性是老子哲学魅力的一部分，也是最能吸引读者的地方之一。世人无不好奇，那不确定性往往就是奇妙的地方，让人们探寻，有了自己说话的空间，百花齐放，思想认知不统一却不乏光彩。而老子"道"名称的多种多样，激发了古往今来许多人的解说。各人都认为自己说清楚了或者是说得最清楚的，不过那是自己认为的，别人未必这么看。不然的话，怎么两千多年来，张三解说了，李四还要解说呢？说了这么多，是不是全说明白了呢？好像还没有。因为大家的认知没有达成一致，更别谈高度统一了。苏轼有诗说江西庐山："横看成岭侧成峰，远近高低各不同。"[1] 老子也给了我们这样的感觉，同一个老子，观赏者、解说者有不同的立场和角度，自然是"远近高低各不同"，但不妨碍"横看成岭侧成峰"。只说观赏者、解说者需要走近老子，获知他理念的本意。

三是"道"是什么。老子的种种说法激发人们不断想象，它会是什么模样呢？于是，每人心中会在说老子的"道"时，眼前呈现出不同的"道"的样子。老子对"道"的界定不确定，必然导致后人界定的不可能。后人怎么能够不认老子赋予"道"的这些异名呢？虽说要想解决这一问题并不容易，但有一点很明确，这就是老子认为"道"生万物。他还有一个很形象的比喻，说"道"是万物之母，意思是有了它才有世间万物。人们讲老子，通常从老子的"道"开始，根本的原因也在这里。"道"是老子所有思想的源头，包括他治理社会的方法、为人处世的方法。

那么，有这么多异名的"道"，按老子的说法，它会是什么模样呢？

三、"道"是"恍惚"

老子很想告诉人们他说的"道"是什么样子。"道"先天地

---

① 苏轼：《题西林壁》。

而存在，又是万物的母亲，总该有一个模样吧？老子也常说"道"的样子，我们看他是怎么描述的。《老子》第十四章说：

> 视之不见名曰夷，听之不闻名曰希，搏之不得名曰微。此三者不可致诘，故混而为一。其上不皦，其下不昧，绳绳不可名，复归于无物。是谓无状之状，无物之象，是谓惚恍。迎之不见其首，随之不见其后。执古之道，以御今之有，能知古始，是谓道纪。

这里把老子的原话引出来，是要让大家看看他理论的本来面貌是什么。下面讲《老子》也都会这样，不想把它揉得太碎，造成断章取义的误会，反倒看不清老子思想是怎样表述的。

有人说，《老子》这部书像老子的语录，像是诗。在文学史上，人们容易把它视为语录体的散文，和《论语》并称，这和它采用八十一章的形式逐章说理有关。但它的语言形式相对较为整齐，又多用排比句式，诗的味道也是有的。说它是诗或说它是文各有道理。对此，用中性的诗化散文来界定它，可能最为适中。

老子这里说"道"，"道"是什么模样呢？

它给人的第一印象是看不见，听不见，摸不着，人的视觉、听觉和触觉三者对它不起作用，那"道"会是什么呢？从三者的任何一面来看，尽管老子都给了一个名字，说看不见是"夷"，听不见是"希"，搏不得是"微"，但他劝人不要探究，也就得不出它是什么的结论。我们有时会想，为什么不能探究，为什么不能追问"道"是什么样子？对"道"视而不见，因为它是无色的；听而不闻，因为它是无声的；摸而不得，因为它是无形的，没有形体，怎么摸得到呢？这些概念各自本来就玄妙，老子又把它们混合在一起，让人们仍然不能明白，只能凭想象，想象"道"是什么，它就是什么。而每个人会有不同的看法，每个人所想的"道"都不一样，唯一能够达成共识的，还是老子说的"道"混为一，是多种形态的合一体。

第二种印象是"其上不皦，其下不昧"。"皦"通"皎"，明亮的意思。"道"上不明亮，下不昏暗，那是处在明亮和昏暗之间了。这不明不暗的样子该是用眼睛看得到的吧？他不是刚说过"视而不见"吗？这还好理解一点，再往下说，又不好理解了。他用绳索打比方，说"道"像绳索一样纠结在一起，那不就是看不见，听不见，摸不着的混合体吗？眼见可以说得清楚一点，却又说"不可名"，而且是"无物"的样子。既然无物，也就没有形体了。他再往下说，这看起来不明不暗、纠结无名的"道"，又是"无状之状，无物之象"。这是什么话呢？"道"的形状是没有形状，"道"的样子是没有物质的样子？这谁能说得清楚？一般说来，没有形状就是没有形状，没有物质就是没有物质。不过，他说"道"没有形状的形状，没有物质支撑的形象，辩证地看也有自身的道理在。难怪最后老子说"道"是"惚恍"，也就是"恍惚"，若隐若现，若有若无。再用老子的话来说，这"惚恍"的"道"，就是上不明下不暗、纠结无名、无状又无物的东西。

第三种印象是，"道"居然"迎之不见其首，随之不见其后"。人们迎着"道"，不知道它的头在哪儿；跟随在它后面，又看不见它的尾巴。不能见首，又不能见尾，比人们常说的神龙见首不见尾，或者见尾不见首，更显神秘难知。归根结底，我们还是看不见"道"，应了上面说的"道不可见"。而老子说"道"是"惚恍"。这"惚恍""执古之道，以御今之有"。这里"古道"与"今有"是用古来既有的规则驾驭现有的万物，以知"古始"即远古之始，他把这视为"道的纲纪",也是社会应该遵循的原则。说到这里,我们能够知道老子所说的"道"竟然是这样一种状态,不能见首,也不能见尾,但你要明白它是有社会功用的,这功用就是执古御今,用古代的规则治理现在的事物,所以老子的"道"可以古为今用。

在这一章里,我们真的很难想象"道"是什么。老子在这里没有给我们描述出"道"的具体模样,从视、听、摸三个角度都没法把握,好像可以因其功用而推想它的形状,却又不能确定,只好说这"道"是"惚恍",让人困惑。

关于"道"的形态,老子的话还没说完,再看第二十一章,它也是老子说"道"的专章。善辩的老子又生出理来,于是有了"道"的模样的第二个重要说法:

> 孔德之容,惟道是从。道之为物,惟恍惟惚。惚兮恍兮,其中有象;恍兮惚兮,其中有物;窈兮冥兮,其中有精;其精甚真,其中有信。自古及今,其名不去,以阅众甫。吾何以知众甫之状哉?以此。

老子说"孔德之容,惟道是从"。"孔"有"大"和"很"的意思,人们常说的"孔武有力"来自《诗经·郑风》,这"孔"就是"很"的意思,说的是非常勇武而有力量。而"孔德"是大德,它的容貌或说形态既然"惟道是从",那也就是"道"的样子。换句话说,"道"是什么样子,大德就是什么样子。"道"的样子这里说到了"道之为物,惟恍惟惚","惟恍惟惚"的"惟"或作"唯",是强化语气的虚词,如果把它拿掉,那"道"就是"恍惚",和第十四章说"道"是"无状之状,无物之象"的"惚恍"一致了。

老子的话还没说完,神奇的是,他说"道"是"恍惚",在这里又进了一步,说"恍惚"中有象、有物,既有形象又有物质,他说得很神秘,以"窈兮冥兮"也就是"窈冥"来形容"道"的深远而幽暗。和第十四章关于"道"的表述不同,这里说"道"不仅深远幽暗,而且其中有"精"即细小物质,还有人说这"精"是精气。老子用"真""信"强调它是真实的,很肯定地说"道"里有物质存在。而且从古到今,"道"一直都用这个名字,没有改变,是因为万物由它而生。"道"的根本没变,"道"的名称自然也没有发生变化。如果他始终坚持这一理念,那"道"就不会有许多异名了。遗憾的是他老人家没有这样做,脑海里时时蹦出关于"道"名称的种种想法。不过,他在这里说,从"道"来看"众甫"即万物的开始,万物开始的状态就是"道"最初的状态。既然"道"是"恍惚",那万物也是"恍惚",那他"惟道是从"的"大德"也是"恍惚"。

同为"道"是"惚恍"或"恍惚",第十四章说这"惚恍"的"道"是"无状之状,无物之象",而这里说"道"是"恍惚","恍惚"中有物有象,二者有很大的差异。在唯物、唯心说流行的时候,有人依据"道"是"无状之状,无物之象"说老子是唯心主义者,有人依据"道"的"其中有象""其中有物""其中有精"说老子是唯物主义者。当代哲学家任继愈先生主编的四卷本《中国哲学史》里,就"道"中无物无象,说老子的"道"是主观的,是他凭空想出来的,那老子就是唯心主义思想家;但在此书的附录里,说"道"中有物,"道"是客观的,那老子就是唯物主义思想家。可见老子的思想倾向难以把握。

老子对"道"很钟情,这也是很自然的事。关于"道",他在《老子》第二十五章里还有第三种说法,可以再看一看:

有物混成，先天地生。寂兮寥兮，独立不改，周行而不殆，可以为天下母。吾不知其名，字之曰道，强为之名曰大。大曰逝，逝曰远，远曰反。故道大，天大，地大，王亦大。域中有四大，而王居其一焉。人法地，地法天，天法道，道法自然。

老子用"有物混成，先天地生"来说"道"，这和第十四章说的"混而为一"吻合。不同的是，他在这里说"道"的存在，说的是混成一体的"道"不知道是谁的"孩子"，也不知道它活过了多少年，有了它才有了天地。打这个比方说不知道"道"是怎样产生的，这一说法把他的"道"神秘化了，也把宇宙神秘化了。在那时候，老子没能力彻底认知宇宙。对有了"道"之后的事，老子似乎是清楚的，他说"道"生天地万物，并形象地将"道"喻为万物之母。这"道"寂寥、独立、不变、没有懈怠，靠自身的力量在运行，环行运转而不停歇，他不知道它的名字，给它取名叫"道"。老子刚在第十四章里说的"道"名夷、名希、名微，我们记忆犹新，这时候他除了说"道"叫"道"之外，还说"道"叫"大""逝""远""反"。为什么这样取名？王弼有说法："逝"是行，不拘泥于一体，环行而无所不至；"远"到可以穷尽的地方，因为行，所以远；而"反"则是回到自身。"道"的周行即环绕而行，去而复返，正是要回到自身，始终与自然为一。他让我们看到了"道"生生不息的运动状态。最关键的是"道"为天下母，"道"生天下万物。

老子随后说，天地间有四大："道"大，天大，地大，王大。这"王大"有的版本作"人大"。古代社会王者尊，王比人大。其实这里作"人大"更合适，更宜于代表万物。不过"四大"中

"道"最大，天、地、人都听命于"道"，要以"道"的法则为法则。老子的简明逻辑是：人法地，地法天，天法"道"，"道"法自然。"道"以自然为师，它最重要的法则就是自然，守其本性、本真。老子说"道"法自然的时候，还是给我们带来了问题，"道"究竟是什么呢？他最后还是没有说清楚。如果我们非说不可，依据老子的说法，这"恍惚"的"道"就是自然。

好，现在归纳一下，老子这三章说的"道"的形态，究竟告诉了我们什么：

在老子的心目中，"道"是混成的，看不见、听不见、摸不着，是"惚恍"或"恍惚"，难以感知。对此，老子有两种说法，一是第十四章说的"道"是"无状之状，无物之象"；二是第二十一章说的"道"中有物有象，"道"中有物，"道"中"有精"。这二者互相冲突，彼此矛盾。老子一会儿说"道"中无象无物，怎么一会儿又说"道"中有象有物呢？二者同在，谁是谁非呢？老子让二者并存，没有断言是非，给后人的理解也造成了问题。主要是老子所说客观存在，不可能按我们的意愿评判是非，把其中一方抹掉。当然，由于二者的对立，很容易形成两种不同的理解，我在上文已经提到。"道"是什么？怎样界定？没有人能明确答复。"道"中有物还是无物，有象还是无象？老子说它是"恍惚"。但"恍惚"是什么也无法解释。如果可以解释，那老子早就解释清楚了。后来有人说这"恍惚"大概是"气"吧，用"气"来解释比较"合理"，"气"不是看不见、听不见、摸不着吗？而"气"生万物，与阴阳二气交感而生万物的说法有些吻合。"道"是"恍惚"，最根本的还是"道"为万物之母。对此不需要太纠结，老子没有说清楚、弄清楚的问题，后人想把它说清楚、弄清楚，难度也是很大的。

后来庄子发展了"道"的理念，把这一理念弄得更玄虚了。他的《大宗师》专门论"道"，"大宗师"本身指的是"道"。他比质朴老子的想象力丰富得多，天上地下，无所不至，说话的口气也大。他说了这样一段话：

> 夫道，有情有信，无为无形；可传而不可受，可得而不可见；自本自根，未有天地，自古以固存；神鬼神帝，生天生地；在太极之先而不为高，在六极之下而不为深，先天地生而不为久，长于上古而不为老。

读这一段文字，读得出"道"是什么吗？庄子说"道"是"有情有信，无为无形"的。既然有情有信，按理也应该有为有形才对呀！怎么又"无为无形"呢？这"无为无形"变相地说"道"不同于其他事物，孤独、寂寞。这样的"道"，又是可以传播而不能接受的，可以得到而不能见到的，与老子说的"道"不可见相近，这是什么道理呢？庄子的话也很玄妙，他接着还说"道"是"自本自根，未有天地，自古以固存"，它是自然生长的，天地形成之前就已经存在。这"道"，居然"神鬼神帝，生天生地"。这里的"神"通"生"，说"道"不仅是万物的爹娘，而且是鬼和天帝的爹娘。他这样比拟，发挥了老子"道生万物"的理念，想得更奇妙了，但终究没有跳出老子思想的圈子。更神奇的是，庄子说"道"在太极也就是天上最高的地方之上不算高，在六极也就是大地最深的地方之下不算深，先天地而生不知有多少年，这么长的时间还不算长，比上古的年头要久还不算老。一句话，"道"诞生这么久了，仍然很年轻。庄子这样说，是用夸张的语言表明"道"是永恒的。他显然发展了老子"道"的学说，夸大了"道"的能耐，也让"道"变得更加奇妙难言。

从老子的这些说法里，关于"道"，我们可以悟到以下几个基本点：

"道"是神秘的，看不见、听不见、摸不着。

"道"是"惚恍"或说"恍惚"，形态莫定，无论其中有物有象，还是其中无物无象。

"道"是永恒的，先天地而生万物，作为万物之母，没有"道"就没有万物。

"道"是德的根本，德依从于"道"。

"道"法自然，或说"道"因自然而生，并奉自然为"道"的最高法则。

面对这样的"道"，最重要的还是要把握"道"的功用和"道"的法则，因为老子所有的人生理念、社会理念都是从这里出发的。至于"道"的模样，那还是老子自己说的"惚恍"或"恍惚"。

四、万物唯一的生母

《老子》八十一章，虽有"道经"和"德经"之分，但各章之间没有严格的逻辑顺序，它们语义上的跳跃，章与章之间的时断时续，没有妨碍老子在反反复复说"道"的过程中，让"道"生万物给人们一个很深刻的印象。

"道"生万物，根本在于世界是怎样产生的。他看到"道"和万物之间的关系，以此告诉人们万物是怎样产生的，但他说得很抽象，没有交代万物具体的产生细节，让人们对万物的产生充满遐想。而万物的产生是一个复杂而神秘的问题，在传说中，它并不是老子最先说的。

古来就有盘古开天地的说法。盘古开天地是神话传说，在相当长的时期内，由人们口耳相传，很晚才被记录成文字。既然是口耳相传，就有可能不太靠谱。战国时秦国的国相吕不韦组织门客编写了"一字千金"的《吕氏春秋》，里面有一篇《察传》，教导人们听了别人说的话，要过脑子想想是不是那么回事。因为有的话传多了，难免白的变成黑的，黑的变成白的，与本来的面貌南辕北辙。他讲了几个故事，其中有一个"丁氏穿井得一人"。说宋国有一户姓丁的人家从前在外挑水灌溉，长年进行这项工作。后来丁家觉得烦劳，就想办法打了一口井，用上井水后就不用派一人专门挑水灌溉了。于是，丁家告诉别人说："我家打井得一人。"这话传到宋国国君那里，他很惊讶：打井怎么能从井里得到一人呢？于是派人到丁家去问到底是怎么回事。丁家说："不是打井从井里得到一个人，而是打井后省了力，家里多了一个劳动力。"这个故事说明，在人们的口耳相传中，有些事情是怎样发生变异的。盘古开天地的故事，经口耳相传后，当然不能把它视为真实的历史，但它的影响很大。盘古开天地，盘古生万物，比老子讲的"道"生万物清晰多了。

我们先讲盘古开天地的故事，这里引用唐代欧阳询的类书《艺文类聚》卷一转引三国时徐整《三五历记》的记载：

　　天地混沌如鸡子，盘古生其中。万八千岁，天地开辟，阳清为天，阴浊为地。盘古在其中，一日九变，神于天，圣于地。天日高一丈，地日厚一丈，盘古日长一丈。如此万八千岁，天数极高，地数极深，盘古极长。后乃有三皇。

这个故事说天地混沌，老子说"道"混为一体的"恍惚"也是混沌的。最初天地混沌，像一个鸡蛋，盘古就待在这个像鸡蛋一样的球体里。过了一万八千年，球体内部发生了剧烈的变化，原本连体的天和地分开了，里面的阴阳二气运动起来，清澈的阳气上升为天，混浊的阴气下沉为地。盘古在天地之间，一天变化许多次。这"九"不是实数，而是说多次变化。变化中的盘古"神于天，圣于地"，比天地还要厉害。天地在变化，苍天一天高一丈，大地一天厚一丈；盘古也在变化，他一天长一丈。算一算，一万八千年，一年365天，这苍天有多高，大地有多厚，盘古有多长呀！盘古在天地之间生活了一万八千年，随后又长了一万八千年，于是天极高，地极深，盘古极长。盘古以他高大魁梧的身躯把天地撑开，从此宇宙间天地产生了。天地被盘古撑开后有了三皇，即天皇、地皇和人皇。秦丞相李斯说过，三皇中人皇最厉害，为什么呢？因为李斯是秦始皇的丞相，他敢说天皇和地皇最厉害？他说人皇最厉害，其实是说秦始皇最厉害，有溜须拍马之嫌。

　　这是最早的盘古开天地的传说。随后人们问，盘古开了天地，天地是产生了，但天地间的日月从哪儿来呢？还有河流、草木从哪儿来？于是又有了盘古生万物的说法，这在南朝祖冲之的《述异记》里有记载。他综合一些传说，归结为盘古死了以后，他的头变成了四岳（有人说是五岳），他的两眼变成了太阳、月亮，身上的油脂变成了江河湖海，毛发变成草木。相近的说法是，盘古死后，他的头变成了东岳泰山，腹部变成了中岳嵩山，左臂变成了南岳衡山，右臂变成了北岳恒山，脚变成了西岳华山。又有说法是，盘古流的眼泪成了江河，呼吸的气息变成了风，目光变成了闪电，盘古高兴的时候是晴天，发怒的时候是阴天。因为盘古，天地间的万物都有了，所以说盘古是天地万物之祖。这些故事记录较晚，但传说可能较早，不知道老子当时听过这类故事没有。人们说盘古生万物，他说"道"生万物，而"道"又只存在于他的理念中，看不见，听不到，摸不着。人们也没有见过盘古，而盘古化成的万物，在人们的生活中看得见，听得到，摸得着。世俗的具象思维与思想家的抽象思维，二者完全不同。

有了天地，有了万物，人呢？这也有传说，仍然和盘古有关系。传说里盘古不是一个人而是夫妻两人，是阴和阳的开始。这夫妻有人说是兄妹夫妻，他们繁衍了后代，于是有了人类。这个故事和盘古开创天地、躯体变成万物的故事相比，可能要晚许多年，因为人类演化到夫妻这一步，社会就成型了。它不如女娲造人的故事神奇。东汉应劭的《风俗通义·佚文》第二十六条记载：

> 俗说天地开辟，未有人民，女娲抟黄土作人。务剧力不暇供，乃引绳于泥中，举以为人。故富贵者黄土人也，贫贱者绳人也。

天地开辟以后，有天地万物但是没有人。怎么办呢？这时候女娲出现了。女娲是传说中的英雄，远古的时候，曾炼五色石以补苍天，又捏黄土做人，做着做着，太劳累了，力气也跟不上来。于是，她想了一个简省的办法，找来一根绳子，在黄泥浆里拖一下，然后抬手用力一挥，泥浆纷纷扬扬，落下的泥浆也变成了人。这样两种不同的造人方法，说是形成了富人和穷人。富人是用黄土一个个捏成的，穷人是泥浆落下来变成的。造人的故事说到这一步，一定是好事者添加的。最原始的造人，理当没有富贵、贫贱之说。把富贵和贫贱说成是女娲造的，多半是富贵人编造出来为他们自己辩护的，说富贵是天生的富贵，贫贱是天生的贫贱，自然是信不得的。理性的老子不会相信这样神奇的故事。这一点我们要称赞老子，他摆脱了传说中神创造天地万物的说法，而说"道生万物"，这"道"是他想出来的，理念化的，跟神没有什么关系，甚至可以说，"道"超越了世俗神仙信仰中的一切神。

"道生万物"是相当复杂的事，我们看《老子》的第一章，这也是"道经"的第一章。老子说：

> 道可道，非常道；名可名，非常名。无名天地之始；有名万物之母。故常无欲，以观其妙；常有欲，以观其徼。此两者同出而异名，同谓之玄，玄之又玄，众妙之门。

这一章，在断句上常有不同。尤其是"道可道，非常道；名可名，非常名"因断句不同，有三种不同的标点方法。除了这一种外，还有两种。一是"道，可道，非常道；名，可名，非常名"；二是"道可，道，非常道；名可，名，非常名"。这三种标点方法，我赞成前两种说法，不赞同在"道可"后面打逗号断开，影响意思完整。

"道可道，非常道"中，第一个"道"是作为万物起源的"道"，第二个"道"是言说的意思。说"道"如果可以言说，就不是永恒不变的"道"。"常"意为"恒"，有的《道德经》版本作"恒道"。可以言说的"道"，就不是永恒不变的"道"，因为作为万物之母的"道"不可以言说。"名可名"也一样，如果事物是可以命名的，那这"名"就不是永恒不变的"名"。这些听起来仍然很令人费解。我们讲一个庄子编出来的寓言故事。

有一天，齐桓公坐在大堂上读书。齐桓公是春秋五霸之一。

那时齐国很强大，占据现在的山东一带。桓公一本正经地读着，堂下有一个做车轮的工匠叫轮扁。轮扁做着做着，忽然放下手里的斧子，走上前去好奇地问齐桓公道："大王读的是什么书呢？"齐桓公说："我读的是圣人书。"轮扁又问："圣人还活着吗？"齐桓公说："圣人已经死了。"于是轮扁说了一句让人感到震惊的话："既然圣人已经死了，那你读的圣人书，不过是圣人留下的糟粕。"这话让齐桓公很生气，他说："寡人读书，你一个做车轮的工匠怎敢随便议论呢？好吧，我给你机会为自己辩解。如果你辩解得好，我就饶了你的性命；如果你辩解不好，就别怪我要砍你的脑袋。"轮扁一点都不害怕，不慌不忙地说："就用我做车轮这事来打比方吧。我做车轮，那榫头放进榫孔里，如果榫孔大了，榫头小了，放进去太宽松，就容易脱落；如果榫孔小了，榫头大了，又放不进去。要把榫孔和榫头做得恰好合适，不大不小、不松不紧，这里面的技巧我不能用言辞告诉我的儿子，我的儿子也不能用言辞告诉我。"轮扁的意思是，古人的思想精华，像他做车轮最高明的技艺，是不能言传的，也不能用文字来表达。这样说来，齐桓公读的圣人书不是圣人的糟粕是什么呢？庄子的故事讲到这里就打住了，不知齐桓公听了轮扁的话还能否心平气和。

这个故事出自《庄子·天道》，它传达了庄子一个非常重要的思想："意"不可言传。这"意"是思想的精华，他说能够言传的，就一定不是思想的精华。庄子还在《天运》里借老子的口说：要是能把"道"献给君长，没有人不把它献给君长；能把"道"献给亲人，没有人不把它献给父母；能把"道"告诉别人，没有人不把它告诉自己的兄弟和子孙，可惜"道"无法用语言表达。

庄子还讲过一个"目击道存"的故事。庄子虚构了一个叫温伯雪子的人，说他到齐国去，半道路过鲁国就住下了。有个鲁国人想见他，温伯雪子不见。他从齐国返回，又住在鲁国，这人又来求见，温伯雪子想到这个人求见两次了，一定有启发他的东西，于是出门见了这个鲁国人。他见了这鲁国人两次，每次回到家里就叹气，仆人不禁问他："先生为什么见了客人，回来就叹气呢？"温伯雪子说："鲁国人懂得礼义而不善解人心，进退有规矩，动静像龙虎，他批评我像儿子对父亲，他引导我像父亲对儿子，所以我叹气。"然后，孔子去见了温伯雪子，一句话都没说。孔子出来后，弟子子路问他："老师想见温伯雪子很久了，见了之后却不说话，为什么呢？"孔子说："若夫人者，目击而道存矣，亦不可以容声矣。"[①]孔子和子路虽是真实的历史人物，但在这个故事里的事迹也是庄子虚拟的。庄子在这里说孔子和温伯雪子的交流没有语言，只有四目相对，视线所及就知"道"在那里，或者说就懂得彼此的想法。"目击道存"的意不用言传，根本上还是老子说的"道"不可言传，既然"道可道，非常道"，那么可以言说的"道"就不是永恒不变的、作为万物之母的"道"。老子说"道"生万物，仍然没有消解它的神秘感，但读者不能不顺着他的思路往下想。

随后老子说"名可名，非常名"，它与"道可道，非常道"相对应，这"名"指的就是"道"之名。他接着说了"无名天地之始"，天地起于"无名"的时候，也是起于"无"的时候。这让我们想起他在第三十二章里说的"道常无名"：

　　道常无名，朴虽小，天下莫能臣也。侯王若能守之，万物将自宾。天地相合以降甘露，民莫之令而自均。始制有名，

---

　　① 《庄子·田子方》。

名亦既有，夫亦将知止。知止可以不殆。譬道之在天下，犹川谷之于江海。

"道"常无名，无名的"道"以"朴"为本质，是原始本色的自然无为状态。老子常常要人们回到过去，就是以"朴"为终极目的的。"道"生万物，因而有至高无上的地位，所以他说"道"虽小，但没有谁能够以"道"为臣，"道"统领一切而不为外物统领。老子高扬"道"的地位和作用，强调"道"主宰万物，从这里走过去，他说了一个有可能成为现实的事，那就是侯王守"道"。守"道"当是先得"道"的。老子说得很动听："侯王若能守之，万物将自宾。"这是什么话呢？守"道"也就是"守朴"而无为，如果能够这样的话，那万物会像宾客一样，把你当作主人，顺服地跟随你。不仅如此，侯王守"道"，自然就有了天地相合，甘露降临；不要求百姓公平，百姓自然公平。这真是"道"的伟大神力。天地之间，阴阳和谐，遭逢天旱也会降甘露；人间美事，老百姓不需要君王下令，自然会守天之道，损有余而补不足。而万物定了名分，就会"知止"，控制自身的欲望；欲望得到控制，也就不会有什么危险了。然后，老子又打了一个比方，说"道之在天下，犹川谷之于江海"，指天下有"道"，那么天下人会像百川汇入江海一样，自觉地拥戴你。这让我想起前面提到的孔子名言："为政以德，譬如北辰居其所而众星共之。"孔子说的是"德"的向心力，老子说的是"道"的向心力。

接着老子又回到第一章，说万物的"有"和"无"，《老子》第四十章也说"反者，道之动；弱者，道之用。天下万物生于有，有生于无"。这"反"有两种意思。一是往返、往复，"道"的运动是往复的、循环的，周而复始。周而复始，形成360度循环，结束即新的开始。关于这一点，《周易·泰卦》说"无平不陂，无往不复"，没有哪条平坦的路没有坡垄，没有哪一种前行不会折返，说坎坷曲折是常态。还有一种看法，说"反"是对立，是相反，也就是说"道"的运动呈现对立的、相反的状态，通过阴阳交感、矛盾转化促进事物发展和万物生存。这里有先逆后顺的意思，挫折之后是光明，彩虹总在风雨后。其中还蕴含了物极必反，任何事物到达顶峰后就一定会向反面运动。譬如我们常说的日中则移，太阳东升上天空，到正中后就会倾斜西落；月盈则亏，月亮必然会圆，月圆后一定转向缺损，从圆月变成弯月。老子讲这样的道理，告诉我们"道"有一个往复、对立、相反运动的过程。同时他说"弱者，道之用"，弱为柔弱，柔弱也是"道"的形态，所以他喜欢用水和婴儿打比方，说"道"的柔弱和纯朴。老子第四十三章写道：

> 天下之至柔，驰骋天下之至坚。无有入无间，吾是以知无为之有益。不言之教，无为之益，天下希及之。

这话字面上还好理解，最柔弱的东西能够攻破最坚硬的东西，如水滴石穿，水是最柔弱的，石头是最坚硬的。我们常把石头和金属放在一起来打比方，古诗说"浩浩阴阳移，年命如朝露。人生忽如寄，寿无金石固"[①]。最柔弱的东西之所以能够攻破最坚硬的东西，在于它坚持不懈、日积月累。这给了老子很大的启示，因为至柔的东西有一种无形的力量能够穿过没有缝隙的坚硬物，从这里他懂得了不言之教和无为的好处。老子讲这些，说明自己

---

① 《古诗十九首·驱车上东门》。

主张无为及柔弱胜刚强的正当性，可惜当时很少有人理解他，更不用说按他的理念去践行。

扯远了，还是回到老子"道"为万物之母的话题上来。"无"是作为万物之母的形态出现的。他说万物生于"有"，"有"生于"无"的时候，"有"，我们看得见，"无"，我们看不见。"有"是具体事物，"无"是视而不见、听而不闻、搏而不得的"道"。这些话听起来还是很玄的。它们之间的逻辑关系，最后的落点在"无"，万物起始于"无"，万物不也是起始于"道"吗？这里的"无"不过是"道"的代名词。相对于万物生于"无"来说，老子万物生于"恍惚"的"道"论中，这"恍惚"也让人想象。比起"无"，"恍惚"显得稍实在一点。"道"是空虚的，看起来没有物的存在，很难推知。当他再把"有名万物之母"与"无名天地之始"相对时，这"无"和"有"便紧相依存，不能分离。

"道"是"无"的时候，万物在孕育、萌生；"道"在"有名"的时候，使万物生长。老子的话还没说完，他说"常无欲，以观其妙"，这是让"道"保持虚无的状态，以观察它的精妙，当然也是万物生长的精妙。不过，当其"无"的时候，我们怎么观其妙？那本来的"无"，怎么能看明白？这里老子的话仍然说得微妙，后面接着说的"常有欲，以观其徼"也是这样。"徼"是边际的意思，因"有"而观察其边际，或者说是观察最终的结果，这最终的结果应该就是万物生长。

最后，老子说"有"和"无"，"两者同出而异名"，即它俩是同时产生的，不过是名称不同罢了。他说来说去，总把这"道"弄得神乎其神。所谓的"玄之又玄，众妙之门"，这"玄"，这"众妙"，终归还是"有"和"无"。老子说了这么多，让我们看到"道"生万物的几个基本点：

一是"道"为万物之母，始则生万物，继则使万物顺利生长。万物从无到有，出自"道"。尽管"道"生万物，但它本身仍然是玄妙的，是我们难以完全知晓的。

二是万物从无到有，是"恍惚"的、神秘的，幽深玄妙，让人向往但难猜测。

三是"无"与"有"相互依存，因"无"而有"有"，因"有"而有"无"。"有"与"无"同出而异名，都是万物产生的源头。

对于这些，我们最要知道的是"道"生万物，这是老子哲学的起点，我们需要从这里进入老子学说的殿堂。老子在说这一点的时候，没有止步于"道"生万物或说"道"是万物之母，他又生出种种说法，来强化这一观念，给人们更多、更深的感受。

五、变着法子絮叨

"道"是一切事物的主宰，它支配一切，而不受外物支配；不光是支配，"道"产生一切，包括产生天地，产生万物。所以老子会讲，对国家的管理、对人的教育都要重"道"，遵循"道"的自然法则，那万物就会依附你，社会就会公平，人的欲望就有止境。这些想法他老人家反反复复地说，但不像鲁迅先生《祝福》里的祥林嫂，絮絮叨叨丢了儿子，语气悲切，两眼无神。他把万物之母的"道"说得神奇，那变幻莫测的话语，仿佛让人看到他两眼放出的炯炯光芒。如这里的《老子》第四章：

> 道冲而用之或不盈，渊兮似万物之宗。挫其锐，解其纷，和其光，同其尘。湛兮似或存，吾不知谁之子，象帝之先。

　　老子在前面说了"道可道，非常道"，这里说"道冲而用之或不盈"。"冲"在古代常作"空虚"，《老子》四十五章还有"大盈若冲，其用不穷"的说法，和这里的意思一致。那"空虚"你别认为真是空虚的，它用也用不完。既然这样，那看似空虚的"道"不是很充实吗？老子贵柔守虚，处世谦和，他不喜欢用充盈来表达用之不竭，因为充盈随后就是不足，唯有看似空虚才没有穷尽。"道"生万物，处于空虚的状态，也该是没有穷尽的。和这一点相对应，他又说"道"如"渊"，这"渊"说的是深邃，深邃的"道"让人莫测，像万物的祖宗，仍然是"道"生万物。这比喻很有哲理，是老子式的比喻，他习惯这样用。在这里老子不过是换了一个说法，说万物的产生没有穷尽。

　　这里的"挫其锐，解其纷，和其光，同其尘"，有时被简称为挫锐解纷、和光同尘，又见于《老子》第五十六章，有人认为是错简。我们现在姑且不讲，后面再说。

　　随后老子说"道""湛兮似或存"，这"湛"意为渊深，它的"似或存"表示好像在又好像不在，仍然是说"道"的隐而无形。"道"这么玄乎，也就难以捉摸。不料他又冒出下面一句："吾不知谁之子，象帝之先。"他说过"道"是"恍惚"，"道"是"无"，这时再用比拟来说他不知道这"道"是谁的孩子，那也是不能知道，而断定它在天帝出现之前就有。老子的话有几个意思："道"生万物没有穷尽，似无而有，"道"的本源是什么他也想知道，但一直都不清楚。老子关于"道"的这些说法，让人们倾向于他的"道"不是客观存在的，而是主观臆想出来的。"道"生万物，也只是理念上的。

　　刚说了"道冲"，在《老子》第六章，老子止不住对"道"又有新说法了：

　　谷神不死，是谓玄牝。玄牝之门，是谓天地根。绵绵若存，用之不勤。

　　老子用"谷神"比喻"道"，和他说"道冲"相近，因为这"谷"也是空虚。"道"是谷神，那就是空虚之神了。北宋古文家苏辙说得好，这谷，虚而有形；谷神，就虚而无形了。"道"虚而无形的存在，不就是"无"吗？老子在这一比喻后又打比方，他说"谷神不死，是谓玄牝"。"玄牝"是女性生殖器，用来喻"谷神"，与"道"为万物之母的比喻很贴近，也更具象，更易让人理解。话说到这里本来就可以了，但老子把他打的比方又往前推进了一步，说"玄牝之门，是谓天地根"，意思很明确，玄牝之门是万物诞生的地方，也是天地诞生的地方，万物的本源就在这里。但无论老子这比喻多么生动，归根结底一句话，还是"道"生万物。只是"道"是什么，"道"从哪儿来，除了知道它先天地而生、先天帝而生以及先万物而生之外，我们很难知道原始"道"的状态了。其实，《老子》的很多东西因为他说得朦胧，所以很难明白。后人的解释终究是后人的理解，况且解说者还有不同的立场和角度。

　　老子变着法子多视角说"道"，他既用"恍惚"说"道"，又用"谷神"说"道"，既用"冲渊"说"道"，又用"玄牝"说道，没有给我们定论。他在这里说"道"的"绵绵若存，用之不勤"，意在"道"绵延不绝，却又不是人们能够看到的；看不到也无妨，用起来没有穷尽。老子始终没有跳出这个问题，至于你要问"道"是什么，他说不知道，不知道它是谁的儿子，也见不到它，要勉强说还是那句话，"道"是他脑海里的一个意念，产生万物而没有穷尽。

老子的"道"真说不完，他还有说法，见于《老子》的第四十二章：

> 道生一，一生二，二生三，三生万物。万物负阴而抱阳，冲气以为和。

"道生一，一生二，二生三，三生万物"，这是老子关于"道"的又一个说法。"道生一"的"一"是什么？王弼说，万物归于"一"，"一"也就是"无"，这还是老子的想法，那么"一"也就是"道"。有人说，这"一"是太极，太极是气，是老子说的"恍惚"。按照这种说法，老子说的"道生一"也可说是"道"生太极。"一生二"，是说"气"的统一体因阴阳分成两个部分。前面说到盘古开天地，是他成长为巨人之后，把浑然一体的天地撑开了，阳清上升为天，阴浊下沉为地，也是从社会流行的阴阳说过来的。

"阴阳"是我们生活中非常重要的概念，本来是说日照的向背，如我们常说的山南为阳，山北为阴，水北为阳，水南为阴。但它们随后被用于阴阳五行，被视为天地二气，有阴阳交感而生万物的说法，意思是阴阳二气互相作用而产生了万物。这样的说法后来上升到了社会人伦，譬如西汉儒学大师董仲舒提出的"三纲"就说君为臣纲、父为子纲、夫为妻纲。这用阴阳的观念来说就是：君为阳，臣为阴；父为阳，子为阴；夫为阳，妻为阴。阴阳观念在现代生活中也运用得相当普遍，体现阴阳相配、刚柔相济的特点。也有人说"一阴一阳之谓道"[1]。王弼受老子的影响，说

---

[1] 《周易·系辞上》。

这"道"就是"无"。

老子说"道生一，一生二，二生三"。这一方面是抽象的事物发展法则，事物因矛盾永远在发生裂变，从而产生新的事物；矛盾没有穷尽，事物的新生也没有穷尽。另一方面，"道生一"之下，依然是"道"生万物，从"恍惚"的气出发，再是阴阳二气，随后有了天、地以及万物的生生不息。老子接着说的"万物负阴而抱阳"，也就是背阴而向阳。而"冲气以为和"的"冲气"指矛盾交会、激荡，是社会发展、事业发展的必然现象；"和"是和谐统一。这里说的阴阳二气激荡而达到和谐统一也告诉人们，事物在发生矛盾的时候，一定会有交集，那是我们解决问题的关键所在。生活中矛盾永远会产生、存在、相冲突、相互适应走向和谐，这是一个循环往复的过程，每个人的人生都处在这样的过程中。

从这里可以看到老子不是单纯地说"道"生万物，而且告诉我们事物的矛盾状态和矛盾的解决，最终会达到和谐统一的境界。这一点充满了辩证思想，对事物的认识也很透彻。

《淮南子·天文训》解释了老子这一句话。它说："道曰规，始于一，一而不生，故分而为阴阳，阴阳合和而万物生，故曰'一生二，二生三，三生万物'。"《淮南子》又叫《淮南鸿烈》，是西汉初年淮南王刘安召集手下的门客编写的。那时，这些王侯像战国时的四公子信陵君、孟尝君、春申君和平原君一样喜欢招揽门客，这些门客一般是各方面的人才。这些人为他们服务，同时也为主人编写著作。《淮南子》是门客们编写的，最后编写者冠名淮南王刘安。《淮南子》在编写的过程中，收集了各学派许多人的思想和故事，其中有较多的道家思想。它在这里解释什么是"一生二，二生三，三生万物"，说道始为一，一分为二即有了"阴阳"，"阴阳合和"万物生。这"阴阳合和"是阴阳交感达到和谐的程度，所以一阴一阳之谓"道"，不可以只有阴没有阳，也不可以只有阳没有阴。

在这里，它把阴阳视为万事万物的基本关系，是对立而统一的。对立是事物阴阳矛盾的时候，统一是事物阴阳相合的时候。自然万物总有两面，我这里说到的天地、日月、昼夜、寒暑都是阴阳互为根本的。没有天就没有地，没有太阳就没有月亮，没有白天就没有黑夜，没有寒冷就没有炎热。不仅是自然万物，社会生活中也普遍存在阴阳相合的现象，最典型的是男女婚姻，也是阴阳相合。

老子总在说万物的产生，但没有说过人的产生，大概是把人的产生也放在万物产生里了。不过，老子的后学庄子说了人是怎样产生的。他在《至乐》里给我们讲了一个看起来很实在的故事。

故事说庄子的妻子死了，他的朋友惠施前往吊唁。惠施和庄子是至交，惠施死后，庄子讲了一个"运斤成风"的故事，说明他跟惠施的关系。有一次，庄子给人送葬时路过惠施的坟墓，给身边人讲了一个故事。他说：有个楚国人鼻尖上沾了一点像苍蝇翅膀一样薄的白灰，他自己没有擦掉，而是找到做木匠的朋友匠石，要匠石用利斧把他鼻尖上这点白灰砍掉。这在其他人那里真是不敢想象的事，也犯不着把一点小事弄得这么惊险。但匠石居然应他所请，抡起利斧，伴随着一阵风，斧头砍下去了，把那楚国人鼻尖上的这点白灰砍掉了，而鼻子一点都没受伤。这位楚国人站在那儿，脸不变色心不快跳。后来宋元君听说这个故事，把匠石找来，说你再为我砍一次，我要看看你是怎么砍的。匠石说："我再也没法砍了，因为能让我砍掉鼻尖上白灰的对象死了。"也就是说，不是什么人站在那儿他都能砍的，要有特定的对象，这个对象需要良好的心理素质和胆量。庄子讲完这个故事后说了一句："自从惠施死了以后，我就没有论辩的对手了。"他用这个故事打比方，说明自己和惠施的关系和内心的悲哀。我很理解他的悲哀，庄子善辩，当然希望找一个同样善辩的人做对手，可见他们两人的关系非常好。

话说回来，惠施走向庄子家门口的时候，老远听见庄子在唱歌。走近一看，庄子居然还是很不礼貌地盘着腿、敲着盆子唱歌。惠施有点生气，斥责道："你太不像话了。你妻子跟你生活了这么多年，辛辛苦苦地为你养育儿女，现在她不幸死了，你不悲伤也罢了，居然还这样无礼地敲着盆子唱歌。"别看庄子在理论上一套套的，好像远离了红尘，但他还是一个俗人，和世间其他人一样娶妻生子。庄子怎样回应惠施的指责呢？他说："我妻子原本没有生命，没有形体，也没有气息。在恍惚中，她有一天忽然变得有了呼吸，再变有了形体，三变有了生命，现在又死亡、没有生命了。"庄子描述的这样一个过程，就是老子说的"道"生万物的过程，人也是从无到有、从生到死的。庄子接着说："我妻子的生命，就像一年春夏秋冬四季的自然运行一样，生是自然而生，死是自然而死。"庄子说的人生命的诞生，并不符合人类进化的过程或规律，因为人是从类人猿进化过来的。但他用春夏秋冬四季的运行比喻人生死的运行过程还是很有道理的，春耕、夏耘、秋收、冬藏，人生也是一样，年轻的时候需要珍惜、努力，否则就不会有秋天的收获。"少壮不努力，老大徒伤悲"，说的也是这个道理。

庄子说妻子是怎么产生的时候，说了一句，原本无形无气的妻子"杂乎芒芴之间，变而有气，气变而有形，形变而有生，今又变而之死"①。他用的"芒芴"，也是"恍惚"的意思，与老子说"道"的"恍惚"一致了。而他还说过："人之生，气之聚也；聚则为生，散则为死。"②那这"芒芴"之中产生的生命，不就是气的作用？在这里，庄子谈妻子的生死，也是告诉我们万物是怎样产生的，万物都是如此，他妻子的生与死不过是一个例证罢了。这个故事后来还被改编成了小说《庄子休鼓盆成大道》，收在明代冯梦龙编的《警世通言》里，劝人不要贪恋富贵，而应清心寡欲，超凡脱俗，本分地享受人生的快乐时光。

六、泛然无所不在

上面说了"道"的形态。"道"生万物，这个"道"在哪里呢？老子说，"道"视之不见，听之不闻，搏之不得；"道"是"恍惚"，惟恍惟惚。庄子说："道不可闻，闻而非也；道不可见，见而非也；道不可言，言而非也。"③按这样的说法，如此神秘的"道"究竟在哪儿？上哪儿去寻找呢？台湾学者傅佩荣在谈到老子的智慧时，说老子的"道"有内存性，宇宙万物处处有"道"；又有超越性，超越万物而处在世界之中，世界处处有"道"。这是符合老子本意的。

我们还是说老子吧。老子很理性，把自己的道理讲得像格言一样简练，细细品味，仿佛感到能生万物的"道"无所不在。《老子》三十四章说：

---

① 《庄子·至乐》。

② 《庄子·知北游》。

③ 《庄子·知北游》。

　　大道泛兮，其可左右。万物恃之而生而不辞，功成不名有。衣养万物而不为主，常无欲，可名于小；万物归焉而不为主，可名为大。以其终不自为大，故能成其大。

　　这"大道泛兮，其可左右"，用一"泛"字，就把"道"的无所不在说得很透，它像河水泛流，欲左则左，欲右则右。正因为它无所不在，万物依赖它生长才成为可能。而"道"拥有的自然秉性，使它在接纳万物生长之后，不因生育了万物而倨傲，而是功成不居功，养育万物而不主宰万物。万物也以自然为内在精神，各适其性。于是小草可依附蔓延则蔓延，青松可挺拔高耸则高耸。老子最欣赏"道"的自然，所以他会说社会生活中的人们应当功成而不居功，这一点，我们后面还会说到。在老子看来，"道"之所以能够这样，关键是它没有欲望，没有居功的欲望，没有主宰的欲望。这时候，你可以说它是渺小的，而"道"也从未说自己伟大。有句古老的谚语："桃李不言，下自成蹊。"这"道"正是在看似渺小的状态下，成就了自身的伟大。

　　庄子在老子的思路下，也说"道"无所不在。他在《知北游》里讲了一个自己和东郭子的有趣故事：

　　东郭子恭敬地问庄子："你说'道'在哪儿呢？"庄子说："无所不在。"东郭子不解，又问："请你说明确一点，让我真正地知道你说的'道'在哪儿。"庄子说："'道'在地上的小蝼蚁里面。"东郭子说："'道'这样崇高，怎么在这么卑贱的东西里呢？"庄子说："你还想知道吗？我告诉你，'道'在稊稗里面。"东郭子说："怎么更卑贱了呢？"庄子说："你再问的话，我告诉你，'道'在碎瓦片里面。"东郭子还问："怎么还更卑贱了呢？"庄子最后说："这'道'哇，在屎尿里面。"

会讲故事的庄子调侃虚构的东郭子。他说这些，就是以具体的事物打比方，照应前面说的"道"无所不在。也许穷得住在偏僻狭窄巷子里的庄子，在虚构自己和东郭子对话的时候，眼前就是蝼蚁、稊稗、碎瓦片、屎尿这样一些杂七杂八的东西，依所见随口而出。或者是他想到人们对"道"何在的疑惑，脑海里浮现出这样一些东西，于是以这个故事表现出来，让人感受"道恶乎往而不存"[1]。前面提到了老子说"道"法自然，换句话说，"道"也是自然的化身，而且在老子眼里，任何事物都以自然为本性。那么，天下之大，万物之众，这"道"也就无所不在了，真可谓"天涯何处无芳草"。

应该说，在所有解说老子学说的人当中，具有浪漫、滑稽气质的庄子无疑是思想最贴近老子的。他和老子的时代相近，只隔了一百多年，不像我们距离老子约二千五百年，而且两人志趣相投，他接受老子的学说，对其发扬也最显著。

庄子说过："举莛与楹，厉与西施，恢诡憰怪，道通为一。"[2]这里说的是小草和木柱、长癞疮的女人和美女西施，各种奇奇怪怪的事物，"道"即自然本性相通为一。他以小草、木柱和女人举例说明，物和物的形态、人和人的容貌不一样，但它（她）们的本性一样。庄子随后讲了一个"朝三暮四"的故事，说有个养猴老人给猴子分栗子，他对猴子们说："今天早上每只猴子三个栗子，晚上四个。"话音刚落，猴群就起哄了，吵嚷说早上少了。养猴老人说：那好，早上四个，晚上三个。猴子们皆大欢喜。庄子说朝三暮四和朝四暮三，名义变了，实质没有变，猴子开始不

---

① 《庄子·齐物论》。
② 《庄子·齐物论》。

高兴和后来高兴，不过是心理作用。庄子借此说明无所不在的
"道"，不论存在于什么事物中，本质都是一样的。

庄子还在《天地》里讲了子贡和汉阴老人的故事。子贡本是孔
子的弟子，在庄子寓言中，子贡和孔子一样都是被当枪使的，他用
这些人物在不同的寓言故事里表达自己的思想，一点顾忌都没有。

庄子说，子贡南行到楚国游学，回来时到了晋国，路过汉水
之南时，看到一位老人在浇灌菜地。老人挖了隧道通到井里，本
可用机械浇灌，但他用瓦罐子装水，一罐一罐地往上搬运着浇灌，
用力多而效率很低。这是可以想到的，一位老人、一片菜地、一
罐罐的水，浇灌一定很费力，速度慢，成效差。而他旁边的浇灌
机械，一天可以浇灌一百块菜地，可老人没有使用。子贡很好奇
地问老人："您有机械在这里，用机械浇灌用力少而效率高，您老
人家为什么不用呢？"老人生气地说："我老师教导说：有机械就
有机事，有机事就有机心，机心在胸，你的内心就不纯粹了。内
心不纯粹精神就会恍惚，那么你就会丧失'道'。我知道用机械
浇灌比用瓦罐子浇灌的效果好得多，但我羞于这样做，以免失
'道'；我不用它，就是为了保持本心的纯粹。"这个故事说明人人
都有"道"，面对生活中的诱惑，关键是看人们怎样选择和把控，
以保持自己的初心纯粹朴素。

"道"无所不在，对物来说，任何物都有"道"；对人来说，
人人都有"道"。庄子还在《达生》里讲了一个"呆若木鸡"的
故事。"呆若木鸡"现在是中性的成语，有时也用于贬义。庄子
讲这个故事，是把它作为人生修养的最高境界。得道的、最能战
斗的斗鸡应该是"呆若木鸡"。

故事说的是纪渻子为王养斗鸡。这纪渻子是虚构的人物，这
里的王也是虚构的，庄子没有说他是谁，《列子·黄帝》说这王

是西周晚年的周宣王，显然不可信。纪渻子的斗鸡养了十天，王问道："鸡可斗了吗？"纪渻子说："不可以，这鸡还有骄傲之气。"又过了十天，王问道："鸡可斗了吗？"纪渻子说："不可以。这鸡听到响声、看到影子还有反应。"又过了十天，王问道："鸡可斗了吗？"纪渻子说："不可以。它看东西时目光犀利，内心气势还很强盛。"过了第四个十天，王又问："鸡可斗了吗？"纪渻子说："差不多了。这斗鸡听到了鸡的鸣叫声，已经没有什么变化了，看上去像一只木鸡，德行完备了。"于是，呆若木鸡的斗鸡上场，其他的鸡看到它都不敢交锋，转身就逃走了。这里要注意，庄子一连说了四个"十天"，它们不是确切的时间概念，而是以此说明得"道"有一个渐进的修炼过程。而纪渻子说斗鸡"德全"，这德说到底就是自然无为，也是老子说的"道常无为而无不为"。"无为"不是真正的无所作为，而是顺应自然。顺应自然，也就能够无所不为了。

如果刻意有为而违背自然，好事是会变成坏事的。庄子在《应帝王》里讲了下面的故事：

> 南海之帝为儵，北海之帝为忽，中央之帝为浑沌。儵与忽时相与遇于浑沌之地，浑沌待之甚善。儵与忽谋报浑沌之德，曰："人皆有七窍以视听食息，此独无有，尝试凿之。"日凿一窍，七日而浑沌死。

这是一个悲惨的故事。他说有三个帝王，即南海帝儵、北海帝忽和中央帝浑沌。这里的儵、忽都是抽象的时间概念，表示时间迅疾，庄子以它们为帝王名，也是奇思异想。而"浑沌"的意思是前文说到的素朴原始状态，这里也作帝王名。庄子说，南海帝和北海帝有一次在中央帝的地盘上相遇了，中央帝浑沌做东道主，盛情款待了他俩。两人十分感激，很想报答中央帝。用什么报答浑沌呢？两人想来想去，想到人有七窍：两个鼻孔、两个眼睛、两个耳朵和一个嘴巴。人靠这七窍接触外部世界，呼吸新鲜的空气，欣赏漂亮的景色，倾听精妙的音乐，品尝美好的食品。但浑沌没有七窍，不能呼吸，不能欣赏，不能倾听，不能品尝。于是两人决定给浑沌凿七窍。说干就干，他们一天给浑沌凿一窍，凿到第七天，七窍成了，浑沌却死了。这个故事流传了两千多年，表达浑沌是纯朴的，不能破坏，破坏就没命了。庄子反对有为，说有为就有害，无为就无害。如果南海帝倏和北海帝忽无所作为，中央帝浑沌就不会死。当然，这浑沌真的是太不晓事了，别人在你头上做危及性命的事也听之任之，最终丧命。说来令人一声叹息。

庄子深刻理解了老子的思想，老子说"道"生万物，"道"无所不在，于是庄子讲故事说明"道"怎样产生万物，怎样无所不在。庄子说的自然无为及其社会功效，都是自己想象出来的。只是在春秋战国时代，老子讲的自然无为，主要是自言自语，他可以沉溺于道家理论的创造，却不能够使自己的理论付诸社会实践。在一个以战争决胜负的时代，老子的理论不为诸侯所用，无疑是因为不合时宜，老子对这一点没有做深刻的反思。他执着地坚持自己"道"的主张，要人们守"道"遵"道"。如《老子》第五十二章说道：

> 天下有始，以为天下母。既得其母，以知其子。既知其子，复守其母，没身不殆。塞其兑，闭其门，终身不勤。开其兑，济其事，终身不救。见小曰明，守柔曰强。用其光，

复归其明，无遗身殃，是为习常。

这"天下有始，以为天下母"说的就是"道"，依然还是以"道"为天下万物之源。他在这里提出一个问题，就是知道了万物生于"道"，还要知道"道"所生的万物会复归于"道"，并坚守"道"，他说这样终身就没有危险了。老子是希望守"道"不殆的，这样才能保持"道"的自然，也保持万物的自然。但根本还是"道"，从"道"出发，经万物生长而归于"道"的历程，是以自然贯穿始终的。

老子的话没有说完，因要守"道"，有些事情需要守"道"者去做。他这里提到"塞其兑，闭其门"，"兑"指孔穴，塞兑闭门是劝人把欲望的门堵上或关闭，拒绝知识才干，排斥物质利益，这就走到他在第十九章说的"绝圣弃智""绝巧弃利"的路上去了。舍弃欲望，超脱世俗，他觉得这是最好的生存方式，这样就能终生没有劳苦。反过来，如果你打开自己的欲望之门，想成就自己的功业，结果会是什么呢？会遭遇生命的危险而无法挽救。人要想守"道"无险，关上自我欲望的大门是很重要的。

于是，老子指导人们应该怎么做。关键在于遵循"常道"，具体的方法是"见小守柔"，见细微才能明智，守柔才会刚强。老子并不是要人明智、刚强起来，以此去应对社会的复杂局面，而是要以这种方式自我保全，以求"无遗身殃"，不要造成自身的灾祸，还把这说成人生常道。在这个意义上，老子"道"的自然法则也是自我保全的法则。他在第二十八章说过："常德不离，复归于婴儿。"这"德"与"道"相配，本质上还是说守"道"不离，循"道"不变，保持婴儿那样的纯朴、自然无为的状态。而自然的常道，也应是社会的常道、人生的常道。

以上说"道"，是从老子哲学的本体论说的。"道"是万物之源，足迹没有遍布天下的老子，果真如南朝梁代刘勰说的那样"寂然凝虑，思接千载；悄焉动容，视通万里。吟咏之间，吐纳珠玉之声；眉睫之前，卷舒风云之色"[1]。刘勰说的是作家进行文学创作时的形象思维状态，思想家的哲学思维也可如此。所以，作为万物之源的"道"能够具有非凡的力量，既能观宇宙，又能察人生。

说到底，还是老子在第四十章表达的："反者，道之动；弱者，道之用。""道"的反向运动以及"道"的柔弱作用，正是"道"的运行原理。反向运动中，蕴含了复归于朴、复归于静的基本思想；而"道"的柔弱作用，则意味着柔弱胜刚强，以及无往而不胜。在这时候，他又说了"天下万物生于有，有生于无"。这不是在说万物生于"道"吗？而"道"是运动的、柔弱的，却又是无往而不胜的。

老子把对"道"的认知用于社会生活和现实人生，希望社会是自然的社会，人生是自然的人生，让社会和人都回到原始时代，使他"道"的意义远远超出了哲学本体论范畴。需要注意的是，老子在五千言里说的"道"不限于这个意义，有时也以"道"说事物的规则、处事的方法，如七十九章的"天道无亲，常与善人"、七十七章的"天之道，损有余而补不足；人之道则不然，损不足以奉有余"等，这些后面还会讲到。

---

① 刘勰：《文心雕龙·神思》。

第三章　说"道"掰不开的"德"

说了老子的"道"，该说他的"德"了。人们又称《老子》为《道德经》，一般"道经"在前，"德经"在后，也有的版本把"德经"放在前面，"道经"放在后面。无论谁先谁后，在老子心中，"道"与"德"像孪生姐妹，"道"先而"德"后，二者紧紧地连接在一起。我们在日常生活中说得多的"德"或"道德"，是社会生活中人的言行举止表现出来的品性和行为规范，与老子说的"德"完全不同。老子的"德"与他说的"道"一样，有特定的指向，追随"道"而指引人的生活行为。这些行为不同于社会常态下人的行为，是需要大家注意的。正因为老子"德"的超常性，我们这里不妨从通常的社会之"德"说起。

一、世俗之"德"与孔子

"德"是很抽象的概念，它在西周时就被提出来，到春秋时广为人用。"德"因人的主张不同，而有不同的内涵。这"德"，人们有时就称"德"，有时"道德"合称，与老子说的"道"与"德"当然是不同的。

我们现在一般认同的社会道德，是儒家道德。说儒家道德，通常会从孔子说起，但要注意一点，儒家所主张的一些道德理念在孔子之前就有了。如《左传·文公元年》记载的："忠，德之正也；信，德之固也；卑让，德之基也。"鲁文公元年是公元前 626

年，比孔子出生的公元前 551 年早了好几十年。在鲁文公十八年，也就是公元前 609 年，又在"忠""信"外提出了"孝""敬"。到了孔子那里，这些道德理念就成熟了。孔子从教四十多年，是一个"望之俨然，即之也温"[①] 的老师，对学生因材施教，自己学而不厌，诲人不倦，很受弟子爱戴。他是政治家、教育家、社会活动家，在这三个方面都贯穿了自己顽强的道德理念，所以有人说他是道德家。他宣扬用道德治理国家、治理社会，说道德有很大的凝聚力，是无声的命令，教导人们自觉地服从它，社会也就治理好了。后来孟子在战国中期把孔子说的"为政以德"发展成为"仁政"，还称之为"王道"，也就是用仁爱之心平天下，并将它和用武力征服天下相比对。孟子的意志很坚定，说如果行"仁政"的话，天下就可以治理得很好。

孔子的"德"说具体一点，指的什么呢？在我看来有四个根本点："孝""仁""礼""义"。

一是"孝"。孝是社会和大众普遍注重的。儒学十三经中有一部《孝经》，它开宗明义，讲孔子说孝是德之本，也是做人之本。在孔子那个时候，许多人认为孝是赡养自己的父母，能够照顾父母的生活，让他们有吃有喝、有穿有用就行了。但孔子说那不行呀！说赡养，犬马也知道赡养，如果只赡养不尊敬，那人与犬马有什么区别呢？

这表明了两种基本的孝的观念：单纯的赡养和赡养、尊敬并举。从孔子到现在，社会走过了二千五百多年，人们认同后者，既赡养又尊敬，但往往能做到的只有前者，就因为后者太不容易做到。几年前，有首流行歌曲《常回家看看》红遍大江南北，其

---

① 《论语·子张》。

实它只唱出了儿女应该经常回家看看，给爹捶捶背，给妈洗洗碗，用生活上的关怀反映对父母的爱和尊敬。而当人们点赞这首歌时，意味着现在的人连常回家看看父母也难做到了。

有一种约定俗成的说法："百善孝为先。"这是把孝作为一个人道德的基础，把孝作为做人的基础。为什么呢？因为孝基于儿女和父母之间的血缘关系，这一血缘关系是任何人、任何时候都割不断的，不是同事之间、朋友之间、上级下级之间的关系可以比拟的。中国社会是在家庭结构上建立的，每个家庭成员都是社会的一分子，家庭的治理要从每一个家庭成员开始，社会的治理要从每一个家庭开始，于是有了良好社会的有序建设过程，也就是儒家主张的修身、齐家、治国、平天下。"治国"中所谓的"国"，是指春秋战国时期的诸侯国。既然这样，孝就少不得。因为有孝，才会有仁爱；因为有孝，才会有忠诚；因为有孝，家庭、国家才容易和谐。古代社会倡导孝治天下，其实就是这个道理。东汉末年的曹操，在天下纷争、战乱频繁之际，一度选拔人才重才干而轻道德，但他却以"不孝"的罪名杀了"建安七子"之一的孔融。因为孔融说母亲把儿子生下来，就像把东西从瓶子里倒出来一样。东西倒光了，就与瓶子没有关系了。那么母亲把儿子生下来，母子之间也没有关系了。这当然有点荒唐。

二是"仁"。孔子在很多地方都说到仁，住的地方，有仁才是好地方；君子没有仁，就不能成就他的名声；一个人怀仁才能久处穷困、长享安乐。这都是对弟子们的教诲。关于仁，他有两种解释。最为简洁的是仁者爱人。弟子樊迟问孔子什么是仁，孔子说是"爱人"。后来有个叫子张的弟子也问孔子什么是仁，孔子说在生活中能够践行"五者"就是仁。他提到的"五者"是恭、宽、信、敏、惠。它们各有不同的含义，包括了孔子回答樊迟的仁是爱人。

所谓"恭",是待人的恭敬。恭敬,一般说是对长者的尊敬、尊重,有时也用于同辈之间。人对人的尊敬或尊重很重要,这应该是我们待人的基本态度。在现实生活中,我们要看到每个人都不容易,每个人都需要受到尊重。而每个人尊重自己是前提,从这里推及尊重别人。在社会上混得好不容易,混得不好也不容易,混得不好的人也应该受到尊重。当然,尊重、尊敬不意味着彼此没有分歧,有分歧也可建立在尊重、尊敬的基础上。这样,大家就能齐心协力、同舟共济。孔子还说了一句"恭则不侮",说你要是尊敬别人,别人就不会羞辱你,这是对的。人与人的关系是相互的、对等的。孟子就说过,你要是尊敬别人,别人就会尊敬你;如果你去羞辱别人,别人也会羞辱你。恭敬,直到今天也是我们需要践行的。

所谓"宽",是待人的宽容。这个"宽"还可以用孔子说过的另一个词来解释。有一次,弟子子贡问他:"老师,有没有一个字可以终生奉行的?"孔子说:"有哇,那就是'恕'吧。""恕"字可以终生奉行,是说人与人之间应该宽容。在生活中人与人难免有矛盾、摩擦,这时候,彼此应该通过沟通、理解、包容达到双方看法的一致,消解矛盾和摩擦,和谐相处。这也告诉我们,每个人都应有宽广的胸怀,才能做到对人对事的充分理解和包容,才能多一点人生的快乐。如果一个人心胸狭隘,总把与人的矛盾记在心里,总想你让我不舒服了,我也让你不舒服,这样的话,人生就失去了意义。所以这"宽""恕"是值得我们践行的。何况"宽则得众",你宽厚待人会受到许多人的拥戴呢。

所谓"信",是待人的诚信。诚信应该是社会上每一个人的信条,谁都不可少。如果做人没有诚信,社会会成什么样子?只有以诚信为根本，事情才可能办好。这一点是许多历史事实和现实生活的经验教训一再告诉我们的。现在人们在生活中有许多忧虑，就是因为人与人之间少了诚信。譬如电信网络诈骗的问题，校园贷款的陷阱问题，日常吃的大米、蔬菜有毒的问题，等等。不诚信，每个人都会对生活失去信任，内心难免有一种恐惧感。如果生活中失了诚信，人人自危，日子怎么过呢？孔子说"信则人任焉"，需要记取。他的弟子曾参就说，每天多次反省自己的言行，其中有两条："为人谋而不忠乎？与朋友交而不信乎？"①

所谓"敏"，是勤敏。勤敏也是做人的根本，一个人需要勤敏，日积月累，才能成就功业，或者说成就一番事业。在社会生活中，每个人有不同的生活环境和教养，不同的人的生活态度和方式会有不同，懒惰不可取，做到勤敏或说勤劳敏捷，生活才有出路。孔子自己少年开始就勤于事、勤于学，老而不辍，所以能够成就他的教育事业和在社会道德上的贡献。而当今有成就的人，无论是务农还是务工，无论是为学还是经商，都是勤劳工作的。孔子说的"敏则有功"是有道理的，每个人要是勤敏，加上正确的努力方向，说实在话，想不成功都难。像中国文学史上的古文大家韩愈、柳宗元、欧阳修、苏轼，他们无论处在人生的顺途，还是遭贬待在人生的逆境，始终都不忘写作，方成就了他们在文学史上的崇高地位。韩愈还说过"业精于勤，荒于嬉"②，至今仍是如此。

所谓"惠"，是仁爱。主张人性善的孟子说过人都有恻隐之心，恻隐之心是仁爱之心的开端。孔子没有直接说过人性的善恶，只

---

① 《论语·学而》。

② 韩愈：《进学解》。

说人"性相近也，习相远也"①。但他常说人要有仁爱心，并且应当把仁爱付诸行动，让人们能够感到对自己的爱。有仁爱，用爱心感化，会带来"足以使人"②即别人乐于为你所用的成效。而仁爱是被社会普遍看重的，孔子甚至说："志士仁人，无求生以害仁，有杀身以成仁。"③对社会、国家、民族的大爱，可以连自己的性命都不要。后来，"杀身成仁"不仅是广为流行的成语，而且是许多志士仁人追求的人生终极目标，"人生自古谁无死，留取丹心照汗青"④。为了仁爱，做人需要善良、宽容、正直、廉洁。有这样的良好品格，不为人用也不太可能。

孔子赋予"仁"这样丰富的内涵，希望人们遵循这样的道德规范。除了"孝"和"仁"之外，他还提到了与道德密不可分的两个重要理念，这就是"礼"和"义"。

先说说"礼"。一天，孔子站在庭院里，儿子孔鲤快步从他面前走过，孔子喊住儿子："你学了《诗》吗？"儿子说没有。孔子说："不学《诗》，无以言。"意思是，要学《诗》，不学《诗》就不会讲话。这诗指的是《诗经》，孔子的时代人们喜欢赋诗言志，尤其是在外交辞令上，不学《诗》真的不会说话。过了几天，孔子还是在庭院里，孔鲤又一次从他面前走过，孔子问儿子学了礼没有，儿子说没有。孔子说：你得学礼，"不学礼，无以立"。⑤说的是不学礼，连怎么做人都不知道，应该学礼。孔子这里说的礼很抽象，包括

---

① 《论语·阳货》。
② 《论语·阳货》。
③ 《论语·卫灵公》。
④ 文天祥：《过零丁洋》。
⑤ 《论语·季氏》。

他说的"非礼勿视，非礼勿听，非礼勿言，非礼勿动"[①]也是这样。他告诫人们一切行为都要符合礼的原则，礼是人与人交往的外部表现形式。清代秀才李毓秀依据孔子说的"弟子，入则孝，出则悌，谨而信，泛爱众，而亲仁。行有余力，则以学文"[②]编写了《弟子规》，又名《训蒙文》，讲的都是礼仪，如说"父母呼，应勿缓；父母命，行勿懒；父母教，须敬听；父母责，须顺承"。这些行为是古代守礼的人应该做的。爹妈喊时儿女动作要快，爹妈下令时儿女不要偷懒，爹妈教诲时儿女要洗耳恭听，爹妈责备时儿女要接受顺从。这根本上说的是孝顺。现在的人往往会对父母教责的是与非有所辨别，从是而拒非，也不应说是不孝。

还有《弟子规》里讲的孝养："亲有疾，药先尝，昼夜侍，不离床。"爹妈病了，他们吃的药，做儿女的要先尝一下，还要日夜服侍，不离爹妈的床边。这做得到吗？ 2016 年网上有条消息让人震惊。一个农村的小伙子在广东打工，他爹病危，通知他回家。他回来后，病危的爹一口气咽不下去，拖啊拖，儿子说："爹呀，我只请了七天假。"这爹心领神会，赶紧喝农药死了。于是这小伙子安顿好爹的后事，重返广东上班去了。这小伙子回乡给爹送终，符合礼的要求，但过程中有这样的事发生又是大不孝，与社会的要求差太多。

这里只是举两个例子，"礼"在孔子那里是最重要的人生规则，但"礼"遍及生活的方方面面，渗透在人们的言与行中，一言难尽。上文说的"孝""仁"，下文将说的"义"，都与"礼"分不开。下面再说说孔子主张的"义"。

---

① 《论语·颜渊》。

② 《论语·学而》。

所谓"义"或说道义，和"德"看起来有一些区别，但"义"中有德，孔子非常重视它。他曾说人应该"见利思义"①"见得思义"②。意思是面对利益时要想一想，获得它是不是符合道义，是不是应该得到的。符合道义指的是符合正当的情理，符合社会公德和法律。还有，孔子再三表明："富与贵，是人之所欲也；不以其道得之，不处也。贫与贱，是人之所恶也；不以其道得之，不去也。"③人生一世，虽如白驹过隙，但在短暂的生命过程中，人人都想有好的生活，人人希望有一天或富或贵，这是可以理解的。但获取富贵的途径、方法正确吗？若不正确，富贵当前也是不取的。同样，贫与贱是人人都要舍弃的，但不以正确的途径和方法驱除贫贱，就甘居贫贱，别无他求。孔子说，吃着粗糙的食物，喝着白水，枕着胳膊睡觉，就过这样清贫的生活也是很快乐的。所以为了追求道义，贫贱可以承受，而且"不义而富且贵，于我如浮云"④。不合道义的富贵就像天上的浮云，浮云任它飘走，他是不要的。

孔子的思想有陈旧、腐朽、不合潮流的地方，千百年来，或者只说近一百多年来，社会对孔子没少批判，但他主张的一些基本道德如仁爱、孝悌、忠信等仍然是社会生活中人们需要共同享有的。从人性和人的社会性出发的儒家道德，仍然是现代生活中通行的道德原则。而老子说的"德"呢？这里无意比较老子的"德"和孔子的"德"的异同，而是以上述内容作为参照，强化

---

① 《论语·宪问》。

② 《论语·季氏》。

③ 《论语·里仁》。

④ 《论语·述而》。

对老子主张的"德"的认知。

二、"上德"顺应自然

老子说"德",这"德"是什么呢？他先于孔子，孔子就"德"说了些什么他不必顾及。虽说《庄子》里老子和孔子一再出现，作为对立的双方，相互就"道"的话题辩驳，但在辩驳中传达的是庄子的想法。单看老子的"德"，他的"德"像"道"一样，说得晦涩难懂。不像孔子说的"德"，容易明白，也容易践行。《老子》第三十八章是"德经"之首，他说道：

> 上德不德，是以有德；下德不失德，是以无德。上德无为而无以为，下德为之而有以为。上仁为之而无以为，上义为之而有以为，上礼为之而莫之应，则攘臂而扔之。故失道而后德，失德而后仁，失仁而后义，失义而后礼。夫礼者，忠信之薄而乱之首。前识者，道之华而愚之始。是以大丈夫处其厚，不居其薄；处其实，不居其华。故去彼取此。

这段话文字同样质朴。老子善辩，把话说得平易而深奥，不像孔子说的话总是那么通俗易懂，也不像庄子在语言深奥上和他一致，但在想象中把话说得荒诞玄远，使其编织的寓言像五光十色、既幻亦真的世界。

老子说："上德不德，是以有德；下德不失德，是以无德。上德无为而无以为，下德为之而有以为。"他把"德"分成"上德""下德"，说的是上德之人和下德之人，上德之人不有意表现自己的德行，看似无德，却是有德；下德之人看似不失德，反而是没有德。

老子说"下德之人"，有讽刺社会上自认为有德的那些人的意味。而这"德"是什么呢？他没有具体说"德"的内涵，但"上德无为而无以为"透露了信息。他说过"道常无为而无不为"，相对起来看，"道"的自然，也应是"德"的自然。"德"的自然变化，难以捉摸，造成"有德"让人感到应是"无德"。韩非解释过"上德不德，是以有德"。他说老子的"上德不德"关键是无为、无欲，只有保持无为、无欲的自然状态，那无为才能真正有为。

从这些来看，老子的"德"，最基本的是自然无为。他强调顺应自然，不违背自然，才能达到道德的最高境界。无为需要没有欲望，没有欲望才能真正做到无为。在无为中蕴含的道理是水到渠成，在无欲中自我满足。这一点很难做到。人在社会生活中，因为生存的本能需求，欲望总是有的。饥则欲食，寒则欲衣，谁没有欲望呀？听说清代纪晓岚的老师陈白崖拟过一联"事能知足心常惬，人到无求品自高"。这在根本上是老子思想。人生有知足的快意且不说，要紧的是"无求"，人生没有对名利的追求，德行就自然高了，但人控制欲望是困难的。老子说上德的无为无欲，能做到的人很少。至于"下德为之而有以为"，这下德的人处心有为，就与上德的真正无为背道而驰了，殊不知一旦有为，就背离了顺应自然，为老子所不齿。

老子接着说："上仁为之而无以为，上义为之而有以为，上礼为之而莫之应，则攘臂而扔之。"他提出的仁、义、礼，以及上面说到的孔子之德，也涉及这些道德观念。对于它们，韩非在《解老》里也有解说。

先说"仁"。老子说"上仁为之而无以为"，韩非解释：仁者爱人，喜人有福而恶人有祸，爱心不止而不求回报。他说得很清楚，老子的仁，还是爱人，喜欢别人有福而忧虑别人有祸，这是常人的恻隐之心。并且实施仁爱之心不止，不要求别人回报。韩非这个杰出的法家代表人物，对老子说"仁"的解释和儒家思想比较接近，和老子的爱心自然释放、爱的行为自然施行还是很有差异的。老子说仁爱是自然而然的，不像孔子说的"仁者爱人"具有很强的主动性。他说"上仁为之而无以为"，在现实生活中有时做得到，有时做不到。我们无论面对什么工作，有时可以顺势而为，但谁能够像老子说的那样真正地放任自然呢？一旦放任自然，工作的目标很可能难以实现。

再说"义"。老子说"上义为之而有以为"，韩非解释"义者，谓其宜也，宜而为之"，君臣父子，交而相宜，为义。他下的这个结论，是针对君臣、父子和知交朋友的，在交往中各方都感到合适，彼此融洽相处，这当然是最好不过的，也是我们生活与工作中的追求。韩非这一解说，如果再强调公平和正义，就很符合"义"的本义了。不过，老子说重"义"的人有所作为却是有意为之的，并不符合自然的法则。

三说"礼"。老子说："上礼为之而莫之应，则攘臂而扔之。"对此，韩非也有说法。他以礼见情，以礼来看事物的条理和人际的交往。一般人好礼，是为尊敬别人；君子好礼，是为修身。二者的行为动机和目的并不一样，所以才会出现上礼为之而没人回应的事。韩非说，在这种情况下，君子仍然举起手臂，引人入礼，按礼的规范去做。"扔"在这里的意思不是扔掉、抛弃，而是强行牵扯。这是韩非说的。不过有人说"攘臂而扔之"，不是把人引向礼的规范，而是把人拽到礼的轨道上来，很有强制性。如果是这样的话，也不符合自然的法则。

老子说的仁、义、礼，按照他"上德无为而无以为"的理念，都应该是无为而自然的，背离了无为自然就不可取，这和孔子讲的仁、义、礼很不相同。老子说这些的时候，是在"上德"与"下德"的语境中，他肯定"上德"的无为，批评"下德"的有为。这样看来，他对仁有所肯定，而对义与礼有所批评。这一批评没有停歇，他在随后谈道与德、德与仁、仁与义、义与礼之间的关系时，显得更严厉了。

老子说道、德、仁、义、礼之间的关系是这样的："失道而后德，失德而后仁，失仁而后义，失义而后礼。夫礼者，忠信之薄而乱之首。前识者，道之华而愚之始。"在他的心目中，道与德是自然无为的，但论二者的关系，一定是道先于德。道生天地万物，没有道，德也失去了依附。而道不仅是德的基石，还是仁、义、礼的基石。按照老子的逻辑，没有道才有德，没有德才有仁，没有仁才有义，没有义才有礼。反过来说，如果有道，那就没有德，也没有仁、义、礼，不会丧失忠信了。老子绕了一个圈子，其实是说在生活中只要有道就行了，尽管他说"失道而后德"，但把德定义在自然、无为、无欲上，与道相一致。

随后从仁到义，从义到礼，从礼到忠信，落点是再一次批评礼。孔子在齐国与齐景公谈治国的八字诀"君君、臣臣、父父、子子"时，晏婴对孔子的这一套不以为然，他当着齐景公的面批评了孔子一通，说孔子的繁文缛节几代人都学不完，齐国是不能用孔子的。孔子的礼源于周礼，在礼崩乐坏的春秋时代，他想恢复周礼。那么老子批评的礼，应该是孔子奉行的周礼。老子说礼是"忠信之薄而乱之首"，有了礼，造成人与人之间丧失了忠信，社会走向了混乱。而韩非理解老子说的这番话，说礼是人的装饰，外饰则内衰，和氏璧不用五彩装饰，随侯珠不用金银装饰，就是因为它们的质地美，礼以饰人，礼繁心衰。而在人际交往中，人们相互之间存在礼节，待人有礼，人有回应则欣喜，人无回应则责怨，有责怨就会起纷争，最终会导致社会混乱。至于"前识者"的先见之明，在老子看来，是"道之华而愚之始"，即"道"的虚荣，也是愚蠢的开始。这是老子的说法，但在社会管理和人际交流中，怎么能够没有礼呢？

老子说了这么多，最后下了一个结论："大丈夫处其厚，不居其薄；处其实，不居其华。故去彼取此。""大丈夫"是什么人呢？汉高祖刘邦说过"大丈夫"。他年轻的时候，在浙江会稽亲眼见了秦始皇巡游的宏大气派，感叹道："大丈夫当如此也。"刘邦觉得做爷们就应该是秦始皇这个样子。孟子说过"大丈夫"应当"居天下之广居，立天下之正位，行天下之大道。得志与民由之，不得志独行其道。富贵不能淫，贫贱不能移，威武不能屈"[1]。刘邦不好读书，大概不会读到孟子这充满豪气的文章，多是自己做人的感悟。但孟子给"大丈夫"下的定义，充分体现了一个有远大抱负的儒生做人的人格和兼济天下的精神，影响深远。刘邦和孟子说的"大丈夫"当然不是老子说的"大丈夫"。老子说，"大丈夫"应该立身淳厚，不要刻薄；要处心朴实，不要虚华。这淳厚朴实不是我们一般说的为人厚道老实，而是复归于"朴"的原始状态，顺应自然，无为无欲。在这一点上，"德"离不开"道"，"自然之德"才是"上德"。

三、万物尊"道"而贵"德"

老子"道"与"德"不可分离，本来二者用自然无为贯穿，

---

① 《孟子·滕文公下》。

统一在自然无为上，说明"道"是本根，"德"依附于"道"，也就算明确了。但老子把这一问题翻来覆去地说，就像他说"道"的名称、说"道"的形态和特征一样，让后人阅读、品味，看起来不是那么顺畅。这里还得再说一说。

先看《老子》的第五十一章，这一章说"道"也说"德"，说得玄玄乎乎的：

> 道生之，德畜之，物形之，势成之。是以万物莫不尊道而贵德。道之尊，德之贵，夫莫之命而常自然。故道生之，德畜之；长之、育之，亭之、毒之，养之、覆之。生而不有，为而不恃，长而不宰，是谓玄德。

写了《中国科学技术史》的英国李约瑟博士评说过这一章，他说人们应该反复聆听老子这些教诲，"道"与"德"对万物的孕育和支配不是靠强制的力量，而是靠时间和空间的自然曲张。老子怎么说呢？他说："道生之，德畜之，物形之，势成之。"这都是针对万物而言的。按老子所说，万物生长有四个基本条件：道、德、物、势。这里"势"最不好理解，"势"在马王堆出土的《老子》里作"器"，有人说这"势"是器械、器物。还有人将"势"解释为环境、力量。我倾向于环境。道生万物，德养万物，万物生时有不同的形态，环境则促使它们生长成熟。老子说万物的道生、德养，按他的理念，是自然的力量。而万物的构成有不同的物质因素，所以才会有不同的形态。至于环境的作用，荀子曾在《劝学》里说过一句很有意味的话："蓬生麻中，不扶而直；白沙在涅，与之俱黑。"意思是弯弯曲曲的蓬草如果长在笔直的麻中，那蓬草不用人把它扶正也会长直；白沙在黑土里，不想它被染黑，也会和黑土一样黑。他还在《儒效》里说了类似的话："居楚而楚，居越而越，居夏而夏。"说这不是人的天性，而是环境下的积习和感染。这一道理就是人们日常中说的"近朱者赤，近墨者黑"，说明环境对物与人的影响都是很大的。这种影响在没有人有意作为的情况下，也是一种自然的状态。如果把"势"理解为力量，说力量使万物长成，这力量一般说来，既有自然的力量，也有人为的力量。如桂林的山和溶洞里的石笋、石柱，是石灰岩被含有二氧化碳的雨水和河水溶解逐渐形成的，人称"喀斯特地貌"。这过程漫长，也很复杂，但它们是在自然的力量下发展的。又如现在仿照自然，用艺术加工的方式做成各种各样的树木、山石盆景，是靠人为的外力作用，经过专门的设计强力改造的。

在道、德、物、势的作用下，万物生长，因此老子说"万物莫不尊道而贵德"。这里，他又回到自然的法则上来，强调"道"与"德"在万物生长上的根本地位，也让人看到万物生长，物质和环境的影响也是不可少的。同时，老子提醒我们，说万物如此，人类也该如此，即尊重自然。在这一点上，我们过去的生活是有教训的。譬如二十世纪六七十年代，号召开垦农田，一大举措是把山劈成梯田，于是把山上的树砍了，草扒了，弄成了梯田。梯田是成了，结果有的地方造成严重的水土流失，成为生活的灾难。第二个举措是把一些湖泊填起来，变成农田。结果田多了，湖泊少了，影响自然蓄水，遭遇天旱时蓄水又不足了。当然，能够利用的自然力量也是要用的，如太阳能、风能、水能等等。无论怎样，万物尊重自然，人类也应该尊重自然。否则，人类会受到自然的惩罚。

老子接着说："道之尊，德之贵，夫莫之命而常自然。"这里的"莫之命"是说没有谁发布命令干涉万物，听任万物的自然生长。而"道"尊"德"贵，尊在自然，贵也在自然。这与上面说的"道生之，德畜之，物形之，势成之"相照应，在这种逻辑关系里面，老子点明"莫之命而常自然"，肯定万物生长的核心就是顺应自然。在顺应自然的过程中，水到渠成最为理想，想做什么，什么就做成了，既符合社会发展的情势，又不用特别费心费力。苏轼曾在《自评文》中用流水比喻自己的写作状态说："吾文如万斛泉源，不择地皆可出，在平地滔滔汨汨，虽一日千里无难，及其与山石曲折，随物赋形，而不可知也。所可知者，常行于所当行，常止于不可不止，如是而已矣。"这样一种自然状态，该是多么爽快和惬意呀！老子所说的"道"与"德"也受到人们的尊重，就因为与尊重自然融合在一起。

老子说了这么多，"道"与"德"因万物呈现出来的关系还是说得比较清楚的。他进一步又说："故道生之，德畜之；长之、育之，亭之、毒之，养之、覆之。生而不有，为而不恃，长而不宰，是谓玄德。"这话里的"亭之、毒之"，河上公《老子章句》作"成之、熟之"，所以人们说这"亭""毒"都是成熟的意思。万物顺应自然而生，顺应自然而长，就这样越长越大，渐趋成熟，开花结果。然后"养之、覆之"，就是对万物进行保养、护佑，使它们不受侵害。老子兴高采烈地谈万物的生长过程，贯穿着万物在自然力驱使下的自然发展。万物的生命之根、成长之本都在"道"与"德"。可喜的是，"道"生万物，不求拥有万物；"德"养万物，不求占有万物。这就是"生而不有，为而不恃"，让万物成长而不主宰万物，老子把这称为"玄德"。

"玄德"指道德幽深，或者说是很深厚的道德。这话有点意思，"道"与"德"对万物有这样大的贡献而不主宰万物，功成不居功，更不求回报。这的确是一种很难得的品性，不是一般人做得到的，让人感佩。功成而不居功的人历史上是有的，后面会讲到的春秋时的范蠡、西汉初年的张良都是，我这里想说一下北宋的欧阳修。苏轼出川进京也就是到现在的河南开封考进士的时候，欧阳修是主考官，他看了苏轼的考卷，说苏轼的《刑赏忠厚之至论》写得太好了。那时试卷是糊名的密封卷，不知道考生是谁。欧阳修本来想给苏轼的文章第一名，但又担心文章是自己的学生曾巩写的，怕有嫌疑，便把这篇文章压为第二名。卷子开封后欧阳修一看，原来这考生是苏轼，他高兴极了。后来欧阳修又看了苏轼写给他的信中谈的对古文的看法，更高兴了，对朋友梅尧臣说："老夫当避开一条路让他出人头地。"他甚至还说，以后天下的人只知道苏轼，不知道他欧阳修。欧阳修录取了苏轼，是可以居功的，何况他当时是文坛领袖、朝廷重臣，但他有这样宽广的胸怀。欧阳修晚年官至参知政事，本可到七十岁退休，但他六十五岁时就再三请求退休了，绝无居功之念。一般来说，做人做事要有境界，境界是由胸怀决定的。老子常常给人们讲这样的道理，暂且不表。他告诉我们"道"与"德"养育万物而不主宰万物，"道"与"德"不可分，二者对万物一生一养，总归顺应自然。

说了上面这些以后，老子又说"道"与"德"是相类似的，关于这一点，看他在第四十一章是怎么说的：

上士闻道，勤而行之；中士闻道，若存若亡；下士闻道，大笑之。不笑不足以为道。故建言有之：明道若昧，进道若退，夷道若纇，上德若谷，大白若辱，广德若不足，建德若偷，质真若渝，大方无隅，大器晚成，大音希声，大象无形。道隐无名，夫唯道善贷且成。

老子这一章把人分成了上士、中士、下士三类，分类的标准是他们"闻道"后表现出来的态度。上士即最高明的人听说了"道"，勤奋去践行，譬如"道"若溪谷，他就像溪谷一样，虚怀接物，自持谦卑。中士即一般的人听说了"道"，会觉得"道"时有时无，有时按"道"的原则做，有时不按"道"的原则做。而下士即底层的人听说了"道"，哈哈大笑，觉得"道"太愚蠢了，怎么会是这样的呢？怎么能自然无为呢？

有意思的是，老子随后补充了一句："道"就是"道"，不为底层人理解很正常，他们不笑不足以为"道"。意思是"道"应该受到这些人嗤笑。因为老子的"道"讲顺应自然，超然物外，身居底层的人在世俗红尘中，内心充满了欲望，见到的非名即利，怎么可能与顺应自然的人同"道"而趋呢？他们不能理解，笑话得"道"而顺应自然的人，这是一定会发生的。

老子这里说的"不笑不足以为道"，让我想到韩愈。韩愈是唐代最有名的古文家，文学史上的"唐宋八大家"之首。他在那个时代因为继承儒学的道统而不合时俗，讲究写文章一定要发于内心，文思泉涌，下笔有神。而且文章写好以后他会拿给别人看，别人说写得好他就很忧愁，他认为之所以别人说写得好，是因为这文章一点都不新颖，和别人的说法相同或相似，不全是自己的独创。如果别人笑他，说他的文章是胡说八道，令人发笑，他就很高兴，证明他独树一帜。我讲韩愈的故事是想说明老子说的"不笑不足以为道"，可见理解他的"道"的人很少，他也希望很少。如果人们都能理解他的"道"，那就一点意思都没有了；大家都不理解，就是他的创新。难怪老子的思想在当时是独一无二的。

老子说人有三类，而孔子说人有四类：第一类是生而知之者，天生就很聪明，不学而知的人；第二类是学而知之者，通过学习懂得一些道理，具备一些知识的人；第三类是困而学之者，碰到问题主动学习，解决问题的人；第四类是困而不学者，遇到困难也不愿意通过学习解决困难的人。生而知之的人是很少的，孔子说自己是学而知之者，通过学习有了一些知识。他很谦虚，因不懈地求知有了成就，也没有想做儒家的圣人，却被认为是儒家圣人，身后有无数的崇拜者。

　　刚才提到人的聪明，我在这里多说两句。一个人聪明用什么权衡呢？我觉得一般至少有两个标准：一是记忆力很好，一目十行，过目不忘；二是感悟力很好，能够举一反三，甚至闻一知十。有的人记忆力好，积累了许多知识；有的人记忆力不好，学过就忘了。记忆力虽说可以训练，但有时也是天赋，由不得人。再就是悟性好。我们前面说到的刘邦，论具体的文经武略并不行。他自己也说，运筹帷幄，赶不上张良；披坚执锐，赶不上韩信。但他悟性特别好，悟得快，人们说他是"捷悟"。楚汉相争之际，有一次刘邦被项羽包围在荥阳，形势危急，于是写信给韩信，要他尽快来救援。当时在山东平定了齐地的韩信却给刘邦回了封信，说："我刚刚平定了齐地，这地方的百姓不好管理，为便于管理，您是不是可以封我为'假齐王'呢？""假齐王"就是代理齐王。刘邦那时候焦头烂额，本来是要韩信为他解围的，没有想到韩信要做"假齐王"，顿时火起，破口大骂："老子日夜盼望你来救我，这下倒好，你想自立为王。"当时谋臣张良正在他身边，把他的脚轻轻一踩，还在他耳边嘀咕了一句，刘邦顿时改口骂道："大丈夫要做就做真王，做什么假王。"当即封韩信为齐王。因为当时军情危急，你刘邦这一骂，把韩信骂恼了怎么办呢？如果韩信说，你骂我，我投奔项羽算了，那天下会姓项而不姓刘。如果韩信说，你骂我，我自立为王算了，拉走刘邦的队伍，立马就天下三分，项、刘、韩鼎足天下。总的来说，人主要是学而知之，困而学之。在社会生活中，我们有许多事情或问题不懂是正常的，但可以通过学习寻求解决，只要愿意学习，善于学习。

回到《老子》上来，老子说人有三类，主要赞赏的是第一类上士，希望人们都像他们一样。而在说"不笑不足以为道"的时候，希望人们谦卑一点的老子，倒有几分得意自己和别人的思想不一样。

关于"道"与"德"的关联，老子在这一章中还说："故建言有之：明道若昧，进道若退，夷道若类，上德若谷，大白若辱，广德若不足，建德若偷，质真若渝。"这里的"建言"应是立言，也有人说"建言"是格言，或是书名。"建德"的"建"通"健"，那么"建德"就是刚健之德。"偷"是懈怠，"渝"为改变。老子说，"建言"者即立言的人说了，光明的"道"看起来很昏暗，前进的"道"好像往后退，平坦的"道"好像不平坦，最高的"德"好像山谷，就像最洁白的东西好像有污点、受到羞辱一样，高尚的品德好像不足，刚健的品德好像懈怠。他说的这些不断强调"道"与"德"始终要处在低位，退让是含蓄、内敛，不自我表现，不自我张扬。

老子说，人处于低位是有道理的，符合生活的辩证法。他说的这些话，孔子没有说，但孔子说了"三人行，必有我师焉"[1]，也是处于低位的人生态度。不知道他说的"三人"的具体所指及其地位、身份，在这样宽泛的表达中，"三人"可以是任何人，人各有所长，有所长就是他的老师。所以后来韩愈在《师说》里发挥了孔子的思想，说"弟子不必不如师，师不必贤于弟子，闻

---

[1] 《论语·述而》。

道有先后，术业有专攻"。尺有所短，寸有所长，千万不要以一己之长去衡量别人之短。这也是我们在生活中应该注意的，不要轻易说自己的开创是首创，不要轻易说自己的工作是填补空白，人世间从来就是山外有山，天外有天。孔子还有话："见贤思齐焉，见不贤而内自省也。"① 意思是："看到德行比我好、能力比我强的人就向他学习；看到德行、能力不如我的人，就自我检讨，是不是他那个样子，我有没有他那样的毛病。"这时的孔子一点傲慢的神态都没有。自我反思，这也是生活的需要和人生的经验。

老子讲"道"与"德"的关系，告诉我们自然的辩证法，让人们在社会生活中保持谦逊的态度，说人处于上升甚至最辉煌的时候要保持低调，有很多人注意到这一点。他同时又打了比方："大方无隅，大器晚成，大音希声，大象无形。"这话和上面说的看似有点不同，因为前面多说的是"道"与"德"，而这里说的是大方、大器、大音、大象，或是器物，或是声音。它们说的事不一样，但在表达的方式上是一致的，意思相近。本来，最方正的东西一定是有棱角的，无棱角就不成方正，但他说没有棱角。这可以用来说人，有些性格方正刚直的人有棱角，外刚内也刚；有些性格方正刚直的人外表没棱角，棱角在内心，外柔内刚。最贵重的器物是最晚做成的，一定是这样吗？有时是，有时不是；有的是，有的不是。这话人们常用来说人，说人"大器晚成"，是对年纪老大才有所成就者的褒扬和安慰，其中自然也有生活的规律在。只说任何人都可以在自己的一生中有所成就，有快有慢，有早有晚。大器晚成，原因也是复杂的，或因积累，或因机遇，或因性情，或因事业，不是一言可以道尽的。

---

① 《论语·里仁》。

他又说"大音希声",最美好的音乐是没有声音的,是因为这没有声音的美好音乐给我们丰富的想象,每个人都可以去想,在想象中感受这音乐是多么美妙,没有穷尽。譬如东晋田园诗人陶渊明好喝酒、好自由,他去做彭泽县令,做了不久,他这个心高气傲的人实在是受不了官场上的送往迎来,说声不能为五斗米折腰,面对这些乡里小儿,吟着"归去来兮,田园将芜胡不归"①,挂印还乡,回到了田园。在田园里,陶渊明种地、喝酒、弹琴、读书。种地种得"草盛豆苗稀"②,喝酒喝得有客醉、无客醉、做客也醉,弹琴弹一张没人能解的无弦琴,读书则是好读而不求甚解。就这样一个陶渊明,有心无心地写着诗,居然把自己写成了古代田园诗之祖,写成了文学史上最有影响的田园诗人。陶渊明弹的无弦琴,这琴怎么弹,"大音希声"在这里会是什么情况,我们只能想象。老子用这些比喻说明,"道"和"德"是低调内敛、与世无争的。多年前,有人把这几句从老子说的"道"与"德"中剥离开来,谈他的美学观、艺术观,那不过是老子思想的延伸,与老子的原意是有所不同的。

说到这里,老子下了一个结论:"道隐无名,夫唯道善贷且成。""贷",说的是给予、帮助。隐而无名的"道",善于帮助万物,使万物顺利生长。而这一"隐"字,又与前面说的"明道若昧""上德若谷"相吻合,与他一连串的比喻相吻合,同时也让人想到他说过的"道"不可道,"道"不可名。"道"与"德"就是这样一体二枝,都本于自然。万物既须遵"道",又须贵"德"。

---

① 陶渊明:《归去来兮辞》。

② 陶渊明:《归园田居》其三。

四、复归于婴儿

"德"依附于"道"，自然无为或无欲无为，这是老子的核心理论。关于"德"他还有一个"常德"的理念，可以看他的第二十八章，全章如下：

> 知其雄，守其雌，为天下溪。为天下溪，常德不离，复归于婴儿。知其白，守其黑，为天下式。为天下式，常德不忒，复归于无极。知其荣，守其辱，为天下谷。为天下谷，常德乃足，复归于朴。朴散则为器，圣人用之则为官长。故大制不割。

这一章三次说到"常德"，"常德"的"常"在长沙马王堆出土的帛书《老子》中都作"恒"，因此"常德"可以理解为恒久不变的德。老子说"常德"，比前面抽象说"道"与"德"都要清楚一点。

老子这里提出的"雄"与"雌"是常见的。北朝的《木兰辞》说木兰女扮男装，代父从军，十二年不为同伴所知。诗的最后写道："雄兔脚扑朔，雌兔眼迷离；双兔傍地走，安能辨我是雄雌？"雄、雌说动物的公母，说人的男女。老子说的不是这个意思，他以雄喻刚强，以雌喻婉柔，希望人们知道刚强而不表现为刚强，应该做的是守住婉柔，甘于做天下之"溪"，也就是做山谷，而不要做天下的高山。说白一点，保持低调，有本事也别显露。王弼说，雄属于先，雌属于后，老子说知为天下先而处天下后。这种解释是说为天下先一定要处在人之后，看似处人之后，实际上居人之先，同样是处世之道。王弼说的雄属于先，雌属于后，只是一家之言，但他对老子这句话的理解还是对的，老子想的就是在低调、谦逊的处世态度中，自然具有能胜于人的刚强。这在现实生活中仍然有一定的意义，保持低调，容易把事情办得从容，也容易营建和谐的工作环境，凝聚团队共同攻坚克难。

老子的话没说完，他又打了两个比方："为天下溪，常德不离，复归于婴儿。"这"为天下溪"紧承上句，说当别人处在高山之上，你处在山谷之中的时候，就会出现水往低处流的景象，你会为人们的自觉依附而欣慰。在这种时候，"常德不离"即恒久的德一直不会离开你，让你有道德上的满足和幸福。在这种时候，你会像"婴儿"一样，这是多么完美的状态啊！老子很喜欢婴儿，在五千言中，他多次用"婴儿"打比方。除了这里说的之外，还有其他的说法，如下面两例：

一是第二十章说自己是一个怎样的人时，他用婴儿比喻自己，"如婴儿之未孩"，混混沌沌，像一个还不会笑的婴儿，这在前面说楚人老子时提到了。

二是第十章的"载营魄抱一，能无离乎？专气致柔，能婴儿乎"。说的是人的精神和肉体是否能不分离，是否能专心守气，保持婉柔的状态，像婴儿一样。

这一章也用婴儿打比方，但它涉及的问题较多，后面会专门讲，这里只是简单地提一下。

现代科学证明，任何婴儿都是有欲望的。但婴儿在初生的一段时间内，大体可以说是处在混沌、纯朴、无知无欲的状态。老子把这视为人生最好的状态，是和他主张社会脱离纷争、人脱离矛盾、回到原始的社会有关，只是人怎么可能复归于婴儿，像婴儿一样纯朴呢？

老子希望人们内心保持婉柔、纯朴是可以的，希望人们知雄守雌、知强守弱、为山谷而不为山峰也是可以的。海纳百川，有容乃大，能够包容是成就事业之道。之所以能如此，在于"常德不离"，保持着永恒的、自然无为的德性，使自己的心态像婴儿一样纯朴，其实是无知无欲。

老子接着说："知其白，守其黑，为天下式。为天下式，常德不忒，复归于无极。"白、黑也是两种状态，和他辩证地看待雄、雌一样，老子也辩证地看待白和黑。苏辙说，这是居暗而视明，明亮之处就没有什么事物可以隐匿；有人说知白守黑，是知道光明而安于暗昧；有人说白喻显赫，黑喻卑下，知道地位显赫是怎么回事，但自己安于卑下的地位。我更倾向于知道光明而安于暗昧，这是事物阴阳的两面，也是天地运行的基本模式，白天过后是黑夜，黑夜过后是白天。老子借此说的安于暗昧，其实和他刚说过的知雄守雌、为天下谷相似，意在处黑对白的把握，依然还是要顺应自然，这样"常德"不会有差池，然后回到"无极"，也就是无穷的境地。老子说这些，在雄雌、黑白中透出的辩证法值得注意，大凡事物都有两面，当我们事业兴旺的时候，要想到后面可能会遭遇挫折；当我们遭遇挫折的时候，也应想到事业可能还会有重振的一天，增强对生活的信心。

话说回来，老子说的无穷境地是什么呢？随后他说了："知其荣，守其辱，为天下谷。为天下谷，常德乃足，复归于朴。"知荣守辱，是说知道事物的荣耀，也知道事物的屈辱，要做的是守屈辱，与知雄守雌、知白守黑相一致。在这种情况下，他表示应该做的是"为天下谷"，即虚怀天下，以博大的胸怀面对世界，既面对世界带给我们的光荣，又面对世界带给我们的屈辱。在这一点上老子也是挺难的，那时候东周王朝已经衰落，他对人生和社会有太多的思考，却不能做一个实践家，所幸他的思想最终得到流传，广受后人的称赞。老子又说了，甘作天下的山谷，永恒的"德"就会充足，与他先说的"为天下溪，常德不离"相照应，而不离的"常德"，他说是"复归于朴"，这"朴"是常德无穷时达到的境界。这一境界也是"道"的境界。那么也就知道了他前面说的"常德不忒，复归于无极"的"无极"，也是"道"。

　　说到这里，老子这一章的"常德""婴儿"都变得明确了。他说"常德"，说来说去，不管是"为天下溪"，还是"为天下谷""为天下式"，最根本的是"朴"即归于"道"的自然。他希望保持"道"和"德"的纯粹，琢磨以倒退重新构建他心目中的理想社会。历史前进的车轮不可能倒退，即使战争与和平有周而复始的现象，但每一次重新开始，都不容否认社会向前迈进了一步。接着，老子又说了："朴散则为器，圣人用之则为官长。故大制不割。"这"朴散"，是"道"的分散或破碎，老子是不想这种局面出现的。其实"道"无所不在，就混沌的"道"和万物来看，"道"在自然万物中似乎是分散的，但他说万物有"道"和"道"生万物的时候，"道"的自然无为精神始终都不分散，而"朴散"则是自然无为精神的破碎。也就是说，自然无为渐渐沦为有为，从而有具体的器物产生。这时，社会上的"圣人"出现了，"圣人"在社会芸芸众生有为的情况下，顺应万物之性，用"道"的自然无为进行管理，社会也就复归于自然，将会出现《老子》第三章说的局面："是以圣人之治，虚其心，实其腹，弱其志，强其骨，常使民无知无欲，使夫智者不敢为也。为无为，则无不治。"在老子这样的表述中，"德"的本质是自然，因"道"而有"德"，因"德"而明"道"，二者一体。尽管他的《老子》有"道"和"德"

两部分，但"道"与"德"不可分离。

老子在第五十五章里，也把有德之人比作婴儿，不过说法不一样，他说的是"赤子"。这一章写道：

> 含德之厚，比于赤子。蜂虿虺蛇不螫，猛兽不据，攫鸟不搏。骨弱筋柔而握固，未知牝牡之合而全作，精之至也。终日号而不嗄，和之至也。知和曰常，知常曰明，益生曰祥，心使气曰强。物壮则老，谓之不道，不道早已。

他这里说得很神奇。他说怀德深厚的人，像筋骨柔软、握持牢固的婴儿，蜂虿虺蛇这些易伤人的动物都伤害不了他。这婴儿不知道怎么出生的，却能够精气十足地生长，即使是成天号哭，声音也不会沙哑，因为他的心态平和，达到了最佳的境界。老子这里同样以婴儿打比方，说明德性深厚的人应该像婴儿一样淳朴平和，无知无欲。

这和上面说的"复归于婴儿""复归于朴"的"常德"有内在的一致性。老子这里也说"常"，说是"知和曰常，知常曰明"，即能够认识平和就是"常"，能够知道"常"就是"明"。说简单点，知道平和就是明智。这样做有益于生命，是很吉利的事，而且能够让内心掌控欲望，这就是强大，如此符合他对平和自然的追求。同时，他提醒人们"物壮则老"，事物壮大会走向衰老，这是老子一贯的思想，所以他经常告诫人们不要做到极致，否则无益反害。用他自己的话说：物壮则"不道"，不合自然的法则，这样下去，会早早地自取灭亡。老子的话说得很重，却也是对世人的善意关怀。

五、无为而无不为

老子用了许多比喻谈"道"与"德"，让人们在阅读的过程中，借助生动形象的比喻，感受"道"与"德"的含义和指向。虽说他的比喻常常较为抽象，在感知上难免有模糊的地方，终究还是可以感知的。他有时也发些议论，让人们去领会自己所说的"道"与"德"，如《老子》的第三十七章：

> 道常无为而无不为。侯王若能守之，万物将自化。化而欲作，吾将镇之以无名之朴。无名之朴，夫亦将无欲。不欲以静，天下将自定。

老子直抒己见，让我们仍然面对"道"，从"道"去感受隐含其中的"德"。他说"道常无为而无不为"，这是"道"对外部世界的宣言书，与他前面说的"道"为万物之母有同样的气魄。前面提到他说过"道法自然"，这里"无为"的"道"，最本质的就是自然。只有保持自然，才能无为。庄子在《天道》里说过"无为"：万物的本性是虚静、恬淡、寂漠、无为，也就是说，万物无为的同时，应该保持虚静、恬淡、寂漠的状态。庄子的话说得比较极端，虚静的空无，恬淡的安闲淡泊，寂漠的寂静孤独，让人感到无为的万物非同一般。他甚至还说，尧如此就可以具备"常德"而一统天下，受人尊崇。同时，因无为而有的"素朴"在他心目中是天下的至美，没有什么可以和它争锋。庄子说到这里，和老子的思想走到了一起，依旧是无为而自然。

老子又说，无为的"道"无所不为，也就是说，没有什么东西不是它所为的结果，天地万物无为地自然生长，也是"道"的作用。这一思想非常重要，在"道"的无为而无不为中，把对自然的基本认识提升到对社会的基本认识，天地万物的无为，造就了蓬勃兴盛、姹紫嫣红、自然和谐的世界，社会如果人人无为，哪里还会有你争我夺，钩心斗角？不也就一派祥和了吗？这就能达到"无不为"的效果，进而发展到每个人"无为而无不为"，如果这样的话，每个人都会有美好的人生。

于是他又说："侯王若能守之，万物将自化。"这里说的"侯王若能守之"的"侯王"，并非指东周天子，而是泛言君王，老子希望天下不要分裂，重归一统，无奈天子大权旁落，诸侯纷争。在他看来，只要君王守"道"，遵循自然无为，那万物将自我化育即自然而然地生长。万物自化，也带来社会的自化。在这一进程中，"德"的作用不断滋生，使得万物和社会的自化就像他说的"道生之，德畜之"，所以他一直反对有为，说无为多好。不妨参看一下第四十八章：

> 为学日益，为道日损，损之又损，以至于无为。无为而无不为。取天下常以无事。及其有事，不足以取天下。

为学不断进步，知识不断增长，欲望就不断膨胀。这进步、增长、膨胀的是圣智、仁义、巧利。圣智是人的智慧才干，仁义是人的仁爱道义，巧利是人的技巧名利。老子不希望如此，想的是无为无欲，所以他主张把这些东西抛弃，按他在十九章里说的："绝圣弃智，民利百倍；绝仁弃义，民复孝慈；绝巧弃利，盗贼无有。"把圣智抛弃，百姓就有百倍的利益；把仁义抛弃，百姓都归于孝顺慈爱；把巧利抛弃，世上就没有盗贼。老子讲无为，与无为相伴随的是愚民。他站在统治者的立场上，想让老百姓没有知识，没有智慧，没有才干，以利于社会治理。但愚民求治怎么可能呢？

老子本来述而不作，但不是所有人都述而不作，春秋时的各国史官是要写作的，何况他自己最终还是写了五千字的《老子》，写成后流传开来就会有人阅读，会让人增长知识才干。再说，让人不要仁义道德也不靠谱，因为社会需要公认的社会道德，规范人们的行为，人与人之间才好相处，是与非才好判断，事情才会比较好办。

老子主张学"道"，学了"道"，人的欲望就少了，学"道"越多，欲望越少，"损之又损，以至于无为"，无为也就无所不为了。

老子最想要表达的是无为之下的无所不为。老子、庄子、孔子、孟子、墨子、韩非等人的思想，都有一个核心的问题：用什么来维系天下的统一太平。他们各自有不同的主张，可以说按照任何一家的思想途径和方法都有可能取得天下的统一和太平。譬如大家按老子说的无为而无不为去做，人人都无为，天下可以统一太平；按孔子的道德仁义去做，人人都讲仁义道德，天下可以统一太平；按墨子不分等级差别的爱去做，人人都爱别人，天下可以统一太平；按韩非的法治去做，人人都遵纪守法，天下也可以统一太平。

我在前面讲过庄子《达生》中"纪渻子为王养斗鸡"的寓言故事，纪渻子把斗鸡养得呆若木鸡，经过了四个"十天"，四个阶段，每一阶段都在消除它内心的欲望，直到完全没有欲望，这样无欲望、无斗志的所谓斗鸡，庄子说是真正的斗鸡。这放在现实生活中，能行吗？庄子说的斗鸡没有什么本事，就像柳宗元《三戒》里的黔之驴，老虎开始见到它的时候，觉得它是庞然大物，十分害怕，后来渐渐知道它只会弹弹腿，没真本事，就把它吃掉了。庄子说的斗鸡，其他斗鸡见了它不明底细，转身就逃。那些斗鸡试探之后也会逃吗？这是另外的话题。庄子告诉人们，从有欲到无欲需要慢慢修炼。老子也主张修炼，希望人们以修"道"消除欲望，希望人们无欲以正天下，并且说："取天下常以无事。及其有事，不足以取天下。"这"无事""有事"也就是无为、有为，无为能取天下，有为不能取天下，符合他"道"生万物的自然理念。

　　回到他的第三十七章，在"万物将自化"之后，老子接着说了"化而欲作，吾将镇之以无名之朴"。这"无名之朴"是什么呢？老子在二十八章说过知荣守辱、常德乃足、复归于朴的话，"朴"是常德无穷时达到的境界"道"。他这里说万物自然生长而要想有作为，应用无名之"朴"即"道"做指导，依旧还是保持自然精神。如果用这来说人，当人有所作为的欲望特别强烈的时候，用什么控制欲望呢？还是用无名之"朴"即"道"来化解内心的欲望，因为"道"是虚静的、恬淡的、寂寞的，保持这样的状态就没有欲望，真的可以无为了。

　　然后，老子又说：如果用"道"来化解内心的欲望，没有欲望就能保持内心的静止状态，那天下就自然安定了。也就是他说的"不欲以静，天下将自定"。这种"自定"的理论，让我想到孔子说的："其身正，不令而行；其身不正，虽令不从。"[1] 意思是身教重于言教，领导要做下属的榜样，将军要做士兵的榜样，家长要做孩子的榜样，上行下效，这一点是很重要的。历史上有过

---

　　① 《论语·子路》。

很多这样的故事。墨子曾经讲过"楚王好细腰",说的是楚王喜欢女人长得苗条,这是他的审美标准,有点类似于现在说的女性以骨感为美。延续到汉代,仍以苗条为美,姑娘要长得跟赵飞燕一样。唐代就不一样了,姑娘要长得丰满,像唐玄宗宠爱的杨贵妃那样,以丰腴为美,或者说以胖为美。所以有"环肥燕瘦"的成语。话说回来,楚王喜欢女人长得苗条,影响到手下的文武大臣都追求苗条,不仅是女性,男性也这样。他们采用节食的办法,一天吃一餐饭,同时还束腰,把腰束得很细,扶着墙才能站起来。一年后果然很有成效,满朝的文武大臣全长得很清瘦,无不面有菜色。这个故事说明上行下效的道理。至于"其身不正,虽令不从",是说如果你自己不做榜样,说一套做一套,当面一套背后一套,那么一定没有人听从你的命令。

"不欲以静,天下将自定"的"自定"原则,和这里故事讲的道理有点相似。老子说的是"道",里面蕴含了"德"的修炼,他很重视这一点。其实在他那个时代和稍后的战国,许多人都重视修炼,秦汉以后更不用说了。老子修炼,以自然无为、无欲复朴为境界;孔子修炼,以仁孝忠信、道义礼恕为境界,甚至穷则独善其身,寻求自得自乐的隐居生活。正因为如此,老子和孔子在修炼上有不同的途径,孔子说爱人、慎独、约之以礼等等;老子则说要用"道"消除人的欲望,进而用无欲端正天下。这是对"道"的追求,也是对"德"的追求,使无为而无不为成为他的理想。

不过,老子这些话毕竟流于理论,他心中的自然、无为而无不为,主要在自我脑海的理念中。对于有了社会组织的人类社会来说,肯定做不到老子追求的无为而无不为。

六、飘风不终朝

"道"和"德"的自然，是老子的重要思想，这自然是"道"的真性，"德"的真性，也是天地万物的真性。再往下说，老子希望被社会变异了的人回到原始的"朴素"状态，混沌而重新拥有自然。

前面说到了老子的"人法地，地法天，天法道，道法自然"。这样的逻辑推断隔了三重，但人的归宿终是"自然"。还说到他的"道之尊，德之贵，夫莫之命而常自然"。"莫之命"是没有谁要他那样做而那样做了，天性所致，不由自主。不过，前面没有细说老子的"自然"，有意留到这儿做专门的解说，以便更加明了老子说的"自然"是什么。这里，我们先看《老子》的第二十三章，这一章说"自然"，也说"道"与"德"。全章如下：

希言自然，故飘风不终朝，骤雨不终日。孰为此者？天地。天地尚不能久，而况于人乎？故从事于道者，道者同于道，德者同于德，失者同于失。同于道者，道亦乐得之；同于德者，德亦乐得之；同于失者，失亦乐得之。信不足焉，有不信焉！

老子说"希言自然"，是指少说话，处事顺应自然。这里的少说，不是对百姓说的，而是对君王说的，要他们少说话，少发布政令，让百姓顺应自然，生活简单。他打了一个比方——"飘风不终朝，骤雨不终日"。飘风是大风，大风吹的时间不会很长；骤雨是暴雨，暴雨下的时间也不会很长。这是自然的规律，暗喻君王下达的命令过多，就会像飘风、骤雨一样不能长久。只有顺应自然，才是持久长远之道。唐代柳宗元讲过一个郭橐驼种树的故事，说他种树完全顺从树的天性，树根要舒展就让它舒展，培土要均匀就保持均匀，需要旧的土壤就用旧的土壤，种上后周边的土要筑得密实就筑密实，所以他种的树总是长得很好。而其他的人种树难得种活，就是违背了树的天性，不让树根舒展，当用旧土却用新土，培土不均匀，种好树后又对树多有干扰，远离了树生长的自然天性。然后柳宗元从种树说到当时官吏对百姓的管理。他所见的官吏天天发布政令，看似提醒百姓、可怜百姓，实际上是打扰百姓、祸害百姓。柳宗元讲的也是顺应自然的道理，和老子说的"希言自然"相近。老子的话说得很重：不顺应自然，连天地都不能长久，何况人呢？在这种情况下，人们要做的绝对不是积极有为，而是清静无为。有人从"飘风不终朝，骤雨不终日"领悟出人生的挫折终将过去，"山重水复疑无路，柳暗花明又一村"①。这也是一种不错的解读。但老子的本意不在这里。

老子继续说"故从事于道者，道者同于道，德者同于德，失者同于失"。前两句意思是追寻"道"的人，能够符合"道"的自然精神，享受"道"的快乐；而追寻"德"的人，能够符合"德"的精神，享受"德"的快乐。这样说，也是顺应"道"的自然，顺应"德"的自然。而"失者同于失"相对于追寻"道"和"德"的人来说，是没有获取"道"和"德"，当然它失去了快乐。但探究一下他们为什么会失去，主要在于诚信不足，所以不被信任。老子这番话鼓励人们追寻"道""德"，让大家按他的想法走顺应自然的道路。而他说的"道者同于道，德者同于德"，与我们在

---

① 陆游：《游山西村》。

日常生活中适应性情相一致。人生往往以"适性"为最高的生活境界，适性也是顺应自我性情的自然。古代田园诗人陶渊明不愿为五斗米向乡里小儿折腰，自动辞去彭泽县令回到田园，过着自己"质性自然"的生活，乐于"采菊东篱下，悠然见南山"[1]；还有我们前面说过的苏轼被贬广东惠州后，"随缘委命"，后来再贬海南儋州，仍然坚持这样的人生态度，也是适应自我的性情，有了许多快乐。

说到这里，什么是"自然"呢？在这一点上，庄子比老子说得清楚。庄子在《马蹄》里说：

> 马，蹄可以践霜雪，毛可以御风寒，齕草饮水，翘足而陆，此马之真性也。虽有义台路寝，无所用之。

这是《马蹄》的开头两句。《马蹄》的篇名，取自第一句的前两个字，庄子的许多篇名都是如此。这种做法在更早的《诗三百》中就普遍存在，是诗歌或文章命名的最简单方式。

庄子说冬天来了，风雪飘洒，那马蹄是踏霜雪的，马毛是抵御风寒的，马要生存得吃草、喝水，会跷脚蹦跳（"陆"是跳的意思），这是马的真性。人也一样，饿了要吃饭，渴了要喝水，这是人的真性。他说如果为马建造"义台路寝"即高高的台子和大大的卧室，对马有什么用呢？它还是习惯住在简陋的马棚子里，守着本性。这就是自然，随顺马的性情，不做任何改变。在这篇文章里庄子接着说：伯乐治马会剪去马毛，削去马蹄，烙上印记，套上络头，圈在马厩里。本来好端端的马因为伯乐的折腾死了十

---

[1]　陶潜：《饮酒》其五。

分之二三。伯乐继续治马，让马没有吃的，没有喝的，迅速奔跑，再用鞭子抽打，马就死去大半了。伯乐是古代最擅长治马的人，也最会识马。韩愈写过一篇杂说广泛流传，说先有伯乐，后有千里马，用伯乐比喻善于选拔人才的人，遗憾千里马常有而伯乐不常有。伯乐治马，马遭遇的悲惨命运就是人为的治理违背了马的天性造成的。马的天性，就是自然。

　　人和物都有本性，庄子还在《骈拇》里说骈拇枝指，即两根并在一起的脚趾和多长出的手指："彼至正者，不失其性命之情。"这"至正"说的是事物的本真，保持事物的自然本性，就不会丧失事物性命的真情。因为这一点，他说骈拇枝指"合者不为骈，而枝者不为岐；长者不为有余，短者不为不足"。这说的是人的脚趾和手指。脚趾长成，如果两根并在一起，不算骈枝；手指长成，本来五根手指长成了六根，不算歧指。长了的不算有余，短了的不算不足。庄子用人的脚趾和手指打比方，说要尊重脚趾和手指的自然生长和状态，让人明白什么是自然。他的比方还没完，又有新的比方："凫胫虽短，续之则忧；鹤胫虽长，断之则悲。故性长非所断，性短非所续，无所去忧也。""凫"是湖泊里的野鸭，脚短，如果你说野鸭子的脚太短了，出于好心把它接长一点，那野鸭子肯定不高兴；鹤的腿长，如果你说鹤的腿太长了，把它截短点，那鹤一定会很悲哀。关键还是有害于它们生理的自然，守住事物的自然天性最为重要。

　　庄子和老子在"自然"的观点上是一致的，只是庄子用故事展开，比老子说得更加具体，让人容易明白。庄子在《秋水》里还让黄河神河伯和北海神北海若对话，谈论什么是自然，什么是人为。胸怀博大的北海若告诉自以为河水大而贻笑大方的河伯，牛、马长四条腿就是自然，如果你要给马套上络头，给牛穿上鼻环，那就是人为。他同样是用很生活化的比方，把自然和人为说得一清二楚。面对牛、马的天性，人应该做的还是尊重，而不是以自我的行为去消灭或影响它们的天性。在人为和自然面前，还是归于素朴本真的好。从这里，我们就很容易理解所谓的自然和人为是什么，是怎样的表现形态，面对它们能做什么或不能做什么。庄子希望保持事物的自然本性，因自然而朴素。而朴素是我们刚说过的虚静、恬淡、寂寞、无为，这也是一条内圣外王之道，内圣是自我的修养，外王则是影响社会，一统天下。

上面庄子以马、牛、野鸭、鹤以及人的手指、脚趾打比方，说了自然的两个层面，一是自然形态，二是自然习性。二者都不能受到伤害，以人为取代自然。自然形态容易把握，自然习性则较复杂。庄子《养生主》有一则小寓言说："泽雉十步一啄，百步一饮，不蕲畜乎樊中。神虽王，不善也。""泽雉"是湖泊里的野鸡，走十步啄一下食，走百步喝一下水，想吃就吃，想喝就喝，而不希求被喂养在鸡笼里。如果把它喂养在鸡笼里，即使它的精力旺盛，也是不好的。野鸡在湖泊里天然生长，不受任何约束；放在鸡笼子里养就不同了，野鸡就丧失了自由。因自然而形成的习性，不能改变。庄子这则寓言告诉人们两种生活状态，最理想的是自由随性，它为人们树立了一个理想生活的标杆，从古至今，一直有人向往这种生活，避世而隐居。陶渊明《桃花源记》里的桃花源，就再典型不过了。桃花源里的人"不知秦汉，无论魏晋"，自给自足，自得自乐，我们后面还会说到。但这终究是一种生活理想，许多人都希望如此，自由自在地生活，可在古今社会都很难达到。要想自由自在，有两个前提，一是在社会的法律允许范围之内，二是在工作单位或生活环境的规矩之内。任何人不可能抛开社会，绝对地独来独往，不要法律，不要规矩，否则在社会上不能立足。庄子做到了没有呢？也没有。他是宋国人，住在宋国的商丘，也得受宋国的制约。他家境贫寒，也有吃了上顿没下顿的时候，得去找别人借粮食吃。别人愿意借就借，不愿意借他除了编故事发牢骚，还有什么办法？尽管他比一般人超脱得多，不愿做官，过着闲云野鹤般的生活。

　　庄子空谈自然，发议论也好，讲故事也好，很多时候振振有词，但不过是空谈，所以容易被清谈家作为谈资。但庄子还是在现实生活中，他像普通人一样娶妻生子，生而有死。因此，他在说自然的时候，也有很现实的一面，看起来比老子还要现实。他在《人间世》里借虚构的叶公子高向孔子请教出使齐国应该怎样做，让孔子教诲叶公子高，让孔子替自己说：

> 　　夫事其亲者，不择地而安之，孝之至也；夫事其君者，不择事而安之，忠之盛也。自事其心者，哀乐不易施乎前，知其不可奈何而安之若命，德之至也。

　　庄子借孔子来说孝和忠，他把不择地而安父母视为孝的极致，不择事而安君长视为忠的极致。说一个人要在任何时候、任何地方都能孝敬父母，使他们安逸，这就是最高的孝敬；在任何事情上能侍奉君长，不论时间、空间，使他们安逸，这就是最高的忠诚。这是庄子的理解。他用了一个"安"字，安父母、安君长，进而寻求自安。但要注意他随之说的"自事其心"，按自己的性情走，不因悲哀而悲哀，不因快乐而快乐，心静如水，起风也无微澜。那么这里的孝亲忠君都得顺应自然。然后他说了最让人记取的一句话，即"知其不可奈何而安之若命"，主张人生应当逍遥游的庄子，说人当无所依赖地游于无穷的时空，与自然同在。但听了庄子说的这些话，就能感受到他还是会屈服于社会现实，并把这里的屈服认定为人的命运，是在由不得人的绝对自然的社会生活里顺应自然，于是内心的波澜就平息了，与社会现实相安无事。这也是庄子把老子"道"与"德"的自然法则用于生活的极致表现。

说到这里，我们也许会想到老庄思想对人的安慰作用，"知其不可奈何而安之若命"有强大的精神力量。这不是鲁迅先生笔下阿Q的"精神胜利法"，却同为精神上的自我麻醉。人生一世不得意常有，不得意就有挫折，有挫折至少一时间无可奈何。在这种情况下，许多人还是认命。不认命怎么办？大海是敞开的，江河是敞开的，高楼的顶上也没有封盖。跳海、跳江、跳河、跳楼，你跳了，地球照样转。在这时候，选择认命式的退让，在归于平和之后从头再来，依旧还会是海阔天空。以退为进也是老子的思想，影响了许多人，我们在这里说的是他在社会生活中怎样保持自然的状态，与前面说的湖泊里的野鸡十步一啄、百步一饮的自然同在。

庄子还说了人死亡的自然状态，我们前面提到他说了人的生死过程如春夏秋冬四季运行，是自然的。古希腊神话有一则著名的斯芬克斯谜语，说人早上是四条腿，中午是两条腿，晚上是三条腿。人小的时候在地上爬，手腿并用，就是四条腿；长大了，完全站立，是两条腿；暮年用上拐杖，就成了三条腿。简单地看，这也是人生的自然规律。庄子说面对生命降临的时候，要心态平和，不必喜悦；面对死亡，不必悲伤。像草，有青翠的时候，也有枯黄的时候；像花，有绽放的时候，也有凋谢的时候。庄子还在《列御寇》里说过死后的自然，也是讲的故事，无法考证是不是真的。

故事说：庄子要死了，弟子们在一起商量："老师死后要不要厚葬，把殉葬品多弄一些呢？"大家商量好了去告诉庄子："老师，您死后，我们准备厚葬您。"庄子这个浪漫的思想家说："我以天地为棺椁，以太阳和月亮为连璧，以星辰为珠玑，以万物作为送葬的礼物。我的这些殉葬品还不完备吗？还有谁能够超过我呢？"庄子这番话说得很妙，其实他要的是"天葬"，死后不需弟子们费心，把他扔到野外算了。弟子们心领神会，对庄子说："老师呀，把您的尸体扔在野外，我们担心您的尸体会被乌鸦、老鹰吃掉。"庄子说："把我扔在野外，我的尸体会被乌鸦、老鹰吃掉；但把我埋在地下，我的身体会被蝼蛄、蚂蚁吃掉。你们为什么要夺过乌鸦、老鹰的食物给蝼蛄和蚂蚁呢？为什么这样偏心呢？"这是庄子说的死后的自然，不需要人为地做些什么。

　　这里以庄子对自然的理解来说老子的自然，最后还是要归结到这一节前面提到过的老子的话："道之尊，德之贵，夫莫之命而常自然。"老子说的"德"真的非同一般，顺"道"自然而行，不像孔子说的"德"重亲缘伦理。孔子从个人的道德修养来看家庭、社会，在亲缘关系中看到了孝悌仁爱，也看到道德的礼仪道义，以及人与人的差别。而老子"道"的自然是顺应与平等的法则，所以他会说最高的道德是顺应自然，最理想的人生状态是无欲无为的婴儿状态。而在无为中，应无为而无不为，要想到"飘风不终朝，骤雨不终日"，这样修德才见成效。为此，是一定要守"道"而行"道"、守"德"而行"德"的。

第四章　梦中仰视的圣人

《周易》乾卦里有一句"圣人作而万物睹"，说的是圣人出来万物仰视，那是万物崇拜圣人的景象。这"圣人"老子也说。"圣人"是在某一方面出类拔萃的人，或说在某一方面达到最高水准的人，或是成就大，或是德行高，或是技艺高，或是思想境界高，从而受到世人的广泛推崇，人们许以"圣人"的名号，尊奉他。历史上有许多人被称为"圣人"，他们各有所成，如"兵圣"孙武、"商圣"范蠡、"谋圣"张良、"武圣"关羽、"书圣"王羲之、"诗圣"杜甫等都是如此。老子心中的"圣人"是他在自己的世界里用思想塑造的，"圣人"是他心中的楷模，是他的"道"与"德"的化身，同时能够引领社会前行，治理社会太平。这一切不是世俗说的"圣人"可以比拟的。只是这个"圣人"终究在他的幻梦中，为他仰视且津津乐道。

一、坊间二圣说

说老子的"圣人"之前，我想讲一下历史上真正存在，并在传统上被百姓称为"圣人"的"谋圣"张良和"商圣"范蠡，看人们心目中的"圣人"是什么模样。当然，将他们作为老子心中"圣人"的参照很有局限，张、范和老子的"圣人"不在一个层面上，具有不可比性。但不妨参照一下，也许能让我们在说老子的"圣人"时，有更多的认知。

先说"谋圣"张良。

张良，大约生于公元前 250 年，死于公元前 186 年，字子房，西汉立国后封为留侯，谥号文成，河南郏县人，或说河南新郑人、山西襄汾人。大多认为他是河南郏县人。我 2016 年 8 月去河南平顶山讲学，有朋友告诉我张良的故居在这儿的郏县，这让我特别兴奋。第二天他们陪我去了张良故居，遗憾的是故居什么都没有，只见当地人在村旁的山腰上立了一尊张良的塑像。当然我也想得到，张良两千多年前的故居肯定不复存在，如有也会是后人建造的。

秦灭六国以前，张良在韩国，当时韩国的国都迁到了新郑，他的家境很好。秦灭韩后，张家破败了。血气方刚的张良买通刺客，揣着一百二十斤重的铁锤，一起去暗杀巡游到河南博浪沙的秦始皇。他们埋伏在秦始皇车队必经的路旁，趁车队经过的时候，刺客把手上的铁锤扔向秦始皇，"砰"的一声，击中的不是秦始皇，而是他随从的车子。始皇大怒，下令追捕刺客。张良逃脱之后，隐居在江苏下邳。一天，他在下邳的一座桥上遇见一位老人。老人在张良面前有意把自己的鞋子扔到桥下，喝令张良给他捡上来。张良强忍怒火把鞋子捡上来后，老人又要张良把鞋给他穿上。张良再次强忍着怒意给老人穿上鞋。老人穿好鞋子后扬长而去，走了一里路左右，折返回来对张良说："孺子可教矣。"最后送给他一部《太公兵法》，并说十年后，张良可为王者师。十年后，张良果然成为王者刘邦的军师，先助刘邦反秦，秦亡后再助刘邦战胜西楚霸王项羽，建立了西汉王朝。

作为谋臣，张良辅佐刘邦遭遇了许多重大事件，这里说几件事。

　　一是武关之战。刘邦曾率两万人去攻打秦王朝的峣下军，进攻之前，张良献计说："秦兵还很强大，不能轻视。我听说秦兵将领是屠夫的儿子，买卖人的儿子容易用钱财收买。您按兵不动，我派人先去做做工作。"于是，他让刘邦准备了五万人的粮食，并在每座山头上插满汉军的旗帜，作为疑兵，再令郦食其持重金收买秦将，秦将果然叛变了。秦军降将想联合刘邦的大军一起西进，袭击咸阳，刘邦打算听从他的意见。张良说："不行！现在只是秦军的将领叛变了，下面的士兵可能不从。如果秦兵不从，那形势就危急了。不如趁他们松懈的时候，袭击秦军。"于是，刘邦率兵大败秦军，一直打到蓝田，再从蓝田攻入秦朝的都城咸阳。秦王子婴无力抵抗，投降了刘邦。刘邦先进咸阳有重大的军事和政治意义，因为他当初和项羽在楚怀王那里约定，谁先进入咸阳，谁就称王，统领诸侯。这意味着刘邦可以称王，但随后有了鸿门宴。

　　二是鸿门宴。刘邦驻守咸阳，项羽率四十万大军到达鸿门，也就是今天的西安市鸿门堡村。项羽想到在楚怀王那里的约定，担心刘邦称王，破了自己的霸王梦，恼羞成怒，准备第二天乘势攻打咸阳，击败刘邦。项羽的叔父感激张良曾经的救命之恩，连夜跑到咸阳向张良通风报信，要张良跟他一起逃走，躲过第二天项羽攻打咸阳的一劫。张良说自己不能走，这样走了不合道义。于是张良去见刘邦，告诉他项羽将要攻打咸阳。刘邦大吃一惊，说自己本不想在咸阳称王，但有一个叫鲰生的谋臣劝他派兵把守函谷关，抵御诸侯，在咸阳称王算了。当时刘邦只有十万人马，项羽有四十万大军，他明显不是项羽的对手。情急之下，张良引刘邦去见项伯，聪明的刘邦拿酒给项伯祝寿，和项伯结成儿女亲家，让项伯去告诉项羽，说他不敢背叛，之所以派兵把守函谷关，是防止窃贼出入。在张良的陪同下，刘邦亲自到鸿门向项羽道歉，说自己无意先攻进咸阳，要把咸阳拱手让给项羽。在鸿门宴上，项羽的重要谋臣、亚父范增认定和项羽争夺天下的人一定是刘邦，很想置刘邦于死地，但项羽见刘邦道了歉，又把咸阳让给他，就心软了。范增在鸿门宴上几次示意项羽杀掉刘邦，项羽无动于衷。无奈之际，范增把项庄喊进来，让项庄舞剑助兴，趁机杀死刘邦。没想到项伯也拔剑起舞，用自己的身体像鸟的翅膀一样护着刘邦，项庄下不了手。随后，张良找到刘邦的参乘樊哙，樊哙拿着盾牌撞帐，指责项羽不应杀有功之臣，张良则要刘邦悄悄退席，从小路回咸阳了。张良留下来给项羽献了白璧一双，给范增献了玉斗一双，做最后的交代。没有张良，刘邦不得脱身。

　　三是荥阳危局。楚汉相争的第三年，项羽在荥阳包围了汉王刘邦，刘邦和谋臣郦食其商量怎么办。郦食其劝他："秦王丧失德行道义，征伐诸侯，消灭六国，使六国之后没有立锥之地。陛下最好是封六国之后为王，六国的后代受印一定会感激您的恩德，愿意做您的臣民，您就可以面南称霸了，楚王项羽也会乖乖称臣。"刘邦以为可行，要郦食其快去为六国之后刻印，然后去找六国之后，给他们复国的大印。张良得知，对刘邦说："陛下现在恢复六国，立韩、魏、燕、赵、齐、楚之后，那么天下游士各归其主，跟随他们的亲戚回到各自的故乡，那陛下您跟谁一起攻取天下？再说，楚军力量强大，您立的六国之后会屈从于楚军，怎么可能让他们做您的臣子，跟随您鞍前马后抗楚呢？如果用郦食其的计谋，想夺取天下是不可能的。"刘邦听了张良之话，出了一身冷汗，赶紧叫停刻印封六国之后的事。这时还发生了韩信要做代理齐王的事，也是张良解的围。

　　四是功臣谋反。汉高祖六年，也就是公元前 201 年。刘邦已经封了功臣二十多人，其余的人日夜争功不休，仍未得到封赏。这些将领在宫前的沙地上议论纷纷，刘邦问张良："这些人在干什么？"张良说："陛下您不知道吗？他们在谋反。"刘邦吃惊地问："天下已经安定，大家可以安稳度日，为什么要谋反呢？"张良说："陛下原来是一个普通百姓，当上了皇帝，是靠他们起家的。现在封的萧何、曹参都是您宠爱的人，平日怨恨您的人被您杀了。眼下论功行赏，只怕天下不能尽封。这些人害怕陛下不能尽封，又担心陛下因他们犯下的过失生疑，最终要砍他们的脑袋，所以在那儿谋反。"刘邦说："怎么办呢？"张良问道："您平生所恨的人，大家都知道的是谁呢？"刘邦说："雍齿和我是老交情，但他多次羞辱我，弄得我很难堪。我想杀他，因为他的功劳太多，一时还不忍心。"张良说："既然这样，那您赶紧封雍齿为侯，群臣见雍齿都封侯了，心就安定了。"果然，大家喝了雍齿封侯的喜酒后，高兴地说："连雍齿都封了侯，我们这些人就没有什么担忧了。"

张良身为刘邦的谋臣，刘邦对他言听计从，大获成功。所以刘邦称帝后说：他能得天下，其中有张良运筹帷幄、决胜千里之功。他对张良说："你在齐地选择三万户作为封邑。"这是让张良享有齐地三万户的赋税，是很厚的俸禄。张良说："我家世代相韩，韩灭以后，不惜万金为韩报仇，刺杀秦始皇，引起天下震动。现在以三寸不烂之舌为帝王师，封万户，位列侯，这是身为百姓的最高荣耀。我的人生愿望已实现，只想放弃世间闲事，修神仙之术。您要封我，当初我和陛下在留县（今属江苏沛县）相逢，就把这个地方封给我算了，我不敢要齐地三万户。"刘邦就此封张良为留侯。此后张良引退，修道辟谷，虽说曾帮吕太后请商山四皓稳固了太子刘盈的地位，但实在是为吕太后所逼。他最后得了善终，人们称他为"谋圣"。

再说"商圣"范蠡。

范蠡，字少伯，河南南阳淅川人，相传生于公元前 536 年，死于公元前 448 年。他和文种（人称大夫种）帮助越王勾践灭吴，雪了会稽之耻，越国振兴。他说自己曾向老师计然学习，计然教给他七条计策，他用了五条计策就使越国战胜了吴国，还有两条计策他要用于养家。相传计然对范蠡说过："贵上极则反贱，贱下极则反贵。贵出如粪土，贱取如珠玉。"这话里有老子说的物极必反之意，贵极必贱，贱极反贵。贵时不宜狂妄，贱时也不必自卑。于是，范蠡功成身退，离开越国后到了齐国，临行前还给老乡、同僚文种写信说："蜚鸟尽，良弓藏；狡兔死，走狗烹。"类似的话后来西汉的韩信也说过，他在后面还加了六个字："敌国破，谋臣亡。"范蠡的意思很清楚，说勾践灭吴振兴越国后，就会开始算计随他打天下的功臣。功成而不身退，难免被杀。范蠡随后还说了一句："越王勾践脖子长、嘴巴尖，可以与他共患难、打天下，但不能与他共安乐、同享美好的生活。我要走了，你为什么不走呢？"文种看到范蠡的信后，称病不朝。时间长了，有人进谗言说文种要造反，于是越王勾践赐给文种一把剑说："你教给我伐吴七术，我用了三术就灭了吴国，还有四术在你身上，你为我去先王那里试试这四术吧。"他的话说得婉转，先王是已经死去的越王，勾践要文种自杀，到黄泉下去跟随他爹，文种只得自杀了。果真是"蜚鸟尽，良弓藏；狡兔死，走狗烹"。

范蠡功成身退后，彻底离开了政治舞台，改名"鸱夷子皮"，调侃自己是"酒囊皮子"，在山东定陶做买卖，号称陶朱公。范蠡前面有政治功业，功成后毫不居功，乐于退出政治舞台做一个商人。他去定陶，是看上定陶居天下之中，交通便利，适合做生意。加上他很清醒地认识到:"善治生者,能择人而任时。"① 意思是说,善于经营生活的人,能够选择贤明的人干事,并顺应时势。这两条真的很重要,知人善任,是干一番事业的永恒前提;顺应社会发展的走势,而不是逆势而动,是事业成功的保障。

范蠡太会做生意了,十九年中,三致千金。千金在当时是很大一笔钱,他多次积累千金,也是很大的本事。其中有动人的故事:他把自己挣来的钱,都分给贫穷的朋友和来往不密切的兄弟,如是者三。这样慷慨有情义的商人,当时就很受人称道。人们说他既富有,又有德行。他的子孙也会做生意,在他积累的财富基础上,把家业发展至巨万。人们称范蠡为"商圣",关键还是因为他做买卖成功又有情义。做买卖真不容易,庄子《逍遥游》说过一个宋国的生意人,做的是卖帽子生意。他跑到越国去卖帽子,当时那儿的人光头文身,不需要戴帽子,生意自然就做不成。

我上面说的张良和范蠡,他们注重自我修养而能经世致用,在自己从事的领域都有实实在在的功业。古人说立功而不朽,二人就是如此,在生活中努力践行,而不是停留在纯粹的理念中。所以,人们称他们为圣人,以他们为人生榜样。张良和范蠡的功成身退,应了老子说的"天之道",是人生很高的境界,不是一般人可以达到的。老子说的"圣人"跟他们大不相同,他的圣人是庄子《天下》说的"以天为宗,以德为本,以道为门,兆于变化",即本于自然、因循自然而能预测万物变化的人。

---

① 司马迁:《史记·货殖列传》。

二、不自生而能长生

圣人是标杆，是榜样，人们推崇这些人，是因为他们在某一方面的成就往往是自己不能企及的。世上的百姓很务实，"谋圣"张良和"商圣"范蠡就是起于百姓自然而然的推崇，不可能和思想家的看法完全一样。像刚才提到的庄子说的"圣人"，庄子在许多时候都说到"圣人"，对"圣人"的界定时有变化，那理念中虚拟的"圣人"好像有点实在。在他《逍遥游》的寓言中的"圣人"，比纯理念化的"圣人"看起来生活化一点。

《逍遥游》是《庄子》的第一篇，所谓的"逍遥游"，是没有任何依托，不受任何束缚，自由自然地生活。在这篇文章中，庄子提到了多种人，最具影响力的是三种："圣人""神人""至人"。我们这里只说"圣人"，看他抱定了怎样的人生态度，是怎样的人生榜样。

庄子讲了一个故事，说远古帝王唐尧要把天下让给许由。许由是谁呢？是传说中的著名隐士。许由很有才能，但不愿做官，就隐居起来。像他这样的隐士一般有两种隐居的场所，一种隐居于山林江湖，像我们知道的诸葛亮隐居于襄阳隆中；另一种是隐居于朝市，也就是嘈杂热闹的集市，像战国时魏国的朱亥就隐居在集市上杀猪。还有种说法，大隐隐于朝市，小隐隐于江湖山林，这倒不一定。许由是大隐，就隐居在江湖山林。他们怀才不遇，觉得社会上没有很好的合作者，干脆不合作，独行其是。许由就是这样的不合作者。

一天，帝尧找到许由，先给许由讲了两个小故事。第一个故事说：太阳、月亮出来了，小火把还没有熄灭，这小火把的光芒怎么赶得上太阳、月亮的光芒呢？第二个故事说：天下大旱，及时雨来了，如果在这种情况下还去浇灌田地，那不是徒劳吗？帝尧以这两个故事打比方，说许由在天下放射的光芒像太阳、月亮一样，而自己还举着一个小火把，实在太不好意思；许由像大旱的及时雨一样，而自己则是一个徒劳的浇灌者。然后说："天下人有你许由在位就太平了，而我还空占着这位子，我自视有很多缺点，怎么能做帝王呢？请让我把帝王的位子让给你吧。"

许由不紧不慢地说："尧，你是驰名天下的帝王，已经把天下治理好了，这时候我来取代你，那我是为什么呢？我不是图了虚名吗？虚名是依附于实物的宾客，难道我要做一个这样的宾客吗？"于是，他也用两个故事打比方："鹪鹩巢于深林，不过一枝；偃鼠饮河，不过满腹。"说是鹪鹩在深林做巢穴，所需的不过是一根树枝；偃鼠在河里喝水，不过是把自己的肚子喝饱。意思是他许由就像那筑巢的鹪鹩，只要一根树枝就够了；就像那在河里喝水的鼹鼠，只要把肚子喝饱就够了，多余的东西一点都不要。他说："尧哇，你还是回去休息吧，天下对我一点用都没有。"随后，许由给我们留下了一个成语"越俎代庖"，说厨师不烧饭，主持祭祀的尸祝也不能超越自己的权限去代他做饭。意思是尧治不好天下，他许由也不能代替尧治天下。

"鹪鹩巢于深林，不过一枝；偃鼠饮河，不过满腹"的故事很生动，庄子在这里说的"圣人"是一个为己的自给自足者，不追求任何名声，也不追求任何地位，甘于自隐自养的独处，只需要维持自己的生计，顾自己的一张嘴就够了，多一点都不要，更不用说天下了。这种人和我们前面讲的张良、范蠡很不一样。张良、范蠡在社会上很有作为：张良为刘邦打了天下，范蠡帮勾践打了天下之后还成了天下最有名的商人。我们做不成许由这样的圣人，也做不成张良、范蠡那样的圣人，但有些道理值得记取。譬如说：为什么张良每次都能"运筹策帷帐之中，决胜于千里之外"？一定是得了天时、地利、人和，能够在复杂的战争中知己知彼，才做到了百战不殆。为什么范蠡从政成功之后，做买卖还能一次次获得巨大的成功？一定是在可以做生意的地方做生意，在可以做生意的人那里做生意，而不是茫然漫无目的，否则也会像庄子讲的宋国卖帽子的人，想做生意也做不成。

老子也讲"圣人"，他的圣人是另一种风貌。他说过圣人"三不"：不仁、不（无）私、不行。先看《老子》第五章说"圣人不仁"：

> 天地不仁，以万物为刍狗；圣人不仁，以百姓为刍狗。天地之间，其犹橐籥乎？虚而不屈，动而愈出。多言数穷，不如守中。

老子说天地不仁，把万物当作草扎成的用于祭祀的狗。这"天地不仁"不是说天地没有仁爱，而是说天地无所谓仁与不仁，看万物都是一样的，均等公平，或者说一视同仁。春秋时人们继承西周以来的敬天保民思想，认为天是有意志的，天人感应，赏善罚恶。也就是说，人做什么事天会知道，并且依人做好事或做坏事，决定奖励或惩罚。人们常说人在做，天在看；或者说做坏事出门会遭雷劈，就是说老天爷会惩罚你。这里面都含有天人感应的思想。就自然规律来说，天就是天，人就是人，天与人有千丝万缕的联系，是人在天地之间，需要遵循天地运行的法则，把自己的事情办好，不存在天人感应。老子说"天地不仁"，视万物为草狗，让万物公平生长，不注入感情和思想。

然后，老子说圣人像天地一样，看百姓也像天地看万物一样，均等公平，一视同仁。天地不存在厚此薄彼，那么圣人也不存在厚此薄彼。老子从天地对万物的态度，推论圣人对百姓的态度，然后再把天地之间比喻为"橐籥"，也就是风箱。风箱里面是空的，通过活塞、阀门压缩空气产生风，越推拉越有风，而且风没有穷尽。其实在他看来，空虚就很好，不需要推拉生风。在空虚的天地之间，万物有足够的生长空间，它们的生长是自然运动的结果。他用这个比方引出下一句：人"多言数穷，不如守中"。这"中"有两种说法。一说"中"通"冲"，是空虚的意思，告诫人们不要多说话，告诫统治者不要多发布政令。说得太多，发布的政令太多，陷于困境就越多、越快，不如保持空虚或者说无为状态。另一种说法是"中"为中间，不偏不倚，告诫人少说，保持中庸的立场。我倾向于第一种看法，守中的保持空虚，更符合老子虚静无为的思想。老子这样说容易，但在一般情况下，社会管理怎么能够这样做呢？社会前行，管理者得有为，必然会建立制度、发布法令，而且这些制度、法令还要人遵守。老子顺应自然，不要人说得太多，更不要人做得太多，因为有为有害，无为无害。

从历史上看，老子的自然无为理论还是有人变相用的。譬如西汉立国前，经历了多年的战争，先是反秦灭秦，后来是楚汉相争，刘邦得了天下。刘邦在位的时间不长，他在平定淮南王黥布叛乱时被流箭射中，回京后病重，他不相信医生，只相信天命，生病不求医，很快就死去了。刘邦死后，西汉王朝在延续，但当时天下破败，汉惠帝之后的汉文帝、汉景帝，受黄老思想影响，奉行黄老的自然无为，其实是在黄老之学的旗帜下搞社会革新，减轻赋税和徭役。朝廷少收或者不收赋税；减轻肉刑，不进行或少进行触及肉体的惩罚，让老百姓过宽松的生活。这就是"休养生息"，不是绝对的放任自然、无所作为。于是，社会生产得到发展，经济得到恢复，国家走向富强，这样才有了汉武帝时期的西汉鼎盛。

圣人不仅不仁，而且还是无私的。《老子》的第七章这样写道：

> 天长地久。天地所以能长且久者，以其不自生，故能长生。是以圣人后其身而身先，外其身而身存。非以其无私邪？故能成其私。

老子认为天长地久。古往今来，人们也这样看，唯有在谈到情感时，有人会说，天长地久，不如思念长久，不如爱情长久。唐代白居易的《长恨歌》说唐玄宗和杨贵妃的爱情，就有这样两句诗："天长地久有时尽，此恨绵绵无绝期。"一般人很少会想天地为什么长久，老子想了，是因为天地不是为自己生存的，所以能够长久。既然不为自己，就可以推想是为了别人。不为自己，为了别人就能长久？这还是让人有些疑惑，或者说专指老子这里说的"天地"。因为人在天地之间，能否长久，并不是由为己还是为人决定的。老子这样说，是把它作为自我理论的前提，要依据这个前提推导出下面的结论，也就是："圣人后其身而身先，外其身而身存。"至于他这个理论前提是不是可靠，另当别论。这种做法在孟子文章中常常可以看到，他的前提通常是主观的，是他自己假定的。譬如孟子最有名的"王顾左右而言他"[①]的故事。一次孟子去见齐宣王，他问齐宣王说："如果你手下有位大臣到楚国去游玩，把妻子、孩子托付给一位朋友，等他回来的时候，发现妻子和孩子正在受冻挨饿。对这样的朋友该怎么办呢？"这就

---

① 《孟子·梁惠王下》。

是一个假设的前提，事情并没有发生。齐宣王说要和这样的朋友断绝关系。孟子第二问继续假设："你的官员没管好自己手下的人怎么办呢？"齐宣王说："撤职。"孟子实际上要的是第三问的结论。他说："如果齐国没有治理好怎么办呢？"这一问是直接指责齐宣王的，说你齐宣王没有把齐国治理好，应该自行退位才是。齐宣王无法回答，只好看看左右的人，把话岔开了。孟子也好讲故事，用故事来表明自己的思想，老子则是直接打比方或者发议论，因此老子的文章多了理性而少了生活的趣味。

回到老子这段话上来，他因天地而说圣人，告诉人们从天地的不自生而天长地久，能够知道为什么圣人"后其身而身先，外其身而身存"。意思是圣人开始处在别人之后，最终却会处在别人前面；把自己置身事外，然后能很好地保住自己。他说的这个道理，《淮南子·道应训》里有一个故事可以解释。"道应训"，晚清曾国藩解释，是以已有的事与以往言道者相应。而它所印证的主要是老子的理念。故事说鲁国的国相公仪休特别喜欢吃鱼，于是全国的人都给他送鱼，公仪休坚拒不受。他的弟子问他说："老师喜欢吃鱼，为什么您不收别人送的鱼呢？"公仪休回答说："正因为我特别喜欢吃鱼，所以我才不收。如果我收了别人的鱼，就会被免去相位，以后即使喜欢吃鱼也不能自我供给；我不接受别人送鱼，我的国相能够继续当着，这样就能够长期有鱼吃。"公仪休说的话很深刻，他不接受别人送的鱼，就能够长期有鱼吃。《淮南子》用这来解释老子的"后其身而身先，外其身而身存。非以其无私邪？故能成其私"，是很有意味的。这表面上看起来是为人，实际上还是为自己。人会有私心私利，但你不要从自我出发，而要从他人出发。为国家的廉明，把他人放在前面，把自己放在后面，这样，最终还是为了自己，换句话说，无私才能有私。

公仪休的故事对当今社会很有意义。有些人把握不了自己，以己利为先，结果很容易被谋求私利的人拉下水，结果轻则身陷囹圄，重则送了性命。如果这些人读了这个故事，受到警示，也许不会违背老子的处世原则，导致自己的人生悲剧。讲自然无为的老子，他的一些理念值得思考。一个人保持本分、待人谦和、守住底线、先人后己是很重要的。

好，现在我们再看《老子》第四十七章，他说"圣人不行"：

> 不出户，知天下。不窥牖，见天道。其出弥远，其知弥少。
> 是以圣人不行而知，不见而名，不为而成。

老子说的"不出户，知天下"，和现在仍然流传的"秀才不出门，全知天下事"相通。古往今来，人类的许多知识都是通过书本传播。我说的书本是泛指的，因为在书本诞生以前，文字的载体是青铜、木牍、竹简等，而到现在，又有电子文档和视频等在传播。通过这些载体或形式，人们可以获得许多知识，使不出户而知天下成为可能。譬如，我们通过《史记》知道西汉武帝以前三千年的历史，通过《三国志》可以知道三国纷争的历史，通过唐诗、宋词可以知道唐宋文学和社会的一些情况，这些都属于"不出户，知天下"。圣人如此，一般人也如此，只是圣人对于读书以知天下，会比一般人有更多的自觉。《淮南子·主术训》认为这话是对君王说的，所谓不出户而知天下，是用众臣的智慧，借助众臣而知道天下的情势。这可备一说。我主张这说的是圣人，因为老子说话的落脚点是圣人。圣人不仅"不出户，知天下"，而且"不窥牖，见天道"。"牖"是窗户，圣人有这样的神力，不看看窗外就知道天道是什么。这是一种象征，和前面说的"不出户，知天下"是一个道理。但这一句透出老子说的产生天地万物的"道"是在家冥思苦想琢磨出来的。

我们通常说知识来源于实践，从个别的实践中摸索出一般的道理，然后再回实践中去，如是往复回环。可以说，书本知识也来源于实践，老子注重的自学静思虽说也是人所需要的，但不符合社会认知的基本规律，也难怪人们说他的"道"是主观的。

多说一句，我们今天认识社会、了解社会和古代一样，有两种方式或路径：一是实践，二是读书。所谓"读万卷书，行万里路"就是这个道理。对于任何人来说，人生迅疾而又短暂，诗人李白曾用"君不见，黄河之水天上来，奔流到海不复回。君不见，高堂明镜悲白发，朝如青丝暮成雪"[1]，感慨人生短暂，表现人生的无奈和悲凉。所以，我们一生能够经历的社会实践是有限的，能读的书也是有限的。不说实践，就说读书，二十世纪八十年代，我在湖南师范大学参加全国古代散文研讨会，亲见了北京师范大学两位学界的权威教授在会上发言。一位教授说："我有个字没弄懂，我今天想在这儿弄清楚。我说出来，看大家能不能帮我。"随后在小组会上，北师大另一个教授说："我最近读司马迁的《史记》，有篇文章中有个问题，到现在我都没懂，在座的有谁懂，请告诉我一下。"这样谦逊的求学态度很令人感动。在浩瀚的知识海洋面前，我们的能力太有限了。

当然，今人和古人不太一样，那时候说"学富五车"就是很有学问了。古人的五车书，是什么书呢？书是竹简、木牍编成的，书写或刻字用的是毛笔或小刀，不像现在是印刷，几十万字、几

---

[1] 李白：《将进酒》。

百万字的书放在车上，也不需要太多的空间。当然"学富五车"是比喻，并非真的实指。在战国时，尽管天下的书相对现在来说很少，但一个人把天下书读完的可能性不大。现在更不可能，有谁敢说读完天下的书哇？就是你本专业的书都读不完。我们今天用读书量的多少来和古人比没有多大的意义，要注意的是，春秋战国的这些思想家书读得博不说，还读得很精，思考很深，对生活的感悟也很透，这是我们需要学习的。

老子接着说："其出弥远，其知弥少。"说的是你外出走得越远，获得的知识就越少。他在这里仍然否定人们的实践经验。我有时觉得奇怪，老子说的很多话是从实践中总结出来的道理，甚至可以说是真理，但他这话有很大的局限性，生活的经验告诉我们真的不是"其出弥远，其知弥少"。说完这些以后，老子下了一个结论："是以圣人不行而知，不见而名，不为而成。"我在这里特别把"是以"引出来。"是以"是现在说的"所以"，表明上面说的是原因、依据，有了原因和依据，他下结论就理直气壮了。圣人的不行、不见、不为，还是离开了实践，强调遇事的凝神静思，觉得这样就足够了。在这一点上，老子的话主观性太强，不及孔子说的"学而不思则罔，思而不学则殆"[①]。读书要思考，不思考会糊涂；思考也要学习，光思考而不学习会很危险。孔子这一条读书的辩证法，是宝贵的学习经验，比老子这儿说的更好。老子觉得圣人知识或得于书本知识，或得于内心主观自省，不在意或者说否定外在的实践经验，封闭而内敛，与他自然无为的精神是一致的。天地不自生而能长生，这也是圣人应有的态度。

① 《论语·为政》。

三、多善而无常心

老子说圣人不仁、圣人无私、圣人不行，给我们提供了观察他所说的圣人的三个视角。他没有停下脚步，继续说圣人多善，说圣人的善行、善言、善数等等。可以看《老子》的第二十七章：

> 善行无辙迹，善言无瑕谪，善数不用筹策，善闭无关楗而不可开，善结无绳约而不可解。是以圣人常善救人，故无弃人；常善救物，故无弃物，是谓袭明。故善人者，不善人之师；不善人者，善人之资。不贵其师，不爱其资，虽智大迷。是谓要妙。

老子说过圣人居家而不行，主张不出户而知天下，还说"其行弥远，其知弥少"。那么这里圣人"善行无辙迹"是什么意思呢？表面上他说的是善于行走，就不会留下车子的痕迹。但"善行"真的是善于行走吗？且不说"善行"与他说的不出户、不窥牖相违背。王弼说善行是顺应自然而行，这很符合老子的基本思想。本来善行也是会留下印迹的，但王弼说，圣人自然而行，物也自然而至，也就没有印迹了。随后，老子说：善于说话，就没有瑕疵，就不会遭人责备；善于计算，不需用筹策（即古代用于计算的竹制器具）也能计算；善于关闭，不用门闩也打不开；善于捆绑，不用绳索也解不开。这五条，说的都是顺应自然，不借外力，不求其成而自成。

按照这样的思想逻辑，老子又说了下面的话："圣人常善救人，故无弃人；常善救物，故无弃物，是谓袭明。"这"救人"，结合下文的"故无弃人"来理解，应是救助遭遗弃的人，使得无人被遗弃。有人说，这"救人"是指待人平等，和前面说的圣人待百姓像草扎的狗一样，所以没有人被遗弃。待人如此，待物也是如此，既没有被遗弃的人，也没有被遗弃的物。他称此为"袭明"。"袭明"在概念上比较难解，一般认为是继承、保持"道"的光明，也就是继承、保持自然的精神并发扬光大。

关于"袭明"，《淮南子·道应训》也讲了一个故事，告诉人们什么是"袭明"。故事说：从前公孙龙在赵国的时候，有次他对弟子说："如果一个人没有才能，我是不会与他交朋友的。"一天，有一个人穿着粗布衣服，用带子系着腰，来见公孙龙说："我能大声地喊话。"原来这人的嗓门很大，喊话的声音特别洪亮。于是，公孙龙问门下的弟子："你们中间有能大声呼喊的人吗？"弟子回答说："我们中间还真没有。"公孙龙说："那好，把这个人收在门下，跟你们当同学。"过了几天，公孙龙前去游说燕王，到了河边，看见有条船在很远的地方漂流，于是公孙龙把这大嗓门的弟子找来，让他喊船过来。那善呼者大喊一声，船就来了。因此，公孙龙下了一个结论，说圣人处世会用有技能的人。所以老子说人无弃人，物无弃物，"是谓袭明"。这话也告诉我们，每个人都有一定的才能，关键看用人者怎样发挥人的才能为己所用。

老子说圣人待人、待物平等，保持自然的状态，这种说法很好，但实际上要做到很难。在社会生活中，每人有不同的经历、不同的学识、不同的教养，即使你我是大学同学，同专业、同年级、同班，但毕业后彼此的情况可能会很不相同。因为除了课堂所学，还有课外所学，还有各自努力的程度不一样、感悟的深浅不一样、性格能力不一样。老子说人和人一样，那是他以自然为准绳的想法；我们说人和人不一样，则是各自有为的客观情形。在生活中，每个人都应该善于学习，使自己有专长，不至于成为"弃人"。而用人者，也要善于用人之长，不要使可用之人成为"弃人"。

老子继续说："善人者，不善人之师；不善人者，善人之资。"他说的"善人"是品行好的人，这品行好最根本的是乐"道"而顺应自然。这些人应该是不善者的老师，这是理所当然的事，可以和孔子说的"见贤思齐"①相较。老子是直接评价，孔子则是说自我修炼的意愿，指看到别人德行好、能力强，主动向别人学习。孔子还接着说了"见不贤而内自省也"，看到别人德行不好、能力不强，就反思自己的言行，从中吸取教训，要求自己不要成为他们那样的人。同时，老子还说，你要贵其师，爱其资。这是说你既要爱护、尊重可以做你老师的人，又要爱护、尊重那些不能做你老师的人，这些人能让你借鉴。人与人的相互尊重非常重要，我们尊重胜过自己的人容易，尊重不如自己的人很难，而后者更是我们应该注意的。在做得比较好或者比较成功的时候，我们需要警惕是不是对弱者不够尊重。有时不经意的言行，会导致对人不尊重的结果。这两种尊重都需要胸怀。胸怀宽广，能理解、能包容，就会清醒地知道自己的智慧不够，从而善于以他人的智慧为智慧。前面说过刘邦得天下成为汉高祖，他不用张良的智慧，哪找计谋打败项羽呀？他不用韩信的才干，怎能在战场上与项羽一决高下呀？老子很肯定地说："不贵其师，不爱其资，虽智大迷。"即使是聪明人，也是一时的大糊涂。这话说得对。老子把这称为"要妙"。"要

———————

① 《论语·里仁》。

妙"是要言妙道，也就是精妙的道理。西汉枚乘在新体赋的代表作《七发》里，为劝诫膏粱子弟放弃奢华的生活，用音乐、饮食、车马、游乐、田猎、观涛、要言妙道七事启发病重的楚太子。前六事都没有用，唯有"要言妙道"，使楚太子的病一瞬间就好了。"要言妙道"有这样的神力，老子对自己说的话是很自信的。

关于圣人，老子有太多的话要说，还有圣人善待人，这在《老子》第四十九章。这一章写道：

> 圣人无常心，以百姓心为心。善者，吾善之；不善者，吾亦善之，德善。信者，吾信之；不信者，吾亦信之，德信。圣人在天下，歙歙为天下浑其心，百姓皆注其耳目，圣人皆孩之。

所谓"圣人无常心，以百姓心为心"，这话听起来，好像类似儒家的以民为本，以百姓的意志为意志，以百姓的利益为利益。因为君为舟，百姓为水，水可载舟，亦可覆舟，所以以民为本历来为统治者重视。如果这样理解，那不是主张无为的老子，而是主张有为的老子了。其实，老子的"圣人无常心"，说的是圣人没有恒久不变的心，他顺应自然，顺应民心，在这个意义上，以百姓的意志为意志，也还是顺应自然。在顺应自然的主轴上，"无常心"其实是有常心的，不是绝对的无原则、无目标。因为老子的理念和通行的社会理念不一样，社会需要共同遵守的法令制度和道德标准，就是常心。不然，社会的步调不能一致，容易造成众心混乱，难以管理。

老子又说了："善者，吾善之；不善者，吾亦善之。"这很好理解："善良的人，我善待；不善良的人，我也善待。"前者比后者好做得多，礼尚往来，以德报德，是应该的事。但后者的以德报怨真的不容易。西汉文帝时，南越王赵佗称帝，与汉文帝分庭抗礼。汉文帝毫不计较，把赵佗兄弟招来，给他上等待遇。赵佗受到感化，自动取消帝号，俯首称臣。吴王刘濞诈病不愿上朝，文帝就赏给他几案和拐杖，准许他不上朝，同样是以德报怨。这应了老子说的"不善者，吾亦善之"。这一点和孔子是有差异的。孔子终生奉行"恕"，在一定程度上蕴含了遭怨也不报怨的思想。但一次有人问他："以德报怨，先生认为怎样呢？"孔子说："如果是这样的话，用什么来报德呢？"他觉得应该是以德报德，也就是"善者，吾善之"，而应该用公平正直来回报怨。对于老子来说，他的"不善者，吾亦善之"，需要有更宽广的胸怀去面对遭遇的人和事。他说这样就可以"德善"，这"德"通"得"，那"德善"或是得到善良，或是不善良的人为他感化也向善了。这当然是很美好的事。

随后老子又说："信者，吾信之；不信者，吾亦信之，德信。"意思很清楚："诚信的人，我信任他；不诚信的人，我也信任他，那么我就能够得到别人的信任了。"这"德信"之"德"仍然通"得"。在现实生活中，诚信的人我们会信任他，因为他诚信、说话算数，值得交朋友。但信任不诚信的人，明知他不诚信还和他交朋友，能够做到吗？对于不诚信的人，人们往往避而远之，因为他不诚信，相处也难。老子"德信"的说法和孔子说的"信则人任"[①]一致。在诚信上，存在明知的对等原则，是人性和教养使然。老子的话超出了这个原则，需要人有更大的包容心对待别人。

---

① 《论语·阳货》。

由于他力主顺应自然和万物平等，提出这一主张，自己还是容易做到的。不过，他想的不单是自己做，还希望是圣人治下人与人交往的社会原则。

老子接着说："圣人在天下，歙歙为天下浑其心，百姓皆注其耳目，圣人皆孩之。"这是什么意思呢？"圣人在天下，歙歙为天下浑其心"另有两种断句的方法，除了这个版本之外，有人断作"圣人在天下歙歙，为天下浑其心"；还有的版本在"歙歙"后加了一个"焉"字，成为"圣人在天下，歙歙焉，为天下浑其心"。在这三种说法中，我取了最容易明白的"圣人在天下，歙歙为天下浑其心"。这"歙"本义是收敛，说的是圣人收敛天下人内心的欲望，使天下人之心浑而为一，回到纯朴的结绳而用的时代。而百姓最好专注自己的耳目，关心自己的生活，吃饱穿暖就可以了，不要考虑太多的问题，仿佛回到婴儿时代，圣人则像对待婴儿一样对待百姓。保守的老子想让社会以倒退的方式摆脱战乱和争斗，回归于平安和谐的原始社会。在这一点上，他要往回走的路很遥远，只能远观，无法抵达。

四、莫能与之争

圣人善待人。老子还说，圣人善处下，这样才能"以其不争，故天下莫能与之争"。《老子》第六十六章是这样表述的：

> 江海所以能为百谷王者，以其善下之，故能为百谷王。是以欲上民，必以言下之；欲先民，必以身后之。是以圣人处上而民不重，处前而民不害。是以天下乐推而不厌。以其不争，故天下莫能与之争。

老子说江海能为众多小河流之首领，在于它善于处在低下的地位。荀子在《劝学》里谈到学习需要不断积累的时候，用"不积小流，无以成江海"打比方。这比方反过来说，正是老子这里的意思。不过老子的说法进了一步，不光是积累，还有善于处下的自然优势。水往下流是自然规律，即使低处原不是江海，也容易因无数小河流的汇集而形成江海。而江海本没想到做百谷王，也因为它善于处下，又能够容纳百川，一点点积累，自然成了百谷之王。老子从百谷与江海之间的关系，得出这样的结论。他这还是比方，以这个比方做引子，他要说的是下面的话："是以欲上民，必以言下之；欲先民，必以身后之。""欲上民""欲先民"的是圣人，有的《老子》版本为"是以圣人欲上民"，王弼的注本没有"圣人"二字，意思还是在的。圣人要居于百姓之上，或者说要领导百姓，懂得"言下身后"之道，语言谦卑，不盛气凌人；面对名利，会处在百姓之后。北宋范仲淹《岳阳楼记》的名言"先天下之忧而忧，后天下之乐而乐"，应该符合老子说的"言下身后"。不过，他们主张的指向完全不一样，范仲淹一生积极有为，忧在百姓之前，乐在百姓之后，而不是老子的重在自然。江海为百谷王，只是自然形成的结果，老子这话是为圣人想的统治术。圣人在百姓面前保持低调、谦让，那么处百姓之上，百姓不认为是压力；处百姓之前，百姓不认为是妨害，百姓乐于拥戴。老子想得很好，以自然、低调、谦让为圣人的凝聚力，并给了一个终极的结论："以其不争，故天下莫能与之争。"说简单点，也就是圣人无敌。他说话的这种口气，让我想起了晚于他的孟子。孟子在战国中期推行仁政、王道，说了一句很有名的话："老吾老，以及人之老；幼吾幼，以及人之幼。天下可运于掌。"[①] 意

---

① 《孟子·梁惠王上》。

思是：尊敬自家的老人，推及尊重别人的老人；爱护自家的孩子，推及爱护别人的孩子。这样天下就可以在手掌上运转了，也就是治理起来特别自如。孟子的策略是仁政，老子的策略是不争。话说回来，老子的思想用于社会生活，还是很有道理的。为人处世谦和、不争，自然会受人尊敬和拥戴。如果面对名利，常常争先恐后，那么心态和行为举止都不能平和，矛盾因之而生，许多事情难以办好。

总之，老子说的江海能够成为百谷王，一是善于处在低位，有条件接纳所有河流的水；二是有胸怀，能够包容通向自己的各种流水；三是积小成大，一点点终成江海。它为圣人做了榜样，圣人要像江海一样，不争方能无敌。

老子说的"以其不争，故天下莫能与之争"，让人们感受"不争"的内在力量。他觉得"天之道"是为而不争，而圣人行的就是"天之道"。这特别能激发人的好奇心，"天之道"是怎样的呢？老子拎出这样的话题自己做解答，往往是单一的。《老子》第七十七章这样说：

> 天之道，其犹张弓与！高者抑之，下者举之；有余者损之，不足者补之。天之道，损有余而补不足；人之道则不然，损不足以奉有余。孰能有余以奉天下？唯有道者。是以圣人为而不恃，功成而不处，其不欲见贤。

老子用射箭来说明"天之道"是什么，说"天之道"就像射手拿着弓箭射箭，面对箭靶，如果弓箭举高了，就往下压一点，如果举低了，就往上抬一点，以便恰到好处地射中目标。同样的道理，面对社会上芸芸众生的富裕和不足，要把富裕的减少一点，给不足的弥补一点。为此他给后人留下了一句名言："天之道，损有余而补不足。"从这里看，老子的"天之道"是均平之道，这与"天地不仁，以万物为刍狗"有内在的一致性。不同的是这里表现了看似平和，实则有些尖锐的均贫富思想。孔子也说过均贫富："丘也闻有国有家者，不患寡而患不均，不患贫而患不安。盖均无贫，和无寡，安无倾。"[①] 有人说，这里的文字可能有误，应该是"不患贫而患不均，不患寡而患不安"，这不是我们要探究的，只说孔子这样的想法和老子说的"损有余而补不足"是一样的道理，但在根本上的做法是不一样的。

贫与富是相比较而言的。在社会上，芸芸众生的贫富对立永远存在——这有生存条件和机遇不同等客观因素，也有勤奋与懒惰不一等主观因素，以及灾难、疾病等意外因素。贫与富的对立始终都是严重的社会问题，需要深入思考，切实地寻求解决问题的良方。老子说的"天之道，损有余而补不足"也是方法之一。这一方法其实可以作为社会管理的基本法则之一，但他始终注重的是自然状态，不违背自己顺应自然的主张。而"人之道"是他看到的社会现实，显然有违"天之道"，因为"人之道"的原则是"损不足以奉有余"。老子对此很有批评，社会出现这种情况，使富者更富、贫者更贫，必然造成社会财富和人心更加失衡，治理起来会更加困难。但在当时社会混乱、诸侯纷争的情况下，老子问天也是问人："孰能有余以奉天下？"没有人能够回答他这个问题。于是，他自问自答了："唯有道者。"这"有道者"即得道者，也就是信奉"道"生万物、自然无为的圣人。老子说这些话，是希望圣人把持天下，走"天之道"而不走"人之道"，让社会走向公平。

---

① 《论语·季氏》。

老子随后还说："是以圣人为而不恃，功成而不处，其不欲见贤。"这三句话有人认为是错简，与上述的思想不合。我看意思也还相合：圣人行天之道，功成而不居功，不自恃有功，也不自我表现。

关于"天之道""人之道"，老子还有话说。他在第八十一章写道：

> 信言不美，美言不信。善者不辩，辩者不善。知者不博，博者不知。圣人不积，既以为人，己愈有；既以与人，己愈多。天之道，利而不害；圣人之道，为而不争。

老子这里首先就言、辩、博说了三组意见，在比较中让人看生活中的人与事。

首先是"信言不美，美言不信"，至今许多人都深以为然。诚实的话确实多不动听。鲁迅先生有一首叫《立论》的散文诗常被人拿来举例，说是有户人家生了一个男孩，全家都很高兴，满月时抱出来给客人欣赏。一个客人说"这孩子将来要发财的"，主人频频感谢；一个客人说"这孩子将来要做官的"，主人同样感谢不已；一个客人说"这孩子将来是要死的"，大家都生气了，把这个客人痛打了一顿。鲁迅先生说：说要死是必然的，说发财和做官的或许是说谎。但说谎的得好报，说必然的遭打。最后只能说好听的话而不能说真话，至于说的好话能否实现就不管了。这个故事可用来解释"信言不美，美言不信"。俗话说"良药苦口利于病，忠言逆耳利于行"，也是这个道理。老子这话还表明真实的表达是朴素的，没有修饰；美言有修饰，修饰过的语言可能失真。老子主张自然，真言由衷而朴实，也更符合自然的法则，一旦修饰就不自然，会失真而成为不真的美言。

其次，老子说"善者不辩，辩者不善"。善良人质朴，说话往往不巧辩，直来直去；而好巧辩的人往往不善，说话绕着圈子。老子告诉我们怎样分辨善者和不善者，从语言的表达风格来看说话者的真与假、善与不善，这也是我们观察人的一种基本途径。不过，了解一个人，需要听其言，观其行，看言与行是否一致。孔子也说过："巧言令色，鲜矣仁。"① 他对花言巧语及讨好人的奴颜媚骨也很有看法，说这样的人仁爱心是很少的，提醒人们注意。

最后，老子说："知者不博，博者不知。"这说的是广博与专深。"知"，通"智"。明智的人知识深透而不广博，广博的人知识不够深厚。这"博"现在有点意思，大学里有学士、硕士、博士，往往学士知识面最宽泛，不求专而求博；硕士趋专了，知识面就窄多了；博士知识面更窄，探究的问题更加专深。这是三个层次的读书人面临的社会要求，当然不排除有人读学士就求专，有人读博士真的是知识广博。对于求知人来说，最好是博与专相兼，或者先博后专，或者先专后博。在现代化的今天，由于知识的积累和创新，要想做到知识广博是相当困难的，因此在某一领域或某一专业里知识专精，成为很多人的追求。不过，老子这里不是告诉我们这些道理，他说"知者不博，博者不知"，是希望人人都做智者，不要寻求获取广博的知识；他也绝对不是谈智者应该知识专精，而是要人们把握"道"，做一个得"道"的聪明人，按他前面说的，得"道"者最好像婴儿，无知无欲。

以上老子说的三种情况，是对社会现象和世俗之人的分辨，

---

① 《论语·学而》。

体现出丰富的生活经验，其中的辩证道理，需要引起人们注意，以便让自己更加心明眼亮。不过，他更重要的话还在后面。

老子说："圣人不积，既以为人，己愈有；既以与人，己愈多。"所谓的"不积"中，"积"是积累，圣人不积累自己的财富，而倾全力去帮助别人，为人而不为己。在老子推行的理念中，圣人往往能够自我满足而无所谓财富，无论是"为人"的助人，还是"与人"的给予人，都要以他人的生活为生活，服务于人，奉献于人。在这种情况下的"己愈有"和"己愈多"，主要是心理上或者说精神上的满足。换句话说，奉献自己的一切，以他人的富有为富有，以他人的快乐为快乐。达到这种人生境界，要求做人绝对无私，符合天道的法则，也符合老子关于自然的法则。于是，圣人在社会上享有极其崇高的地位，不是一般人所能及的。

接下来，老子从说圣人过渡到谈天之道。他说："天之道，利而不害；圣人之道，为而不争。"他说天之道自然滋生万物，万物在自然无为的原则下，蓬勃生长，利而不害。他这样说，是看到了社会上人之道的有害而无利。一些人为个人的私欲驱使，在社会生活中损人利己或不利己又不利人，都是不应有的人生态度。有时人们说为人最好利人而不利己，至少应该是利己而不害人，和老子的想法有相近的地方。这是我们现在说的。在老子的时代，他说"圣人之道，为而不争"，也是因为世上有人在争，所以用理想化的圣人追求理想化的生活。实际上，无论是人性善、人性恶，还是人性有善有不善、人性无善无不善，无论怎样争论，客观上人性的欲望导致人与人之间的相互争夺不可避免。如果遵循老子的思想，总是退让，为而不争，社会就会和谐。当然这是老子倒退式的和谐，社会倒退，人性倒退，并不可能实现。只是老子始终坚持圣人之道，顺应自然，利而不害。他可以这样主张，有些人也可以按他的主张去做。

五、自知而不自见

老子还谈过圣人自处的话题。圣人自身会给人怎样的感觉呢？这是圣人处世的另一个方面，也应该引起适当的注意。《老子》第七十章说：

> 吾言甚易知，甚易行。天下莫能知，莫能行。言有宗，事有君。夫唯无知，是以不我知。知我者希，则我者贵，是以圣人被褐怀玉。

老子说："我的话好懂，按我的话去做也很容易。"他这样认为，但这里要说一句的是：易知易行的老子言论，在二千五百多年前居然是"天下莫能知，莫能行"的。他说的是"天下"而不是一个人、一群人不能知、不能行，这就让人有点费解了。从语言形式上看，《老子》的五千言与我们有这么长的时间距离，并没有多少阅读障碍。韩愈曾说早于《老子》的《尚书》写得佶屈聱牙，晦涩难懂，很少有人说《老子》写得晦涩。它语言平实，流畅精练，但难懂又是真的，老子的深奥思想，完全与世俗不合，世俗之人不懂也是可以理解的。

老子对当时的人很有批评，他说了那么多要低调、要谦和的话，并以顺应自然为自己的核心理论，与世无争。可想而知，他应该是一个容易相处的人。但没有人理解他，没有人按他的主张去践行，与世人的隔阂，让他觉得自己太孤独了。

古代怀才不遇的孤独者常有，譬如战国晚期写了《离骚》的楚人屈原，就常常吟着"国无人莫我知兮，又何怀乎故都？既莫足与为美政兮，吾将从彭咸之所居"。他说的"国无人莫我知"，是说楚国没有一个人懂得他，他又何必怀念都城郢都呢？这是屈原不得其用的牢骚话。后来楚国的都城被秦军攻陷了，他悲愤地在湖南汨罗投江自尽，让后人无比哀伤，还在每年农历五月初五用划龙舟、吃粽子等活动来纪念他。又如初唐的陈子昂。陈子昂生活在初唐武则天时期，他曾登幽州燕昭王筑的黄金台，有感于怀才不遇，人生孤独，写了《登幽州台歌》。在幽州台上，他环视四周，仰天长叹："前不见古人，后不见来者。念天地之悠悠，独怆然而涕下！"在时间的长河中，往前看不见古人，是看不见像燕昭王那样招贤任能的人；往后见不到来者，是看不到像他这样有意于社会革新的人可为同道。在古与今的交点上，他一个人站在幽州台上仰望天空，俯察大地。天地如此辽阔，而他在天地之间如此渺小。所以有人说陈子昂是旷世孤独。不说屈原和陈子昂了，还是说老子，他的孤独还在第二十章里说过："俗人昭昭，我独昏昏。"那是他有点不甘现实的话，是正话反说，说世俗之人都是明白的，他自己昏昏沉沉，或者说糊里糊涂。他用了一个"独"字，说明自己孤独的状态，跟天下人对他的主张"莫能知，莫能行"是一致的。在这些诉说中，可以感受到老子还是很希望被人理解，只有被人理解，他关于社会治理的思考才有可能付诸实施。

老子又说自己："言有宗，事有君。夫唯无知，是以不我知。"这紧承前面的"莫能知，莫能行"，说他易知易行的话是有依据的，依据的根本点还是"道"生万物、"道"法自然，希望世人相信他。但在那个时代，人们相信天帝、鬼神，有谁真正能懂他"道"的理论？在那个时代，人们面对生存的需要和压力，欲望迸发是经常发生的事，有谁真正能够做到"道"那样的顺应自然？在那个时代，诸侯之间的争斗使人们避乱求生唯恐不及，怎么能够做到无为？何况一统天下是诸侯的梦想。在那个时代，老子想回到原始时代，可现实生活严峻，他并没有振臂高呼，即使振臂高呼，有多少人愿意随他而行也是很大的问号。老子说世人无知，这无知有可能是一些人想理解而无法理解，也有可能是一些人对他理念原本就漠然，懒得去做深入透彻的认知。人们达不到他的期望，所以他只能够自说自话，多少有点沮丧。

于是，他接着说："知我者希，则我者贵。"老子在连说了两句"没有人知道我"之后，让人感到他有点缓过气来，表示"知道我的人很少，效法我的人可贵"，好像终究还是有人了解他、按他的行为去做，总算有些安慰。而这样的人是谁呢？是他的弟子还是同道？老子没有说明，让后人无从知晓。也不知是不是关令尹喜在函谷关留他著书，他才有了这样的感慨。

然后老子感叹道："是以圣人被褐怀玉。"这句话让他从自我过渡到圣人，说圣人穿着粗布衣服，怀里揣着美玉。这是他打的比方，意思是圣人外表看起来很一般，甚至有点穷困的样子，但他们都有非凡的才能不为人知。这既说了圣人，又借圣人说了自己，表达自己的才华包裹在质朴无华的外表内，不为人知。就圣人来说，也是如此，才华内敛而不外露。老子欣赏圣人的这种表现，需要知道的是，这圣人是老子塑造的，是老子在理念上赋予圣人生命和灵魂，同时赋予他世人的领导者和楷模的地位，让后人景仰。但这样的圣人"被褐怀玉"，不仅老子所期望的圣人地位没有实现，而且本当施展的才能也不能施展。春秋时楚国有一个和氏璧的故事，说楚国人卞和得到一块璞玉，外面是石头，里面是宝玉。卞和知道它是宝玉，好心去献给楚厉王。楚厉王派玉匠鉴定，玉匠说是石头，楚厉王很生气，令人把卞和的左脚砍去。楚武王即位后，卞和又去献玉。武王像厉王一样，也派玉匠做鉴定，玉匠又说是石头，结果武王派人把卞和的右脚砍掉了。到楚文王即位，已经年迈的卞和有心再去献玉，又想到前两次的遭遇，就抱着这块未经雕琢的璞玉在楚山下大哭，哭这块玉不为人知。楚文王知道后，派玉匠细细琢磨。玉匠剔去玉外包裹着的石头，终于得到石中宝玉，这块玉就是有名的"和氏璧"。这故事意味深长，玉在石中，可以用来类比这里的"圣人被褐怀玉"，但在世人都好争斗的社会环境中，老子没能等到才华显露或者说为人所知的那一天，就怀才寡欢地远行隐居了。

老子还有话，说圣人是自知自爱的。《老子》第七十二章说：

> 民不畏威，则大威至。无狎其所居，无厌其所生。夫唯不厌，是以不厌。是以圣人自知，不自见；自爱，不自贵。故去彼取此。

民不畏威，这"威"是威力、威压，如果老百姓不怕小威压，就会有更大的威压降临。从小威压到大威压，有一个渐重的过程。这里隐含的施威压者，一般理解为君王，这话也就说到了君王和百姓双方。老子奉行"道"的自然法则，不主张对百姓施行威压。他还说过一句话："民不畏死，奈何以死惧之。"致人死亡是施行威压的极致，老百姓连死都不怕，为什么君王要用死来吓唬他们呢？他希望君王施行宽仁政治，不要施压百姓。另一方面，他说百姓面对君王施加的小威压时，要谨防大威压到来。这"威压"是什么呢？他随后说了两点：一是"无狎其所居"，"狎"通"狭"，逼迫之意，说的是不要迫使老百姓不能安居；二是"无厌其所生"，"厌"通"压"，压迫之意，说的是不要压迫他们的正常生活。这样，老百姓就不会讨厌君王了。

老子的这些话都说得很抽象，不像孟子说得比较明确。孟子说君王施行仁政，应该给百姓实在的工作和稳定的生活。这生活是有标准的：上能侍奉父母，下能养育儿女；丰年可以吃得很饱，荒年能够免于死亡，也就是百姓的温饱有基本的保障。如果百姓不能安居乐业，一天到晚愁吃愁穿，社会怎么会稳定呢？这是孟子的想法。而老子说，君王那样做是在自我表现，自以为高贵而不顾百姓，所以会有逼迫百姓的事情发生。圣人不会这样，而会"自知，不自见；自爱，不自贵"。他们不会去施压百姓，有自知之明，不求自我表现；自我怜惜，不自认为高贵。这样就不会有威压、逼迫的事情发生。低调、退让的圣人，有利于社会安宁，老子认为是这样的。

六、天道常与善人

老子让圣人承担了许多关于社会治理的想法，当然是他自己闷着头在一个劲地想，让圣人代表他把所想到的问题不断地说出来，让自己对社会和人生有很好的表达，因此圣人是他的理想代言人。后来庄子学他，在自己的文章中除了说圣人、神人、至人外，还借先贤的名义说自己的话。这一点，他俩和儒家的孔子、孟子不一样。孔子和孟子大多是有话直说，没有太多的弯弯绕绕。老子关于圣人的话题还在继续，《老子》第七十九章说：

和大怨，必有余怨，安可以为善？是以圣人执左契，而不责于人。有德司契，无德司彻。天道无亲，常与善人。

"和大怨，必有余怨"，这话好理解，是说调和人与人之间的大怨恨，这大怨恨不会完全消解，还会留下余怨。在这种情况下，"安可以为善"说的是怎样才能找到最好的处理办法呢。按照他万物自然、善者善待、不善者也善待的思想，应该无所谓是非才是，但他说和大怨会有余怨时，是站在第三者的立场上，这意味着怨恨双方的矛盾冲突可能存在是非。也许没有人希望有这样的怨恨和是非，但人与人之间怨恨的产生，有时不以个人意志为转移。也许你在工作岗位上从来没有想过要和谁产生怨恨，但涉及工作安排，你可能无法满足每一个人的要求；客观的原因是，你站在集体的立场上，不可能迁就每人的个人立场，众口难调。于是，抱怨甚至怨恨不可避免。

关于和大怨而生余怨的处理办法，老子说圣人是这样做的："执左契，而不责于人。""契"是合约，古代早期的合约不像后来多是纸质的，而是用木、竹或者铜、铁等做成的符契，分左右两半，以左为尊。左契是存根，由债主掌握；右契为借据，由债务人掌握。这种合约，刻在木板、竹板上或铸在铁板、铜板上。一般人用木板或竹板，左右两片相合，称为合契或者合券。

战国时有一个关于冯谖在孟尝君家做门客的故事。冯谖投奔齐国的孟尝君，要求做他的门客，并向孟尝君表明自己没有什么本事。孟尝君广纳贤才，门客多是有本事的人，也不在乎一两个门客没什么本事。孟尝君听他这么说，便给他最低阶门客的待遇：吃饭没有肉、没有鱼，出门也没有车。冯谖待了几天就烦了，弹着剑铗唱着歌："长剑，我们回去吧，吃饭没有鱼。"有人向孟尝君报告："冯谖唱歌说你不给他鱼吃。"孟尝君说："好吧，给他鱼吃，让他享受有鱼门客的待遇。"冯谖有鱼吃了，过了几天，他又唱起来："长剑，我们回去吧，出门没有车。"孟尝君得到报告，便让他享受有车门客的待遇。过了几天，冯谖又唱起歌来，说："长剑，我们回去吧，没有钱可以养家。"于是，孟尝君派人供养冯谖的老母亲。冯谖这才安静下来。

不久，孟尝君问门下的门客，有谁懂得会计，可以去他的封邑薛地收债。冯谖站出来说他可以。临行前，冯谖问孟尝君："我收完债，给你买什么回来呢？"孟尝君说："你看我家缺少什么就买什么。"冯谖赶着车迅速到了孟尝君的封地，派当地官吏把应该还债的老百姓都招来合券，也就是核对应该偿还的债务。然后他站起身，假托孟尝君的命令，把这些债务都免了，债券也烧了，老百姓高呼万岁。冯谖很快就回去向孟尝君报告事情办完了。孟尝君问："你帮我收债，买什么东西回来了？"冯谖说："我看你家珍宝不计其数，实在是不需要了。你不是说看你家缺少什么就买什么吗？我看你家缺少仁义，所以我就买了仁义，把他们的债券都烧掉了，百姓为你喊万岁。"孟尝君当时见不到买的仁义是什么，很不高兴。过了两年，齐湣王免了孟尝君的官，要他回自己的封地。孟尝君回到自己的封地，当地百姓排成很长的队伍夹道欢迎他，他心有所感，回头对冯谖说："你给我买的仁义原来在这儿。"

这是一个很有名的故事。它提到的"合券"，是过去的做法。老子说圣人拿着契约，"不责于人"，即不要求别人偿还。这是圣人的仁厚，也换取了百姓的拥戴，从冯谖的故事可以感受到这一点。

老子随后又说："有德司契，无德司彻。"这里的"司"是掌管。"彻"有两种基本的说法，一是过失，一是周代的一种税法。后一种说法和前面的"司契"说更贴合。那么他说的是：有德的人掌管契约，宽容而不索取；无德的人掌管税收，强力而严责。老子推崇的是前者，而不是后者。其中的重要原因是，在他看来，有德的人做了好事，自然会得到好的回报。所以，他最后说了一句"天道无亲，常与善人"，有德的人是圣人，圣人是善人，会得苍天的保护、赐福。

不过，"天道无亲，常与善人"，涉及古代的天人感应思想。在这一思想中，苍天不是纯自然的苍天，它有意志、有灵魂，可以感知人间的善与恶，并且奖善罚恶。

天人感应的思想对普通人来说关键在善恶报应，西汉末年传入我国的佛教讲的善恶报应和它有些相似，认为做好事会得好报，做坏事会有恶报。这种思想自古以来普遍存在，相应说法还有"积善之家必有余庆，积不善之家必有余殃"。"余庆"说的是余福，一个家庭长期积累善行善德，就一定有余福；积累不善行为的家庭，一定会有更多的灾祸。这就是所谓的感应。墨子也说：苍天要人相爱相利，不希望人相恶相害。"爱人利人者，天必福之；恶人贼人者，天必祸之。"[1] 这话很明白，爱人利人的人会得到苍天的保佑，憎恨人害人的人会受到苍天的惩罚。对于苍天，他同样别有寄托，把苍天作为最高的裁决者来对待。

"天道无亲，常与善人"，是当时世人的认知，也是老子的认知。他这样说是鼓励人们向善行善，做一个善良的人，做善良的事，不是一味地向社会索取，而是尽自己能力为社会付出，那么老天爷会保佑你，让你很有福气。这话好说，做到这一点需要胸怀和努力。但苍天并非真有人格和意志，它活在人们的想象和意念中，不能作为社会的最高裁决者奖善罚恶。

---

① 《墨子·法仪》。

司马迁在《伯夷列传》里质疑过老子说的"天道无亲，常与善人"，他讲了伯夷和叔齐兄弟的故事。这两人是孤竹国孤竹君的儿子，古代以伯、仲、叔、季排行，伯夷是老大，叔齐是老三。孤竹君生前宠爱小儿子叔齐，有意让叔齐继位。但按传统，孤竹君的王位继承人是大儿子伯夷。孤竹君死后，伯夷让叔齐继位，叔齐不肯，说当守传统让大哥继位才是。两人争执不下，最后一起跑到首阳山隐居，都不做国君。随后，周武王准备讨伐暴虐无道的商纣王，本来在过隐居生活的伯夷和叔齐跑到整装待发的周武王面前，拉住他战马的缰绳说："你千万不能去讨伐商纣王。"他们说了两个原因：一是武王的父亲周文王刚死，动干戈兴战争是大不孝；二是武王为臣，纣王是君，臣伐君是大不忠。武王不听，坚持讨伐无道的商纣王。商纣王兵败后跳到火堆中烧死了，商朝灭亡。商朝灭亡后，伯夷、叔齐为商王朝守节，不吃周朝的粮食，最后双双饿死在首阳山上。

讲完伯夷、叔齐的故事，司马迁说，善人应该有善报，伯夷、叔齐不是善人吗？怎么饿死了呢？他还说，孔子弟子三千，贤人七十二，其中最优秀的弟子是颜渊。颜渊好学，但生活穷困，连糟糠都吃不到，三十一岁就穷困而死，但他安贫乐道："一箪食，一瓢饮，在陋巷，人不堪其忧，回也不改其乐。"[①] 一竹筐子食物，一瓢凉水，住在偏僻狭窄的巷子里，人们都经受不住这样艰苦的生活，而颜渊毫不在意。颜渊安贫乐道是一回事，老天爷的惩恶扬善是另一回事，老天爷既然报答善人，怎么会是这样呢？哪里能说是"天道无亲，常与善人"呢？恰恰相反，庄子《盗跖》里的大盗跖，曾聚集数千人横行天下，杀害无辜，暴虐放纵，怎么

_____

① 《论语·雍也》。

就得了善终呢？

司马迁接着还说："若至近世，操行不轨，专犯忌讳，而终身逸乐，富厚累世不绝。或择地而蹈之，时然后出言，行不由径，非公正不发愤，而遇祸灾者，不可胜数也。余甚惑焉，傥所谓天道，是邪非邪？"[1]他说得很尖锐，批评社会上一些行为不端、作奸犯科的人享受安逸富贵；而择善地而居，走正道、行公正却遭遇灾祸的人不可胜数。所以他说自己实在是很迷惑，"天道无亲，常与善人"，是还是非呢？老子说的这些话，终究不是他本人可以实现的，但不妨以此自我沉醉。

七、辅万物之自然

老子好圣人，圣人是说不完的话题。圣人理想人格的丰富，让他又有话要说了。《老子》第六十三章写道：

> 为无为，事无事，味无味。大小多少，报怨以德。图难于其易，为大于其细。天下难事必作于易，天下大事必作于细。是以圣人终不为大，故能成其大。夫轻诺必寡信，多易必多难。是以圣人犹难之，故终无难矣。

老子说："为无为，事无事，味无味。大小多少，报怨以德。"这里的"无为"就是为，"无事"就是事，"无味"就是味，是从"道"的自然法则引申出来的，强调顺应自然，人生的行为不要太刻意，一旦刻意追求就不自然了。以无为当作有为，以无事

---

[1]　司马迁：《史记·伯夷列传》。

当作有事，以无味当作有味，其中最重要的是守着"无"，不要去有意追求，而应等待水到渠成，自然而然地发展。水到渠成是"道"的自然法则，也是人生的理想行为和客观规律。可以说，凡事目标正确，又肯努力去做，最后自然就有所成就。随后他说"大小多少，报怨以德"。前一句有两种解法，一说是怨恨的大小多少；一说是大生于小，多生于少。两种说法都说得过去，前者说明怨恨的状态；后者说事物在不断地发展，怨恨也如此，从小到大，从少到多。所以我们在生活中要警惕小问题变成大问题，矛盾少变成矛盾多，弄得不可收拾。

接着，老子说了几句既符合"道"的自然规律，又符合俗世事物规律的话："图难于其易，为大于其细。天下难事必作于易，天下大事必作于细。"前面说过，老子有"道"生一、一生二、二生三的逻辑，凡物从小到大，从少到多。在这种逻辑之下，他说的难与易、大与细之间的关系也就是常态。从世俗的生活来说，这些道理也很有用。所谓"图难于其易，为大于其细"，是说做困难的事从做容易的事开始，做大事从做小事开始。在我们的生活中历来有大事和小事之分，各行各业都是如此。很多事情需要从小事做起，以小事筑起大事。而且任何有成就的人，谁不是从小事做起的呢？这是事物发展的自然过程，也是人成长的自然过程。不做小事，工作就没有基础，哪会有大事业？不做小事，成长就少了磨炼，哪会获得成功？所以，每一个人都应该踏踏实实、认认真真做好身边的每一件小事。

有人不愿做小事只愿做大事，往往以一次又一次失败告终。这是需要吸取教训的。不愿做小事的人需要明白，地球总是在转的，你不做，会有人来做。时间长了，不愿做事的人就会变得边缘化，从而失去一些发展的平台和机遇。而做事的人也要相信，做小事会让我们有一天能做大事，做容易的事会让我们有一天能做困难的事，"天下难事必作于易，天下大事必作于细"应该是我们重要的处世法则。老子说"是以圣人终不为大，故能成其大"，强调圣人是从小事做起的，就是做了小事，最后成就了大事业，世人该以圣人为榜样。

荀子在《劝学》里说过一番话："积土成山，风雨兴焉；积水成渊，蛟龙生焉；积善成德，而神明自得，圣心备焉。故不积跬步，无以至千里；不积小流，无以成江海。骐骥一跃，不能十步；驽马十驾，功在不舍。锲而舍之，朽木不折；锲而不舍，金石可镂。"这是荀子的名言，谈的是积少成多、专心做小事的道理，也是做人的道理，告诉人们在生活中应该朝着前进的目标坚持不懈，用心专一。在这一点上，老子的道家思想和荀子的儒家思想是相通的，但方向不一致，老子劝人成为自然无为的圣人，荀子劝人成为诵经知礼的君子。

老子的话还没说完，随后又说了："夫轻诺必寡信，多易必多难。是以圣人犹难之，故终无难矣。"生活也是这样，随便答应你的人，他的话可能是不真实、不算数的。古代的侠义之士言必信，行必果，重许诺，一诺千金，只要答应了，便会赴汤蹈火，置生死于度外。司马迁的《游侠列传》《刺客列传》就有一些这样的故事。在现实生活中，像老子说的承诺有两种情况：一是不轻易答应，答应了就要去做；二是轻易答应，答应了也不做。老子说，不要相信别人随随便便答应的事，太随便了很少真做得到。应该说，"言必信，行必果"[1]是我们追求的生活原则，但由于很多人做不到，它才会被认为是对人很高的要求。

---

① 《论语·子路》。

　　而老子的"多易必多难"，是说把事情看得太容易了，后面遭遇的困难就会很大。他要人们在事前把困难想得多一点，这样以后的困难就少一点。事情往往就是如此，面对任何事情如果过于轻忽，必然失于周密和防备，困难会接踵而至。老子用这话来说圣人，圣人处事能够看到困难，所以往往没有困难，是因为困难会迎刃而解。他希望人们也是这样，生活就会平顺得多。《老子》六十四章这样写道：

　　　　其安易持，其未兆易谋，其脆易泮，其微易散。为之于未有，治之于未乱。合抱之木，生于毫末；九层之台，起于累土；千里之行，始于足下。为者败之，执者失之。是以圣人无为，故无败；无执，故无失。民之从事，常于几成而败之。慎终如始，则无败事。是以圣人欲不欲，不贵难得之货；学不学，复众人之所过。以辅万物之自然，而不敢为。

　　这一章说话的角度和上一章有些不同，但表达的思想是上一章的延续。首先说"其安易持，其未兆易谋"。事情如果稳定之后就容易把握，否则不容易把握；在没有征兆的时候，容易谋划怎样面对，否则一旦发生就不好处理。而"其脆易泮，其微易散"，说事物很脆弱、很微小的时候，容易分散、消解；相反，事物很刚强、很壮大的时候就不容易分散、消解了。他说的是一般情况，让人防患于未然。老子这样说，显然是话中有话，当时周天子大权旁落，他这个东周王朝的图书管理员，旁观天下诸侯逐渐强大，忧虑周王朝的衰落，而有这样深沉的感慨。

　　于是老子想到应当是"为之于未有，治之于未乱"，要在事情发生以前掌控好不让发生，在事情混乱前制止它发生混乱。这后面也许有一句话他没说，那就是：诸侯蜂起造成的天下纷争局面真不好办了，赶紧平定才是。他这些话饱含了生活的经验和教训，实际上要在事物萌芽时明察、把控，得有过人的智慧和果敢的气魄。我们生活中常常有很多事情在发生，有好的有不好的。好的顺势而成且不说。不好的需要怎么应对，怎样防止它发生，以免危及百姓生活和正常的社会秩序，都不是容易的事。尽管这样，还是得未雨绸缪，尽量把不好的事物消灭在萌芽中。欧阳修在《五代史伶官传序》里说过"祸患常积于忽微"，让人感觉是老子这些理念的延伸。老子的这一席话，本来可以放在后面谈社会治理时谈，因为它是治理社会的格言，但这话最后的落点是圣人，所以先说一说。

老子接着说事物的发展往往是从小到大的，话说得很通俗，容易明白："合抱之木，生于毫末；九层之台，起于累土；千里之行，始于足下。"上面提到荀子《劝学》里逐渐积累的思想和它一致，事物总是一点点生成的。那参天大树，不是从小小的树苗长起来的吗？九层高台，不是一堆堆土垒成的吗？行达千里，不是脚下一步步走到的吗？这三种意思从正面理解都很积极，事物的发展虽说有快速、突变的时候，但大多是渐进的、慢慢变化的。《西游记》以佛教故事讲人间道理。佛教有顿悟和渐悟两种方法，人们常说的"放下屠刀，立地成佛"，是顿悟的例子。《西游记》里面有顿悟的故事，但讲唐僧率领孙悟空、猪八戒和沙和尚从东土大唐到西天取经，历经九九八十一难，就是渐悟渐修的过程，并没有让孙悟空施展法力，带着唐僧和两个师弟一个筋斗翻到西天，立马成功。事物的发展是渐进的，需要空间和时间，让它自身积累而成。

还有，老子这番话也表明事物的发展要从基础做起。"合抱之木，生于毫末；九层之台，起于累土；千里之行，始于足下"，饭要一口口吃，事要一点点做。我有一位老师是中国最优秀的语言学家之一，他给自己带领的语言研究所题词："抬头是山，路在脚下。"这是说语言研究的困难如同面前的高山，爬山的路要一步一步走才能征服高山，否则山还是山，不走终将一事无成。凡事要从基础做起，要亲力亲为。今天不做，奢谈未来，其实是没有未来的。汉乐府的《长歌行》有两句诗说"少壮不努力，老大徒伤悲"，告诉人们时间流逝不会等人，抓住光阴吧。而这里的"努力"具体说是踏踏实实、一点点去做，走稳每一步，也走好每一步。

老子这番话还有第三层意思，事物的发展需要有恒和专一。如果不是有恒、专一，毫末般的小苗怎么可以长成合抱的参天大树？一堆堆细土怎么可能垒成九层耸云高台？不一步步行走，怎么可能到达千里远的地方？老子以这些事为例，说明事物的辩证发展，其中的道理和每个人的人生都有关系，也是我们做人做事的辩证法。无论贫富，做人做事都需要这样。穷人这样可以脱贫，富人这样财富可以长久。对于大多数过着平凡生活的人来说，不可能指望天上掉下大馅饼，让你心安理得地享受。荀子《劝学》也说过这样的话："蚓无爪牙之利，筋骨之强，上食埃土，下饮黄泉，用心一也。蟹八跪而二螯，非蛇蟮之穴无可寄托者，用心躁也。"他摆出这样的生活现象，说明有恒和专一、无恒和不专一两种情况的后果，告诫人们学习应该有恒、专一，这是很有道理的。

然而，这番话和前面说的"其安易持，其未兆易谋，其脆易泮，其微易散。为之于未有，治之于未乱"有怎样的联系呢？表面上，前面说的是防患于未然，把祸患消灭在萌芽状态中。这里说的是事物成就都是从萌芽开始的，没有萌芽就不会有成就。二者都是自然规律，老子要人把握这一规律，既善于制止坏的滋长，又善于光大好的发展。所以他说："为者败之，执者失之。"如果不顺应自然规律，有为就是失败，想把持也会失去。说到这里，你会发现他的理论有冲突的地方。刚说凡事要一点点去做，让合抱的大树能够长成，九层高台能够垒起，千里之行能够到达目的地，这里怎么又说"为者败之，执者失之"呢？其实老子是劝人不要违背自然规律，最好是无为而不占有，这就是他说的"是以圣人无为，故无败；无执，故无失"。这"无为""无执"，是不要有意为之、有意执之，仍然是顺应自然而为、顺应自然而执。

然而，现实是百姓处事，"常于几成而败之"。"几"是将要、差不多的意思，他说百姓处事在差不多成功的时候却失败了，也就是成语说的功败垂成。为什么呢？假如都是这样的话，是不是应该真正"无为""不执"呢？老子在这里转变了话题，他说的功败垂成是可为、可执的结果，是没有慎终如始的结果。因此他要求"慎终如始"，处事开始时谨慎，结束也谨慎，始终不忘初心，才能应了他说的"则无败事"。问题在于"靡不有初，鲜克有终"，这是《诗经·大雅·荡》里的名句，说凡事善始容易，善终不容易。老子说要慎终如始，也是针对了这样的社会现实。这让人看到老子思想上的矛盾现象，因为慎终如始是有为的态度和方法，而他劝人要无为、不执，却又在这里告诉人们应该怎样处事才能有所成就。

老子在这一章的最后说："是以圣人欲不欲，不贵难得之货；学不学，复众人之所过。以辅万物之自然，而不敢为。"这"欲不欲"，是想世人不想的，追求别人不追求的。世间万物，世人有什么不想？有什么不追求？所以他说的"圣人欲不欲"，其实是自然无为，以便做到"不贵难得之货"。老子提出的"不贵难得之货"与世俗背道而驰。同时，他说"学不学"，要学众人不学的，补众人之过。这也很不简单。举例子说吧：我前面说到的韩愈，从小失去父母，跟堂兄、堂嫂生活，12 岁时堂兄韩会死了，跟着嫂子长大。他中了进士以后，28 岁时还在长安求官，给当朝的宰相写信说自己太可怜了，没有饭吃。但他进入仕途，做了官以后，多次逆世俗而动。韩愈最大的违逆世俗的行为是反对唐宪宗把凤翔的佛骨即舍利子迎到宫中供奉，为此写了很有名的《论佛骨表》。他说看看历史，相信佛教的人都不得长寿，弄得唐宪宗非常生气，差点要处死他。因为韩愈太有才了，宪宗舍不得杀，于是把他贬为潮州刺史。韩愈能够青史留名，和他补世俗之过的人生行为大有关系。回到老子上来，他说这些话，意在辅助万物顺应自然去发展，而不是按照世人的想法去做。

关于圣人，老子说的话真不少，圣人行天之道、为人而不为己也好，终不为大故能成其大也好，无为无败、无执无失也好，说来说去，最根本的是顺应自然。这自然，是老子"道"生万物的自然，与它相伴随的是无欲无为。而这样的圣人谁见了？他通过老子进入我们的内心，在我们的脑海中游逛，让我们去崇拜他超越一切世俗的神力。尽管这样，圣人似乎还是有世俗的品格，那从易到难、从小到大、从足下而达千里，是世俗经验教训的提炼，他在其中浸透的还是自然规律。这样的圣人，老子用他平易而深邃的文字描摹给我们看，我们真的看到了吗？我们好像看到了，他让超脱世俗的圣人和有世俗品格的圣人自由地在我们中间走来走去。但这圣人终究是老子自我理念化的，活跃在他的梦幻中，让圣人挂着他专门制作的名牌，做他思想的传声筒，既谈天地万物，又说社会人生。圣人背后站着的是好隐而西行远去的老子。因为这圣人，西行远去的老子又回到我们面前，没有真正远行。

第五章　他想这样治理社会

　　曾经有一位学者朋友和我谈起韩非的法治，顺便也谈到了佛教和老庄。韩非所说的法治，已被历史和现实证明是社会不能缺少的。而佛教和老庄呢？我问道："可否用佛教的《心经》《金刚经》等佛教经典治理社会呢？"他说："好像不能。"于是我又问了一句："我们可以用《庄子》治理社会吗？"他说："也不行。"通常我们说老庄一家，这本来不错，庄子弘扬了老子的道家学说。但老庄的思想还是有差异的，更不用说他们的文章风格。老庄的书在魏晋时是士大夫、佛教徒清谈最好的谈资，但分开来说，半部《老子》可用于清谈，半部《老子》可用于治世。而《庄子》虽说有许多社会和人生的经验，却很少有人用它治世，不仅因为庄子荒诞不经的语言难以把握，而且他还把老子的思想发展得更玄妙。因此，《庄子》里的社会和人生经验与社会现实的距离更远，也更难践行。但他宣扬的绝对自由下的自我宽解之术，反而成了许多文人的精神寄托。庄子对世俗还是有深入的理解，在向死而生中，能够说出"不精，不诚，不能动人"，以及空谷足音让人怦然心动这样的暖心话。《老子》毕竟有些具体的思想方法可以用于社会，有人把《老子》视为管理术、兵法，甚至是君王南面术，原因也在这里。

一、民复结绳而用

春秋战国是中国历史上很特殊的一个时期。一方面，诸侯战争频繁，你死我活，尸横遍野，血流成河是常有的事。鲁宣公十二年（公元前 597 年），晋楚大战，晋军溃败。渡河之际，晋军将士争相上船，因手攀船舷而惨遭断指者不计其数，以致舟中之指可掬，而断指者掉入河中是死是活可想而知。而赵孝成王六年（公元前 260 年），秦国和赵国在长平大战，赵国四十多万降兵为秦兵坑杀。另一方面，学术活跃，百家争鸣，各种学派纷竞风流，他们思考的问题有一点相当一致，就是怎样平定当时的社会战乱，重归一统，让天下太平。如孔孟讲仁爱孝忠、墨子讲兼爱非攻、韩非讲法令权术、老庄讲自然无为，都有这样的用心。庄子在《天下》里说过，天下大乱，贤圣不明，道德不一，诸家各有自好，但像人的耳目鼻口，各有其能而不能相通；又像百家众技，都有所长，时有所用，却又没有谁的技能完备。他用这两个比方说明这些人各吹各的号，彼此思想不合，没有寻求沟通达成一致。所以他很感慨地说："天下之人各为其所欲焉以自为方。悲夫，百家往而不反，必不合矣！"在各自为政的情况下，除法家外，没有谁的方略能为天下所用。

其实，他们中一些人的政治主张不为社会所用的道理说来也简单，各诸侯国都用军队和战争说话，武装斗争是决定谁最终能够平定天下的关键，而不是讲道德求社会的平衡，所以主张用道德平天下者难得成功。但这不妨碍他们各有想法，又没有人不让表达，他们各说各话，于是各自描绘的社会蓝图便不一样。对于老子来说，他想治理社会、平定天下，蓝图是什么呢？这一点，老子在第八十章里有完整的说法：

> 小国寡民，使有什伯之器而不用，使民重死而不远徙。
> 虽有舟舆，无所乘之；虽有甲兵，无所陈之；使人复结绳而
> 用之。甘其食，美其服，安其居，乐其俗。邻国相望，鸡犬
> 之声相闻，民至老死不相往来。

老子的"小国寡民"说广为人知，很有影响。它首先说的是
国家要小，百姓要少，但这并不符合当时诸侯们的想法。许多诸
侯想的是土地要大一点，百姓要多一点。说到底不就是国家要大
一点吗？虽说孟子游说梁惠王的故事在老子之后，但也可看到那
时诸侯的心态。

孟子去见梁惠王，梁惠王劈头就问："老先生来我这儿，对我
国有什么利益吗？"孟子扭转话题，说你梁惠王别开口说利，要
说就说仁义。于是梁惠王就说了自己仁义的做法。他说："我梁
国在黄河两岸，河西遭灾了，我就把河西的百姓迁到河东，把河
东的粮食运到河西；如果河东受灾了，我也相应处理。我的邻国
没有谁像我这样做，但他们的百姓没有减少，我梁国的百姓没有
增多。为什么呢？"孟子说："你别想百姓人口的多少，就想施
行的是否为仁政就行了。"之后，孟子便指导梁惠王怎么施行仁
政。从梁惠王的话里，明显感到他希望自己的行为能够凝聚人心，
使梁国人多势众。再说，国家小了，连生存都是问题。春秋鲁僖
公五年，即公元前 655 年，晋献公向邻居虞国借道去打虢国。虞
国和虢国都是很小的国家，虞国的大夫宫之奇说，不能借呀，虞
国和虢国唇齿相依，唇亡齿寒，借不得。但虞国公贪图晋献公送
的璧玉和宝马，借路给晋国。结果，晋献公灭了虢国，班师回国

的途中，顺势就把虞国给灭了。这样的事情屡见不鲜。鲁僖公三十三年，即公元前627年，晋国长途奔袭郑国，被识破未成，中途折返时顺便把小小的滑国给灭了。所以当时许多诸侯国都忙于扩张，"春秋无义战"是受了利益的驱使。许多小国被逐渐吞并，这才有了战国的七雄争强。老子想的小国寡民，适用于太平时期的小农经济社会，可当时充满了战乱。

百姓在小国里生活，老子说，即使有"什伯之器"也不使用。有人说"什伯之器"是兵器，我赞同是指生活中的各种家常器物，也就是日常用品的说法，这更切合这里说到的生活，而且后面他还说到了"甲兵"。百姓不用这些器物，就像前面提到的庄子说的汉南老人用罐子浇灌菜地而不用机械，因为用机械就有机心，心地不再纯粹。百姓不用"什伯之器"，为的也是内心的纯粹，或者说纯朴。而且百姓还应该重视死亡、害怕死亡而不迁移到远离家乡的地方，守家而不远行。这是中国文化的传统，西汉元帝曾说："安土重迁，黎民之性；骨肉相附，人情所愿也。"[1]很多人习惯守着土地、守着家乡，不愿远行，满足于家庭生活的安逸、舒适，所以会有三代、四代甚至五代同堂的情况，儿孙住在一起，不愿分离。

老子还说，不仅是家里的日常器物不要用，而且出门有车有船也不要用，意在劝人不要远行（与他说的"重死而不远徙"一致）；有铠甲兵器也不用，因为社会没有战争，刀枪可以入库，战马可以放养南山。同时，百姓重新回到结绳而治的时代。此处"结绳"是远古原始时代的记事方法，说的是遇事就在绳上打结：遇大事打一大结，遇小事打一小结。事情多了，结也打多了，不知

---

[1]　班固：《汉书·元帝纪》。

道会是怎样的情形。"结绳"是原始的记事方法，随着社会的不断发展，后来有龟甲或兽骨、青铜器、简牍、缣帛、纸张等不同的记事载体，记事比以前精准多了。不过结绳而治是原始时代的一个标志，老子说让人们回到原始时代，不要文字，隐含的是不要智慧，还是蒙昧较好的道理。但离原始社会很远的春秋时代、已经充满了智慧的人类，前进了还可以后退吗？

在小国寡民的社会理想里，老子想得很好，希望百姓"甘其食，美其服，安其居，乐其俗"。这里用了古汉语中常有的意动用法，也就是以食为甘，以服为美，以居为安，以俗为乐。所吃的食物很香甜，所穿的衣服很漂亮，所住的房子很安全，所形成的风俗很快乐，百姓人人如此，当然是社会和谐。于是，他说了另外一句影响很大的话："邻国相望，鸡犬之声相闻，民至老死不相往来。"那么，我们就很清楚老子的社会蓝图展现的是一个封闭的社会环境。在这个社会中，人们都抱着固守自我的生活态度，所谓的"民至老死不相往来"，是人与人之间完全不交往，不是因有矛盾不交往，而是没有矛盾也不交往，这样的社会按他的说法不会产生矛盾。看似呆板的生活，令每一个人都很满足，那甘食美服、安居乐俗的愉悦中，有人生的自我浪漫、自我欣赏，人们享受的自由自得让后人羡慕。

很难考证是不是因为老子的这一说法，出现了东晋陶渊明的《桃花源记》。《桃花源记》里的武陵桃花源，据说在现在湖南常德附近。文中写一位渔夫偶尔发现了桃花源，桃花源风景优美，"夹岸数百步，中无杂树，芳草鲜美，落英缤纷"。渔夫惊喜，继续前行，从一个刚容人通过的山口进去，豁然开朗。再看里面："土地平旷，屋舍俨然，有良田美池桑竹之属。阡陌交通，鸡犬相闻。其中往来种作，男女衣着，悉如外人。黄发垂髫，并怡然自乐。"这"黄发垂髫"的"黄发"指年龄很大的人，"垂髫"指年龄小的孩子。桃花源里，所有人都自给自足，平和快乐。他们见到从未见过的渔夫，感到很惊讶，于是杀鸡、摆酒请他吃饭。然后渔夫得知，这些人是在秦末社会动乱时进桃花源的，从此在桃花源里生活，不与外人交往；这些人不知道秦朝以后，又建立了汉朝，更不知道汉朝以后又有魏晋；也就是说，几百年来，他们不知道社会已经是天翻地覆，不知道朝代更迭了多次，也无心参与社会变革。当渔夫离开的时候，桃花源里的人告诉他，桃花源里的情况"不足为外人道也"。渔夫有心，一路出来做了记号，并把桃花源的情况报告给了当地太守，说有这样一个美好的地方。太守很感兴趣，马上派人跟随他前往，结果迷了路。南阳高士刘子骥听说了桃花源，也专门去找过，还没找到人就病死了，后来桃花源再也无人问津。

桃花源为人所知后，再无人能到达，这就让它从现实坠入人们的梦幻中，彻底成为遥远的梦。桃花源里鸡犬之声相闻，很像老子的理想社会，而这些人的怡然自乐，就像老子说的"甘其食，美其服，安其居，乐其俗"。但桃花源此后就没了踪迹，与老子的小国寡民一样，只是活在人们的想象中。不过，老子说的是"小国"，陶渊明说的是山里一片与世隔绝的土地，更像是隐者的田园。

后来，庄子在《马蹄》里也为道家的理想社会画过一张蓝图，他把老子"小国寡民"的社会扩展之后想象成了"至德之世"。不过他说的不再是小国，而是一统的大社会。在"至德之世"里，人们悠闲稳重、质朴善良。山上没有小路，河流没有桥梁，也没有舟船。万物群生，彼此相连，禽兽兴旺，草木繁茂，而且禽兽、鸟鹊性情温顺。如果你愿意，可以牵着它们一起游玩；想看看鸟鹊的巢穴，也可以爬上树看看。在这样的社会里，人与万物并处，无知无欲，素朴无为。庄子说，人和万物一样，都保持着素朴的本性，该是多么美好啊！庄子这样想，比老子的"小国寡民"进了一步，但他的进步是社会更大的退步。而老子和庄子有一点是共同的：无论是"小国寡民"还是"至德之世"，终究是空洞的社会理想，他们只能是说说而已，自己没有能力实践，也没有人愿意实践。

不过，老子想象的"小国寡民"，在我看来并不是他关于社会的最终理想，因为他的清静自然、无为而治想的还是社会一统，而"小国寡民"充其量说的是诸侯国在他心中的理想状态。孔子曾经说过："无为而治者其舜也与！夫何为哉？恭己正南面而已矣。"[①] 意思是说，无为而治是舜那时做的事，他不需要花力气治理天下，只要端端正正地南面而坐，享受天子之尊就可以了。孔子说的舜无为而治的时代，也是老子想回到的原始时代。但两人的想法很不一样，孔子说的是舜下群贤共治而无须舜去操劳；而老子说的是人人都顺应自然，君如此，臣如此，民也如此。

在说到老子说的"有什伯之器而不用"的时候，我想到他在第十一章谈的对器物还是要寻求有用。老子是这样说的：

> 三十辐共一毂，当其无，有车之用。埏埴以为器，当其无，有器之用。凿户牖以为室，当其无，有室之用。故有之以为利，无之以为用。

他这里说到器物的制作，告诉人们"有"与"无"之间的关系。一是三十根车辐条集中在车毂上，因为车毂上有辐条之间的空隙，

---

① 《论语·卫灵公》。

所以才有车的作用。二是用黏土做成陶器，因为陶器里是空的，所以有陶器的作用。三是建房屋，在墙壁上开门窗，因为门窗和墙内是空的，所以有房屋的作用。他告诉人们生活的经验，让人们知道"无"之用，而世人往往是求"有"之用而不知或不顾"无"之用的。同时，这些经验恰好说明他在生活中并非真的"有什伯之器而不用"。当他说不用的时候，那是理想或者说虚构的乌托邦，在现实生活中他还是像世俗之人一样，"什伯之器"当用还是要用的。他最后说的"有之以为利，无之以为用"，也是对生活经验的总结，说明"有"与"无"的相互依存，并把这种认识方法传授给他人。

二、求得而免罪

空想小国寡民的老子，也常在想国家当怎样治理，史书上没有记载他曾像孔子那样周游列国，游说诸侯。他不像孔子，孔子述而不作，治国兴邦的理念是弟子们为他记录的，如果不是他的弟子，也就没有今天的孔子。而老子把自己的理念记录下来，自我成就了，尽管相传有被关令尹喜逼迫的因素。关于治国，《老子》第六十一章写道：

> 大国者下流。天下之交，天下之牝。牝常以静胜牡，以静为下。故大国以下小国，则取小国；小国以下大国，则取大国。故或下以取，或下而取。大国不过欲兼畜人，小国不过欲入事人，夫两者各得其所欲，大者宜为下。

这一章的"大国""小国"，有的版本作"大邦""小邦"，含义一样，都指诸侯国。老子一向主张居下而胜上，前面说过江海能为百谷王是因为它善于处下，"大国者下流"也是指处于下游。大国居下的重要意义就像居下的江海一样，小国自然会依附大国。他这里打了一个比方，说天下交会之处是"天下之牝"。"牝"是雌性鸟兽，下面提到的"牡"是雄性鸟兽。他用这个比方说大国不仅应该居下游，而且应该有雌性的温柔或柔弱，这也符合他柔弱胜刚强的主张。老子随后说到"牝"与"牡"的关系，结论是"牝常以静胜牡"，与"静"处下相关。这当然不是说雌性鸟兽与雄性鸟兽的事，而是用它们比喻大国面对小国应该采取怎样的态度。我们稍说开一点，老子说的雌胜雄，换句话说是阴柔的女性可以战胜雄强的男性。老子的时代以男权为中心，男人的社会地位不是女人可比的。西汉武帝时，甚至有夫为妻纲的说法，妻子要绝对服从丈夫。女性往往依附男性，就像汉乐府《孔雀东南飞》里刘兰芝对丈夫焦仲卿唱的："君当作磐石，妾当作蒲苇。蒲苇纫如丝，磐石无转移。"所以，老子说这话，有点逆世俗而动。这和他"道"的自然、"道"的无为相关联，他认为处于下位是制胜之道。因此，大国胜小国需要谦卑，而不是运用武力。大国应以德服人、以德服国，才会受到小国的拥戴。相反，小国如果能够谦卑地对待大国，就会受到大国的爱护、庇佑。

老子接着说："故或下以取，或下而取。大国不过欲兼畜人，小国不过欲入事人，夫两者各得其所欲，大者宜为下。"他重复了上面刚说过的话：有的大国以谦卑取得小国拥戴，有的小国以谦卑取得大国的庇佑，二者各得其所，当然，大国更应该取谦卑的态度。老子说这话和当时大国对小国的态度是不一样的。晋国为吞并虢国谦卑地对待虞国，还送礼给国君，但那是权宜之计，是将欲取之必先予之的策略。而上面说的晋国消灭滑国，哪有什么谦卑呀？想兼并就兼并了，没有什么道义可说。因为各诸侯国没有不想增加土地、扩充人口以求国力强盛的。这有可以理解的地方，国家弱小了，不是要受欺负、要挨打吗？老子则坚持自己的立场，"大者宜为下"，奉劝大国以谦卑的态度对待小国，赢得小国的心，受小国真诚的拥戴，如同百川趋海，自然归附。这涉及做人的方法、做事的策略，如果彼此都处在谦逊的、低下的地位，那么就能实现各自的理想或者说达到各自的目标。这是老子的大国和小国相处之道，他的社会理想是小国寡民，但他面对的社会既有大国，也有小国，却没有说把大国割裂成一个个小国，以便治理。不仅是这样，他还从"道"谈到社会的上层结构，第六十二章这样写道：

> 道者万物之奥，善人之宝，不善人之所保。美言可以市尊，美行可以加人。人之不善，何弃之有？故立天子，置三公，虽有拱璧以先驷马，不如坐进此道。古之所以贵此道者何？不曰以求得，有罪以免邪？故为天下贵。

老子先说"道者万物之奥"，"奥"有"深"和"主"的意思，所以有人说这一句可以解释为"道是万物深藏的地方"，有人说是"道是万物的主宰者"，两个意思都通，无非是他说过的"道生万物"。老子认定"道"的自然规律，以此来看待社会治理和百姓生活。他认为要以"道"的自然为治国方略，所以善人和不善人都应当有"道"且守"道"不移。

这是两种情况。一是善人有"道"，就有了安身立命的法宝，有了生活的方向、前进的路径、做事的方法。这些对于社会生活中的任何人来说，都是很要紧的。因为我们生活的方向正确、路径正确、方法正确，就会事半功倍。二是不善的人应有"道"，有"道"就能够得到庇护。这是希望他们学"道"，从不懂"道"到懂"道"，从没得"道"到得"道"，也许能够渐渐化不善为善。在老子看来，"道"为天下所贵，应以"道"治国，与人本能的善及自然相契合。而所谓的无为无不为，最根本的是顺应自然。依从这个道理，治国顺应自然就好了，做人顺应自然就好了。所以他高调崇尚自然，希望人人坚守自然。前面提到的桃花源是一种自然的状态。生活其间的人，想种田就种田，想养鸡就养鸡，大家怡然自乐。而有些不善的人犯罪，违法背德，不利于社会和谐，受到惩治也是应该的。难怪老子说不善的人要通过学习、修养，力求得"道"而成为善人。他要人顺应自然，不做坏事，多做好事。如果这样，社会就没有战争，归于太平。

然后老子说："美言可以市尊，美行可以加人。人之不善，何弃之有？"这里前一句王弼作"美言可以市，尊行可以加人"；《淮南子》的《道应训》《人间训》都作"美言可以市尊，美行可以加人"，从文意看更加完整，因此这里用《淮南子》的说法。前面讲过，美言不信，信言不美，说得漂亮的话不真实，说得真实的话不漂亮，真诚会很朴素。这里说的"美言""美行"，是人的真言、善行。真言、善行是善人的常言、常行，这样才能得到他人的尊重和拥戴。做人，还是要用心做一个善良的人，善良就会宽厚，就会踏实，就会得到更多的自我满足和快乐。有人说，聪明的极致是宽厚，也是鼓励人们向善的，相信很多人在生活中都有体会。老子说："人之不善，何弃之有？"意思是不善的人，为什么要舍弃"道"呢？他这样反问，是想不善的人不要弃"道"而去，按他的准则来看，不善的人恰好就是舍弃了"道"，那么，何不求"道"而为善呢？

老子从善人和不善的人以及上述这些生活现象，想到社会高层的设计和做法，他本是东周王朝的图书管理员，有幸能知道周王朝的社会架构，所以他说："故立天子，置三公，虽有拱璧以先驷马，不如坐进此道。"所谓天子，从字面讲是天之子，其实应是天之嫡长子。因为过去是嫡长子继承制，我们前面讲商末周初的伯夷、叔齐时提过。天子的称呼，内含有君权神授的意思，天子任何人不得侵犯。秦王嬴政得天下后，不称天子而称皇帝，天子的不可侵犯自然过渡到皇帝的不可侵犯，也包括皇权的不可侵犯。明代施耐庵《水浒传》的梁山好汉，"替天行道"的口号喊得山响：反贪官不反皇帝。梁山好汉生活在北宋末年的宋徽宗时代，宋徽宗有艺术天赋，书法和绘画都有很高的成就，但疏于治国而被人视为昏君，手下的一些大臣奸猾狡诈，导致社会衰败，民愤群起。尽管这样，梁山好汉还是只反贪官不反皇帝，最后接受了朝廷的招安。

稍说开一点，君权神授有历史的演进过程，唐尧、虞舜时代是禅让制，天子到一定的年龄，就选拔天下最贤能的人，自觉把帝位让给他。尧让位给舜，舜让位给禹。这一时期最能体现君权神授、天下为公。当禹把天下让给了自己的儿子启，禅让制崩溃而有了世袭制的家天下。这是一个重大的社会变化，天下为公成为天下为私，公天下成了家天下。秦始皇得天下以后，焚书坑儒，毁兵器、修长城，想的是子子孙孙世代称帝，没想到二世而亡。汉高祖刘邦临死前说了一句话：非刘氏而王者，天下共击之。他死后儿子刘盈即位称汉惠帝，但惠帝懦弱，他母亲吕太后咄咄逼人，垂帘听政而有篡权之势。最后，吕太后还是得还政于刘，就因为是家天下。老子所处的时代，周王朝的架子没全倒，大权旁落，周王还是天子。天子置"三公"，"三公"有不同的说法，一说是主天的司马、主人的司徒、主土的司空；一说是天子师傅太师、天子辅佐太傅、天子保安太保。后来王朝的三公通常分别是丞相、太尉和御史大夫。

三公位高权重，老子用他们来说社会不同的等级，不同等级的官员有不同的责任和不同的管理。当时，天子即位、大臣就职，有先奉献两手合抱的璧玉、再奉献驷马即一车四马的礼仪。璧玉象征富贵；驷马为地位显赫者所驾，象征着权势。先有拱璧后有驷马，先有富贵后有权势，旁观的老子想，奉献这些礼品，有财富、地位的享受，还不如奉献可用于治天下的"道"。老子重自然朴素而轻财，所以会说璧玉、驷马不及他的"道"，或者说好的思想主张胜过对物质享受的追求，这是他的想法。思想和物质二者中，历来有人追求思想，有人追求物质。追求思想的偏向精神享受，追求物质的偏向生理享受。相对来说，只有物质追求而没有好的思想，可能不会长久。生活中不断有人因为沉醉物质追求，跌倒爬不起来；而好的思想会引领人们奋发图强，使大家过平凡而幸福的生活。至于治理天下，更要有好的思想。老子认为"道"是最好的，用"道"治理天下，人人奉行自然无为，求得而免罪，那么天下太平，百姓安宁。

老子推究的"道"受人重视的原因在于人们守道、行道，就会求则有得，罪则获免。但想一想，人人守道、人人行道怎会犯罪呢？老子毫无疑问夸大了"道"的社会功能，按他的逻辑推论，"道"产生万物，天下人只要自然无为就可实现社会和谐。但生活中的物质利益诱惑着许许多多的人，你老子可以心静如死水，不受诱惑，没有欲望，坚定地奉行"道"的自然法则，社会上其他的人也可以吗？

"道为天下贵"是老子的一家之言，他认为"道"好得不得了，其后有庄子认同。但当时很多人不这样认为，如孔子。孔子还向老子学过礼，算得上老子的学生。还有墨子、韩非呢？尽管韩非写《喻老》《解老》，表明他认真读过老子的书，受过老子思想的影响，但他也没有像老子那样主张自然无为，反而主张积极有为。老子说"道为天下贵"，要人们遵循他的主张，并说不遵循就有恶果。可惜，他这个求"道"者与非求"道"者，在当时的社会生活中都难得其所欲，难以做到求得而免罪，社会生活实在太复杂了。

三、少私寡欲

老子沉浸在自己构想的社会理想里，看上去好像很平和，有时也好像很激愤，丝毫都不掩饰自己在想什么。他老琢磨无为而治，在社会通行的道德和智慧上有话要说。如第十八章说：

> 大道废，有仁义；慧智出，有大伪；六亲不和，有孝慈；国家昏乱，有忠臣。

这些话说得让人惊讶，在老子的时代，慧智即智慧是人们向往的，仁义、孝慈和忠诚都是社会的基本道德，也是儒家的道德理念。儒家主张仁义、孝慈、智慧，这些东西是怎样产生的？老子说"大道废"才有仁义；人的智慧有了，却变得虚伪了；六亲即父、子、兄、弟、夫、妇不和，才会有孝敬、慈爱，以使六亲和睦；而国家混乱，才会有忠臣。他对社会这样的认知，是以自我"道"的理念为前提的，社会本应纯朴而无争，自然就是秩序。从这个角度理解，他的话有自己的道理，但社会不是他理想化的模样。讲一个唐太宗和大臣魏徵的故事吧。一次魏徵对唐太宗说："盼望陛下使我成为良臣，不要让我做了忠臣。"唐太宗说："良臣和忠臣有区别吗？"魏徵说："纵观历史，良臣使自己获得美名，使君获得显号，子孙相传，福禄无穷；忠臣被杀，君陷大祸，家国并亡，空有其名。"这话深深打动了唐太宗，最终唐太宗成了一代贤君，魏徵成了一代名相。这个故事在老子死后一千多年才发生，可见老子说的话有现实意义。

　　老子的社会变化观是逆社会发展而动的。在他看来，社会原本有"道"，可眼下"大道废"，变得无"道"了，从原始的自然素朴变得纷争四起，而要求用仁义重新规范人的行为，所以仁义产生了。人们本不需要智慧，像庄子说的人与禽兽同游，彼此无知无欲，有了智慧后，真诚的彼此变虚伪了。而六亲本是各自生活，并没有什么不好，但希望六亲和睦，于是就有了父慈子孝、兄爱弟悌的要求。国家乱了，才会出现忠臣，让国家重归太平。在老子看来，社会经历了不应有的变化，他想若能回到原始的状态多好。

　　这里，老子没有认真思考社会的进步，其实社会在不断变化中发展，这一发展的过程不会一帆风顺，坎坷和曲折也是社会进步应付出的代价。按老子的想法，在这种情况下，有"道"才好，无"道"不好，有"道"则万物顺应自然、社会顺应自然，哪会有仁义、智慧、孝慈、忠臣这些事呢？但我们还是相信人类社会的进化，人类从最初的不知道仁义到知道仁义，没有智慧到有了智慧，才有了今天社会的现代化。如果依老子的说法去做，那我们现在还过着原始生活。

　　再说，老子否定社会道德，否定人类智慧，认为道德也好，智慧也好，无利而有害；他心目中的社会不存在道德，人类也没有聪明才智。这些让我们觉得奇怪，老子这样一个有道德、有智慧的人，怎么会这样想社会的理想模样呢？就凭这些理念和他自己的坚守，在社会上怎会不孤独呢？好在他不以为意，我行我素。

老子的话没说完，他在第十九章中说：

> 绝圣弃智，民利百倍；绝仁弃义，民复孝慈；绝巧弃利，盗贼无有。此三者，以为文不足，故令有所属，见素抱朴，少私寡欲，绝学无忧。

这一章的"绝学无忧"，在王弼本中，是放在第二十章开头的，但意思与第二十章不合，而与本章的意思相合，所以放在这里了，我在前面也提到过。有的《老子》注本也是这样处理。

他这里说的，比我们刚看到的"大道废，有仁义。慧智出，有大伪"显得更有决断，思想也极端得多。无论怎么说，圣智（即聪明才智）、仁义、巧利，都是社会进步的标志。老子说，"绝弃"它们是社会的正途、人生的正途。对于他来说，做到这一点相当困难，甚至是不可能的，但老子有这样的思想追求，没有谁说不可以。

老子主张"绝弃"圣智、仁义、巧利的时候，应该目睹了社会已经有了圣智、仁义、巧利。他逆着社会的潮流走，说人们没有聪明才智了，百姓反而会获取更多的利益。这里话中有话，说的是圣智为达官贵人所有，他们会因此攫取更多的利益，包括侵占百姓的利益。如果他们舍弃了聪明才智，和百姓平等，就能让百姓有更多的利益了，进而老子劝人们不要仁义。晚于他的孔孟怎么说呢？孔子说："志士仁人，无求生以害仁，有杀身以成仁。"① 孟子说，生命可以不要，道义是要的。他的话同样说得铿锵有力、掷地有声："生亦我所欲也，义亦我所欲也，二者不可得兼，舍生而取义者也。"② 于是有了现在流行的成语，"杀身成仁""舍生取义"。老子说绝仁弃义，百姓就都孝慈了。这孝慈绝不是孔子、孟子说的孝慈，也不是我们今天说的孝慈。我们讲的孝慈和孔孟的孝慈在根本上一致，要求赡养父母、尊敬父母。老子还说要绝巧弃利，把人的机巧技能都抛弃，就没有人做盗贼了，人们道不拾遗、夜不闭户。

老子把话说得够绝对的，他觉得这三条还不够，所谓的"以为文不足"，说的是让它们停留在文字上是不够的，还得让它们有所归属，人们"见素抱朴，少私寡欲，绝学无忧"。"素"是没染色的丝，"朴"是没有加工的木材，这是说要保持朴素的原色，少有私心，少有欲望。老子还要人不学习，说不学习就没有忧虑，因为学习能长知识、添智慧，相应也多了欲望，多了忧虑。这些道理不仅老子讲，后来庄子也讲，且比老子讲得更加厉害。

庄子在《胠箧》里说，绝圣弃智，天下就没有大强盗了；把珠玉抛弃、毁坏，天下就连小强盗也没有了；把人与人之间表示诚信的符信、印章毁坏，百姓就朴素粗野了；把斗、秤毁坏，百姓就不会相互争夺了；把圣人为天下制定的所有法令、规则抛弃，百姓就可以一起谈论事物了；把五音六律和所有的管乐、弦乐器材毁坏，把听力最好的瞽旷的耳朵塞起来，不让他听外面的声音，那么天下的人耳朵都好使了；把所有的色彩毁坏，把眼力最好的离朱的双眼粘起来，不让他看外面的世界，那天下人的眼睛就会

---

① 《论语·卫灵公》。

② 《孟子·告子上》。

明亮；毁坏规矩绳墨，折断工倕的手指，那天下的人都有技巧了。庄子噼里啪啦说了一大串，对社会批评得更厉害，批评的对象也更多，实际上是要人抛弃一切聪明智慧，抛弃一切才干。因为没有聪明智慧就是最大的聪明智慧，无才干就是最大的才干，人人都混沌、笨拙，就最好不过了。老庄之所以和社会产生这样大的思想对立，就因为他们奉行自然无为，一心想回到朴素的原始时代。

老子希望人们少私寡欲，人为什么那么多欲望呢？我们看看荀子和韩非是怎么说的。

荀子不赞成孟子主张的人性善，专门写了《性恶》说人性恶，人的本性是不好的。人之所以有善行，是后天作为的结果。为什么呢？他认为人性生来好利，生而多欲。如果顺着人的欲望走，人们在社会生活中一定会产生争夺，不会有人与人之间的谦让。而且人生来就有不爱、仇视的东西，如果顺应人性的追求，那么残害别人的人就会存在，彼此就失去了忠信。还有人生来耳朵就想听美妙的音乐，眼睛就想看漂亮的姑娘，如果顺应人的这种性情，那么就会产生淫乱而丧失礼义。说来说去，关键是人性受了利益的驱动，所以欲望很多。

韩非和老师荀子一样持人性恶的观点，他也认为人的多欲是因为好利。他打了几个生动的比方。一说医生能够用嘴去吸病人伤口的脓血，要知道医生和病人之间没有骨肉关系，他肯这样做是因为对治疗病人有利，且能够挣钱。韩非说的是生活中存在的情况，没有说古今医生的救死扶伤，并不计较利益。二说做车子的人希望人人发财，人人做官。人不发财、不做官，他做的车子就卖不出去。做棺材的人就不一样了，他们想人早死、快死，人死得早、死得快，棺材就卖得好。这不代表做车子的人仁厚，做棺材的人残忍，而是人不富贵车子卖不出去，人不死棺材卖不出去。

人为什么多欲，荀子和韩非从人性的角度来解释，还是有一定的道理。而人不能随意放纵欲望，怎么办呢？荀子主张用礼义节制人的欲望，韩非主张用法令节制人的欲望，都是能够施行的选择。

可老子认为人应该少私寡欲，这不容易做到。在社会生活中，人们为了生存的需要，得吃饭穿衣、生儿育女，有时难免会有欲望和私念。生活需要没有得到满足时，就想满足生活需要；生活需要已满足时，就想生活得更好。很少有人甘居贫穷，像老庄那样没有欲望，还劝人放弃欲望，极力地排斥外在的物质利益。下面讲两个庄子的故事。

一是"千金之珠"。有个宋国人拜见宋王之后，得了十辆车子的赏赐，回来后在庄子面前炫耀。于是庄子给他讲了个故事：黄河边上有一户人家，这户人家有爹和儿子两个人。一天，儿子从黄河里捞起一颗珍珠，兴冲冲地拿回家对他爹说："爹呀，你看我在黄河里捞了一颗珍珠。"他爹看都没看，说："这颗珍珠一定是黄河九重深渊下骊龙脖子上挂着的，你能得到这颗珍珠，一定是趁骊龙睡着了。这骊龙一旦醒来，你别说这颗珍珠，就是你自己都会弄得连粉末都不剩。"故事讲完后，庄子对那个宋国人说："现在的宋国比九重深渊还要深，宋王比骊龙还要凶猛，你能得到十辆车子的赏赐，一定是宋王一时糊涂了，等他清醒过来，你也会成为粉末的。"

二是"舐痔结驷"。宋国有个人叫曹商，为宋王出使秦国。出使前，宋王给了曹商几辆车子的赏赐。他到秦国后，游说秦王，秦王十分高兴，又给了他上百辆车子的赏赐。回到宋国后，曹商来见庄子，傲慢地说："住在偏僻狭窄的巷子里，靠编织草鞋维持生活，搞得脖子细、脸蜡黄，那是我的短处。我的长处是游说万乘之君，得到上百辆车子的赏赐。"说完，满脸都是瞧不起庄子的神情。庄子漫不经心地说："秦王病了，请大夫给他看病。给他治毒疮的就赏车一辆，给他舔痔疮的就赏车五辆。治的病越低贱，得的赏赐就越多。你大概是给秦王舔痔疮的吧。"

庄子比老子会讲故事多了，他说的道理和老子是相通的。老子劝人"见素抱朴，少私寡欲"，只是人们每天都生活在欲望中，欲望太不容易消解。人过六十，也就是孔子说的"耳顺"之年，心态平和，什么话都听得进了，对名利的欲望可能会少一点，但欲望还是有的，因为生活还在。正因为这样，老子才说，抛弃学问，才能够没有忧患。

唐代韩愈曾经批评道家说的"圣人不死，大盗不止。剖斗折衡，而民不争"。韩愈说他们说这些话时完全不动脑子想一想，如果没有圣人，人就没有活路了。因为人不像鸟兽，没有羽毛，没有鳞甲，靠什么避寒保暖呢？还有，人不像鸟兽，没有爪牙，凭什么争夺食物呢？韩愈是执着的儒家信徒，深信孔孟而排斥老庄和佛教，完全不赞同老庄的这些说法。这里提韩愈的看法，是让大家知道在老庄的思想之外，还有其他人持有不同的意见。

"见素抱朴，少私寡欲。"如果能够"见素抱朴"，一定会"少私寡欲"的。老子这样认为。

四、有为是以难治

老子要人少私寡欲，不妨吃得很饱，其他想法就不要有了。他说"圣人为腹不为目"，还用了一些类比来说明这个道理，看他的第十二章：

> 五色令人目盲，五音令人耳聋，五味令人口爽，驰骋畋猎令人心发狂，难得之货令人行妨。是以圣人为腹不为目，故去彼取此。

这番话充满哲理，说得也很深刻。他说的"五色"是青、紫、黄、白、黑共同构成的绚丽色彩，"五色"令人的眼睛看不见；"五音"是古代的五声音阶宫、商、角、徵、羽，它们交织构成的美妙音乐，"五音"令人耳朵听不见；"五味"即酸、甜、苦、辣、咸，令人口里品尝不出味道；驰骋田猎，令人兴奋得内心发狂；难以得到的货物，令人心生邪念，从而德行败坏。老子这样说，是因为现实生活是由五色、五音、五味以及驰骋田猎之类的事构成的，于是有了五光十色和无穷的趣味。老子实在看不惯，哪里只是驰骋田猎令人心发狂呢？五色、五音、五味也令人心发狂。老子说顺应自然的圣人过着简朴的生活，不追求绚丽的色彩，不追求美妙的音乐，不追求多种美味佳肴，只要食能果腹就够了。当然，追求生活的极简，也不是现在有些人奉行的极简主义。但话说回来，如果我们的生活没有色彩、没有音乐、没有味道，那日子会是什么样子，会不会因为单调而特别乏味？这个问题不难回答。

客观地说，古往今来，五色、五音、五味都是百姓本身的需要，生活的丰富多彩也由此产生。但老子不这样认为，他觉得人们对五色、五音、五味的追求，乱了耳目，也乱了人心，生活简朴就好，这可以让人保持内心的纯朴，享有身体的健康，从而减少社会的麻烦。前面提到枚乘的《七发》，吴客在劝谏生病的楚太子时，说到楚太子的生活与健康之间的关系，有这样一段话："纵耳目之欲，恣支体之安者，伤血脉之和。且夫出舆入辇，命曰蹶痿之机；洞房清宫，命曰寒热之媒；皓齿蛾眉，命曰伐性之斧；甘脆肥脓，命曰腐肠之药。"文辞华美是汉赋特色，读这段文字也会感觉到。枚乘的话说得漂亮，意思明确：放纵耳目的欲望，想听什么任性去听，要看什么任性去看，放纵肢体的安逸享乐，会伤害血脉和谐；出门坐车，进门坐轿，是身体麻痹、萎缩的征兆；幽深清凉的住宅，是身体受寒遭热的媒介；牙齿洁白、眉毛修长的美女，是要人性命的斧头；美味佳肴，大鱼大肉，是让肠子腐烂的药物。这些经过文学修饰的语言，距离我们已经两千多年了，枚乘说的，和老子劝人简朴相近，理由是奢华的生活对人的身体、性命有必然的侵蚀和危害。你要性命吗？请放弃奢华的生活吧；你要长寿吗？请放弃奢华的生活吧。然而，《七发》说的四种生活现象在今天仍然存在，人们满足自己的嗜欲，在那一刻忘记了嗜欲对性命的危害，所以人生的悲剧一再重演。

枚乘说的驰骋田猎令人心发狂，让我想到东汉张衡在《归田赋》里说田猎之后，"感老氏之遗诫，将回驾乎蓬庐"，于是自我节制了。而在距离老子有 1500 多年的 1075 年，密州太守苏轼驰骋田猎写了一首《江城子·密州出猎》，还在说打猎发狂："老夫聊发少年狂，左牵黄，右擎苍，锦帽貂裘，千骑卷平冈。为报倾城随太守，亲射虎，看孙郎。"苏轼不讳言自己田猎发狂，潇洒一把，让人看到他这个文人很雄健的样子，有意表现自己有能力报国，并没有想到要节制自己的行为。至于"难得之货令人行妨"，"难得之货"应是稀有物，物以稀为贵，有的人贪其稀有难得而不择手段，更是生活中常见的事。在丰富而复杂的社会里，老子主张减少欲望，过简朴的生活。

随后，他给了人们这样一个结论："圣人为腹不为目，故去彼取此。""去彼取此"的"去彼"是去掉绚丽的色彩、美妙的音乐、甜美的味道，以求用简朴的生活方式与他追求的自然无为相吻合；所谓的"取此"则是"为腹不为目"，只要求肚子能够填饱就行了，至于另外的五色、五音、五味等生活享受就不在意了。

相应的，老子还有一些说法。他说要绝圣弃智、绝仁弃义，还说要非贤、非欲，听起来很决绝，见于第三章：

> 不尚贤，使民不争；不贵难得之货，使民不为盗；不见可欲，使民心不乱。是以圣人之治，虚其心，实其腹，弱其志，强其骨，常使民无知无欲，使夫智者不敢为也。为无为，则无不治。

社会治理，从来应该举贤授能，禅让制就是举贤授能的例子，随后的各朝各代，无不举贤授能。战国时，燕昭王为求贤，还专门建了黄金台，昭告天下以求贤；还有一个以千金买千里马骨的故事广为流传。但老子说，重视贤能的人不好，百姓争夺不就是因为举贤授能吗？不举贤授能，人与人之间一律平等就没有争夺了。这是老子的想法，实际上不尚贤能违背通行的社会法则，任何朝代都不可能这么做。本来这"贤"指才能和德行兼备的人，三国时一代枭雄曹操求贤，颁布《求贤令》，甚至说德行有缺陷的人也用，只要有本事，能帮他击败孙权和刘备，让三分天下归于一统。老子不这么看，百姓不争夺，社会就会太平。

老子非贤非能，后来和他唱反调的不光有孔子、孟子，还有墨子、韩非等人。如墨子著有《尚贤》上、中、下篇，在上篇中先假设有人问："今者王公大人为政于国家者，皆欲国家之富，人民之众，刑政之治。然而不得富而得贫，不得众而得寡，不得治而得乱，则是本失其所欲，得其所恶。是其故何也？"这说的是王公大人执政都想国家富有、百姓众多、刑政安定。结果是什么呢？结果是国家不富而贫，百姓不多而少，社会不太平而混乱，失去的是他想得到的，得到的是他讨厌的，这是为什么呢？墨子认为主要是因为王公大人不能尚贤用贤。一个国家贤能多，国家治理根基就深厚；贤能少，国家治理根基就浅薄，国家事务就在于用贤。他还用射箭和驾车打比方，说要使贤能富有、地位高，尊敬他们，表彰他们，那么他们就会乐于为国家所用。他称的贤能之士，是厚德善辩、深知治国方略而能辅佐君王治理的人。

尚贤是墨子的核心思想之一，上面的观点他反复表达过。《尚贤》中篇还说，尚贤是为政之本，对贤能的人要富而贵之，对不贤能的人要抑而废之、贫而贱之，这样百姓就很好治理。因为社会尚贤，百姓期待奖励，害怕惩罚，纷纷想做一个贤能的人。那么社会上贤能的人就会越来越多，不贤能的人就会很少。墨子做过小手工业者，说起话来逻辑性很强。他曾担心语言华丽会让别人喜欢语言本身而忘记了语言的功用，就像买椟还珠一样，所以他的文章质朴坦诚。事实上，治理国家能够任用贤能的人，实在是很好的事。

老子有自己的想法，不举贤授能，社会就能保持原始的自然状态。他还说："不贵难得之货，使民不为盗。"类似的话在第十二章说过，就是上文提到的"难得之货令人行妨"。"难得之货"，往往因稀有而为人所贵，而东西越稀有越想得到是人们的普遍心理。社会上有两种人，一种人对可望而不可即的事物，不可即也就算了；还有一种人对可望而不可即的事物，会想方设法去求取。老子说人们看不见想要的东西，内心就不会躁动不安，也就不会生出偷盗之类的事来。

那么，圣人是怎样治理天下的呢？圣人之治，"虚其心，实其腹，弱其志，强其骨"。这十二个字和前面"小国寡民"说到的"甘其食，美其服，安其居，乐其俗"相对应。二者所讲的对象是一样的，后者甘食、美服、安居、乐俗说的是百姓的生活和心态，自满自足的快乐也是生活的幸福，而前者是说圣人将使百姓具有怎样的生存状态，而不是百姓以怎样的心态面对自己的生活。所谓"虚其心"，是头脑空虚，没有思想，没有智慧；所谓"实其腹"，是一天到晚都吃得很饱，没有饥饿感；所谓"弱其志"，是人少有志向或者说没有志向；所谓"强其骨"，是身体健康，体格健壮。从这些言论来看，老子所想的圣人治理下的社会，就是在愚民政策下，让百姓无知无欲，做一个没有头脑、没有志向的健壮人。于是，聪明的人不敢有所作为。因为在百姓无知无欲的环境中，人人无为，聪明人怎么能有作为，怎么能显露自己的智慧并运用自己的智慧呢？老子这样说，证明社会上还是有聪明人。聪明人是谁？只会是圣人。在他的理念中，圣人无知无欲，圣人之治是无为而无不治的。

当然，老子虚心实腹、弱志强骨的策略，让百姓无知无欲以取得无为而治的社会效果，最终是愚民的太平社会。愚民的话题还在继续，老子不断强化他的理念，强化愚民的宣扬，他想说的仍然在说。第六十五章写道：

> 古之善为道者，非以明民，将以愚之。民之难治，以其智多。故以智治国，国之贼；不以智治国，国之福。知此两者，亦稽式。常知稽式，是谓玄德。玄德深矣，远矣，与物反矣，然后乃至大顺。

老子说古代善于用"道"来治理天下的人，不是要百姓更聪明，更有智慧，而是要让他们更加愚昧无知，或者说让百姓更加淳朴，不知世事。孔子和老子的想法完全不一样，他认为人大多是学而后知、困而后学的，这"学"无疑是要让人变得聪明一点。他办私塾教学生，说自己传道、授业、解惑，最想教的是能够举一反三、触类旁通的学生，如果遇上"举一隅而不以三隅反"的学生，也就是说一就是一、说二就是二的学生，完全没有悟性和拓展，他是不愿意教的。

但老子说，不要让人聪明，人愚昧才好。百姓不好管理，就在于他们太聪明，智慧太多，思想太活跃。他从这里推论开去，竟然说出用智慧治理国家，是在残害国家；不用智慧治理国家，是国家的福分。这是相当狭隘的，事实恰好是要以智慧治国。老子坚持自己的思想主张，他在想以智治国与不以智治国这两种法则。这里的"稽式"，有的版本作"楷式"，也是法则的意思。这两种法则是"玄德"（即深奥、幽深的德行）。"玄德"又深又远，与事物的本性相反。一说这"反"通"返"，与事物同归于素朴，"然后乃至大顺"。"大顺"说的是自然，是老子治国论的最高境界。他希望人们认识这两种治国的法则，从而具备幽深的道德，在根本上把握"道"的自然，懂得不以智慧治国的道理，回归万物的本性，最后走向无为。

老子说的这些，不过是纸上谈兵，愚民治国显然是行不通的。原来他在东周王朝公干时，毕竟是在廊庙之下，也许还有可能面见天子和大臣，说得上几句话，表达一下自己对时政的看法，争取理念付诸实践的机会。最后看到东周王朝不行了，他便拔腿走人，待他西出函谷关，留下的治国主张即使有用，也没有人用。因为当时没有谁能理解他，能用他的主张治国，去施行虚心实腹、弱志强骨的治国策略。

老子没有经历后来社会的发展，不知道后来也有人想到过以愚治民的策略，最著名的是秦始皇。

秦始皇平定六国，西汉贾谊在《过秦论》里写道："及至始皇，奋六世之余烈，振长策而御宇内，吞二周而亡诸侯，履至尊而制六合，执敲扑而鞭笞天下，威振四海。南取百越之地，以为桂林、象郡；百越之君，俯首系颈，委命下吏。乃使蒙恬北筑长城而守藩篱，却匈奴七百余里。胡人不敢南下而牧马，士不敢弯弓而报怨。于是废先王之道，焚百家之言，以愚黔首；隳名城，杀豪杰；收天下之兵，聚之咸阳，销锋镝，铸以为金人十二，以弱天下之民。"那时秦始皇不可一世，继承祖先业绩，挥动长鞭驾驭天下，天下谁敢不服。"俯首系颈，委命下吏"的何止是百越之君？天下所有的诸侯都俯首称臣。秦始皇有气势，贾谊的文章也写得很有气势。

这里特别要注意贾谊后面说的"废先王之道，焚百家之言"。这废的是先王仁义之道，因为害怕六国的子孙和百姓反抗，就实行愚民政策，不让百姓有书可读。丞相李斯建议把天下的书都给烧了，这本身是很愚蠢的主张。李斯是河南上蔡人，早年很不得志，后来拜在荀子门下学习，和韩非是同学。李斯有一个有名的小故事：他做小吏的时候，眼见两种老鼠。一种是茅房里的老鼠，住潮湿的房子，吃肮脏的食物，见了人惊慌失措。另一种是粮仓里的老鼠，住高大宽敞的房子，吃精美的食物，见了人若无其事。我二十世纪六十年代在农村插队的时候，见过这两种老鼠，两千多年以来，老鼠的性情仍然没有什么变化。李斯见了这两种老鼠，想到自己的人生，感慨地说："人就像这老鼠，看你待在什么位置，待在茅房就过茅房的生活，待在粮仓就过粮仓的生活。他说自己怎么能够像茅房里的老鼠一样，长期这样卑贱贫穷呢？他要做粮仓里的老鼠，于是去拜荀子为师，读书以改变命运，学成后到秦国建功立业，最后官至秦朝丞相。

李斯对秦始皇说，这些读书人"入则心非，出则巷议"[①]。"入则心非"是所谓的"腹诽"，是了不得的罪名，会弄成说谁有罪谁就有罪，而且很难辩白。李斯说这些人对陛下不利，他们都说古代多么好，妨碍当今的生活。他建议除了实用的医药、预测吉凶的卜筮书以及种树的书外，把其他的书全烧了，如果下令后三十天还不照办的，就在他们脸上刺上姓名或罪名，打上永远的罪犯烙印，还要罚他们去做修筑城墙的苦役；以后想学习的人，可拜各门类的官吏为老师，向这些官吏学习。秦始皇同意按李斯说的办，把天下的书籍统统收起来烧了，让老百姓没有书读，也不敢读书，让天下人从此以后不再以古非今。同时，秦始皇还下令没收天下的兵器，放进炼铁炉里熔化，铸成十二座金人，让天下人没有武器。他还活埋了四百六十多个与他意见不合的儒生，昭告天下。

结果呢？秦始皇巡游天下时病死在河北沙丘，随行的小儿子胡亥在师傅赵高的唆使下，勾结丞相李斯篡权，三年后秦王朝就灭亡了。唐代诗人章碣后来作诗《焚书坑》讽刺秦始皇，说他怕老百姓读书有了智慧，想通过焚书巩固自己的政权，但想不到的是，"坑灰未冷山东乱，刘项原[②]来不读书"。意思是烧书的灰烬还没冷却，崤山以东的百姓就起兵反秦了，领头的刘邦、项羽都不是读书人，你秦始皇烧书有什么用？秦始皇想烧书愚民以治天下，并没有如愿。

---

① 司马迁：《史记·李斯列传》。

② 原一作"元"。

老子不是愚民理念的实践者，他推想可以这样治理社会，但也仅仅停留在自己的理念中。秦始皇实践了，最终失败。当然，秦始皇的愚民和老子的愚民方略是很不一样的，两人相应的对策和期望值也不一样。不论怎样，老子让人不读书以治天下的说法，终究是不靠谱的。

五、无欲而民自朴

老子应该出自下层，深知百姓的疾苦。他看百姓的问题，看来看去，一个"饥"字在脑海里挥之不去。这是为什么呢？百姓饥饿会给治国理政带来怎样的影响？他在第七十五章中说：

> 民之饥，以其上食税之多，是以饥。民之难治，以其上之有为，是以难治。民之轻死，以其求生之厚，是以轻死。夫唯无以生为者，是贤于贵生。

百姓没有吃的、没有喝的，原因是朝廷的赋税太多、太重。有史以来，就这一问题发表看法，老子算是很早的。我国是农业国，赋税是社会的老问题，古代每个朝代都存在，赋税太多，导致百姓难以活命。后来很多文人在诗文里反映赋税问题，呼吁解决百姓的贫困。诗人白居易在《观刈麦》里记述贫妇抱子在麦地拾麦穗，向人诉说"家田输税尽，拾此充饥肠"；张籍在《野老歌》里说"老农家贫在山住，耕种山田三四亩。苗疏税多不得食，输入官仓化为土"。当老子说出"民之饥，以其上食税之多，是以饥"时，对百姓充满了同情。同情之际，他仍然想着治国治民的事，说"民之难治，以其上之有为"，这"有为"主要是官府的政令繁多、赋税繁多，让百姓无所适从。用那多法令干什么？法令多了，百姓手足无措，就有可能触犯法令，不服管理。

百姓不服管理，最严重的局面是"轻死"，对可能面临的死亡抱定无所谓的态度。老子推究其中的原因，是统治者求生太过，为享受奢华的生活，使百姓无以求生，觉得活着比死去更痛苦，那还是死了的好。老子这种思想影响了庄子，庄子在《至乐》里讲了一个关于干枯头骨的故事。

庄子到楚国去，路上见到一颗干枯的头骨。他很潇洒地用马鞭敲着这干枯的头骨说："你这家伙是怎么死的呢？是因为贪生失理而死呢？还是因为国家灭亡而死呢？是做了坏事，愧对父母、妻子、儿女而死呢？还是没吃没穿，挨冻受饿而死？或者是活到头了，寿终正寝而死？"说完，他把这干枯的头骨当枕头睡了一觉。睡梦中，这干枯的头骨托梦给他说："你这人能言善辩，但你说的全是人活着时的累赘，人死了，就没有这些累赘了。你只知道生，不知道死。我告诉你，人死之后上无君下无臣，没有春夏秋冬四季的热晒冷冻，与天地同在。就是南面称王的快乐也赶不上死亡的快乐。"庄子不信他那一套，对这颗干枯的头骨动情地说："我去要掌管生命的神恢复你的生命，让你回到父母、妻子、儿女身边好不好？"这干枯的头骨皱着眉头说："我怎么能够舍弃南面称王都比不上的快乐，而再承受人间的烦劳呢？我宁愿死而不愿再活。"

这是庄子虚构的寓言，他让干枯的头骨一个劲地说生不如死，是对死亡无所谓的最高表现。唐代柳宗元参加"永贞革新"，失败后被贬为永州司马，在永州听过一个真实的故事，这个故事被写进了《捕蛇者说》里。他说永州有一种黑底白花的毒蛇，触草木，草木就死；咬人，人就死。因为这蛇做药引特别好，宫廷里的太医借皇帝之命，要百姓捕蛇以抵赋税。为此，百姓争先恐后。柳宗元遇到一个姓蒋的捕蛇者，他爷爷因捕蛇被蛇咬死了，他爹也是如此，而他继承家业从事捕蛇已经十二年了。柳宗元见他很悲伤的样子，就说自己去告诉管事的人，让他不再捕蛇，还是缴纳正常的赋税算了。不料姓蒋的捕蛇者说："缴纳赋税的不幸，远胜过捕蛇的不幸。乡邻和我爷爷同时靠缴纳赋税为生的，十家没有一家了；和我爹同时靠缴纳赋税为生的，十家连两三家都没有了；和我同时靠交纳赋税为生的，十二年来，十家连四五家都没有了。我因为以捕蛇抵赋税，至今还好好地活着，不过是捕蛇时小心谨慎一点。再说，即使我现在因为捕蛇而死，也比因缴纳赋税而死去的乡邻晚多了。"柳宗元很感慨，说没有想到赋税之毒超过了毒蛇之毒。这实在是很悲惨的故事，百姓的轻死是在求生，和统治者求生的奢华太不一样。

老子接着说了这一章的最后一句话："夫唯无以生为者，是贤于贵生。"这话是关于淡泊生命和看重生命的比较，他认为不看重生命胜过了看重生命，人生还是淡泊的好。唐代韩愈有一首《落齿》，说自己的牙齿去年落，今年也落，落完了应该不落了吧，他由此生发出"人言齿之落，寿命理难恃。我言生有涯，长短俱死尔"的感慨，他很平和地看待生死，知道人生会有死亡而淡泊。所以他五十七岁离开人世时十分平静，对自己的人生很满足。而老子这话同时与上面的"求生之厚"者相对应，他没有直接说看重生命是"求生之厚"，但"求生之厚"肯定是看重生命。如此必然会违背自然，哪有"无以生为者"的淡泊生命与自然相合好呢？

老子为百姓说话，希望百姓好好地生活，不受沉重赋税的重压。他和百姓都看重生命，看重顺应自然下的生命状态，所以在

第七十四章里说：

> 民不畏死，奈何以死惧之？若使民常畏死，而为奇者，吾得执而杀之，孰敢？常有司杀者杀。夫代司杀者杀，是谓代大匠斫。夫代大匠斫者，希有不伤其手者矣。

"民不畏死，奈何以死惧之？"这话已是名言，让人感受到老百姓做人的气魄。人固有一死，怎么死？死后有什么意义？司马迁在给朋友任安的信中说过人固有一死，有人死得轻于鸿毛，有人死得重于泰山，死应有价值。他身为汉武帝的史官，地位不高，也算得上是士大夫，他不愿死得像"九牛亡一毛"，但普通百姓可能不这样想。在社会的重刑苛罚之下，了不得是个死，死了拉倒，自慰二十年后又是好汉一条。在这种情况下，以死吓唬老百姓有什么用呢？老子希望国家法令不要严酷，更不希望对善良的百姓施以死刑，觉得这样治理不好国家。而对"为奇者"即不守法令规矩的，该开杀戒还是要开杀戒，杀一儆百，看还有谁敢犯法。

韩非继承这一思想，主张国家治理一定要靠法令，以法令规范百姓，使他们不敢犯法，也不犯法。那么，严酷的法令不是害民而是爱民，因为没人犯法，也就谈不上惩治。韩非打过一个水和火的比方，说水很温柔，火很猛烈，但历来死在水里的人很多，死在火里的人很少。意思是法令温柔使百姓容易犯法，犯法之后被处死不是害了百姓吗？而法令严峻，百姓不敢犯法，也就不会遭遇处死。二者相比，哪一种法令的效果更好呢？

老子接着上面的"吾得执而杀之"的话继续说。在法令的执行上，应该使"有司杀者杀"，就是由掌管着生杀权力的人执行，而不是随便"代司杀者杀"。这话从文字上看，是说如果有人犯法，应该走法定程序，主管官吏审判后，该杀则杀，不该杀则不杀。该杀的也应交行刑官处置，不是可以随随便便的。不过，这"有司杀者"另有一种说法，说这掌管自然生死的是能生万物的"道"。按照老子的一贯思想来说，天地万物无不自然，生也自然，死也自然。因此，这样理解也是可以的。他想的是司杀者杀之，各司其职，而不是越俎代庖。就像本不是木匠，却代替木匠去斫木头，少有不伤手的。他这样打比方，其实是说违背自然规律就会受到自然的惩罚。

于是，老子提出最好的治国之术是无为、好静、无事、无欲。他在第五十七章中说：

> 以正治国，以奇用兵，以无事取天下。吾何以知其然哉？以此。天下多忌讳，而民弥贫；民多利器，国家滋昏；人多伎巧，奇物滋起；法令滋彰，盗贼多有。故圣人云："我无为而民自化，我好静而民自正，我无事而民自富，我无欲而民自朴。"

这里的"以奇用兵"，我们放在下一章老子谈用兵时再说，先说其他的问题。

他说"以正治国……以无事取天下"，这"正"本该是正规、端正之意，但当它与"无事"相对的时候，"正"就不是正规、端正之意，而是指"道"的法则"自然无为"，因为"以无事取天下"是以自然无为取天下。他探讨其中的原因，说了下面四层意思。

一是"天下多忌讳，而民弥贫"。"忌讳"指的是法令制度。法令制度多了，对百姓的管理多了，百姓就越来越贫困。顺应自然的老子，主张对百姓的宽松管理，让他们自由自然，何必让百姓总犯忌讳呢？

二是"民多利器，国家滋昏"。百姓有好的器具，国家会更加混乱。前面说过，主张"小国寡民"的老子，同时要求百姓有"什伯之器而不用"，有甲兵也不用，以保持心地的淳朴，那么国家就清明了。

三是"人多伎巧，奇物滋起"。"伎巧"有的版本作"技巧"，技巧是人智慧的结晶，从中可以看到人的创造性。老子说，人不需要技巧，技巧越多，"奇物"即"邪物"，或者说"邪恶"越多。

四是"法令滋彰，盗贼多有"。法令越分明，盗贼越多。这话可以从反面来理解，有盗贼才需要用法令进行管束。老子说，可以没有法令，没有法令就没有盗贼。

老子这些理念与他"小国寡民"思想是一体的。他不主张百姓拥有智慧，还在第十九章里说过"绝圣弃智，民利百倍""绝巧弃利，盗贼无有"。既然这样，国家治理的正确道路是"圣人"之路，他把这条路的做法和前景说得很明确："我无为而民自化，我好静而民自正，我无事而民自富，我无欲而民自朴。"举措是无为、好静、无事、无欲；结果是百姓自化、自正、自富、自朴。这话展开来说，应该是圣人无所作为即顺应自然，以此为百姓的榜样，让百姓受他的无形感召完成自我教育。同样的道理，圣人清静，百姓也清静，在清静中端正自我，没有邪僻的行为。那么圣人无事，百姓也无事，或者说顺应自然之外再不生事，以获富有。圣人无欲，百姓也无欲，自然朴素。

圣人无为、好静、无事、无欲，都是理想化的。谁知道这样的圣人在哪里？而这圣人实质上是他为理想执政者披的一件外衣，谁知道这样的执政者在哪里？在老子的描述下，可以感受到他觉得当时的社会充满了各种各样的问题，法令、道德、智慧、技巧、贫困等，导致社会不得太平。他是渴望社会太平的，认为无为、好静、无事、无欲就是太平的方法。只是他所处的社会多有战争，争权夺利的诸侯谁能做到无为、好静、无事、无欲呢？老子不是没有看到社会的不断进化，只是不愿看到这一过程中的社会波动和百姓苦难。理念是丰满的，现实是骨感的，美好的理想究竟哪一天能够实现呢？老子也不知道。

在这一点上，韩非比他现实得多。他有一篇秦王嬴政读了之后想跟他交朋友的文章，题为《五蠹》。当老子一个劲地说，让我们回到原始时代，人人混沌、人人淳朴，社会也太平。韩非说，社会在进化，我们可以回去吗？社会动乱也好，太平也好，反正我们已经回不去了。

他是有理由的。韩非认为，远古的时候百姓少，禽兽多，百姓总是受禽兽的侵害。那时，老子想的"小国寡民"不存在，庄子想的"至德之世"也不存在。物竞天择，适者生存，在远古猎歌唱的"断竹续竹，飞土逐肉"的狩猎、以禽兽为食的时代，人为禽兽所食的情况也是常见的。这样的事后来还不断在发生，所以有施耐庵《水浒传》里武松景阳冈打虎、李逵黑风口杀虎的故事。韩非说，有圣人看到百姓受禽兽侵害，于是站出来带领百姓在树上筑巢以避禽兽之害。老百姓解决了住的问题，不受禽兽侵害，很高兴地推举他为王，称他为"有巢氏"。百姓住安稳了，吃的问题出来了。那时大家都吃生食，能弄到什么吃什么。瓜果蔬菜、鱼虾蚌蛤的腥臊恶臭伤害了人的肠胃，很多人生病。于是，又有人站出来用钻燧取火的办法，去掉食物腥臊的味道，让生食变成熟食。百姓又高兴了，推举他为王，称他为"燧人氏"。

韩非处在战国晚期，他说："如果我们现在还是在树上搭窝棚住，还是用钻燧取火、击石取火的方法做饭吃，别人一定会笑话我们。同样的道理，如果在当今还赞美尧、舜、禹、汤、文、武之道，一定会为新圣所笑。"韩非还讲了一个"守株待兔"的故事。宋国有个农夫，他的地里有一根树桩。一天一只兔子跑过来，不小心撞上树桩，脖子折断后死掉了。农夫把这死去的兔子捡回去，和家人好好地吃了一顿。从此他放下农具，不干农活，天天守着这根树桩，期待还有兔子跑过来撞死，好让他再捡回家。韩非讲完这个故事后，发了一句议论："今欲以先王之政治当世之民，皆守株之类也。"① 所以，韩非心中的圣人不效法远古帝王，不守古来的制度，而是依据社会的发展，顺世之变，因时制宜。老子想的退化、无为，在韩非看来完全不可以，因为社会进化，永远是有为的结果。

老子主张无为、好静、无事、无欲，信奉"道"的自然精神，我在前面说过他的第三十七章："道常无为而无不为。侯王若能守之，万物将自化。化而欲作，吾将镇之以无名之朴。镇之以无名之朴，夫将不欲。不欲以静，天下将自定。"这里再从社会治理的角度说一下。

这里提到的"侯王"次于他说的圣人。圣人自然无为，侯王得自觉遵循圣人的道路，坚守无为而无不为，那么"万物将自化"。"自化"的万物包括了人在内的自我教化，与"无为而民自化"相应。庄子说过："君子不得已而临莅天下，莫若无为。无为也，而后安其性命之情。"② 这"不得已"是不愿为而为之，信奉道家自然无为思想的人，本不想治天下，既然被迫治理天

① 《韩非子·五蠹》。
② 《庄子·在宥》。

下，策略的选择就是无为。只有无为才能使万物自然变化，天下富足，百姓安居乐业。庄子还说过："古之畜天下者，无欲而天下足，无为而万物化，渊静而百姓定。"① 这是跟在老子后面说的，没有什么新意。

老子在"万物将自化"后面，忽然说了一句"化而欲作，吾将镇之以无名之朴"，这"化而欲作"是万物的起伏发展。老子的思想逻辑在这里似乎是：万物因"道"而生，生而有欲望萌动；侯王守无为，万物的萌动在自我教化下归于自然；归于自然的万物却生变化，欲望再起。于是，侯王"镇之以无名之朴"，即以"道"镇之。"道"无为无欲，也欲万物归于无为无欲，就是他随后说的"无名之朴，夫将不欲"。说到这里，老子对将有欲望的万物的处置已经明确，他在这里本可打住时，却又往前推进了一步："不欲以静，天下将自定。"万物归于静，做到真正的无为无欲，天下就安定太平了。从"道"的无为而无不为，到天下的自定，老子对天地万物和社会生活的认知达到了一致。严格来说，他不太像政治家，却喜欢把自己的宇宙观和现实社会联系在一起，用体悟到的自然精神作为社会生活的现实指导原则，并通过一系列治理国家的理论显出自己非凡政治家的风貌。老子内心充满自然无为、无欲清静，如果真要他去做政治家治国理政也是不成的。好在他没有做官的欲望，弃周而去也未见痛苦。假如是唐代诗人李白，肯定会叫道"大道如青天，我独不得出"，或是"长风破浪会有时，直挂云帆济沧海"②。

---

① 《庄子·天地》。
② 李白:《行路难》。

六、治大国若烹小鲜

老子主张以"道"治国，期待安定太平的社会，如果社会自然而然就是如此，该多好啊！我有时想，他待在周王朝的时候，也算是个隐于朝的隐者吧，无论是"小隐"还是"大隐"，心里有多少话要说，都没有及时去表达，只在出函谷关时反反复复地说他的治国理念。再看第三十五章：

> 执大象，天下往。往而不害，安平泰。乐与饵，过客止。道之出口，淡乎其无味，视之不足见，听之不足闻，用之不足既。

他说"执大象"，是"执"大"道"之象，说简单点，这"大象"就是"道"，只是不清楚"大象"究竟是什么形态。他说过"道"是"恍惚"，那"大象"也是"恍惚"了。老子自我宣扬，说能够用"道"治理天下的话，天下人都会拥戴，大家都会过上无害而平安的生活。"安平泰"，有的版本作"安平太"，"泰"与"太"相通。老子还是夸大了以"道"治理天下的作用，就像孔子说的德治、孟子说的仁政一样，在当时战乱的社会环境中，设想再好，也是不可能实现的。

而"乐与饵，过客止"中，"乐"为音乐，"饵"为食物，是说音乐和食物能够让过客停下脚步，可见音乐和美食的诱惑力。这是生活的常态，也是人性的常态。人们的耳朵从来就爱听动人的音乐，嘴巴从来就爱吃美味的食物。孔子曾说自己在齐国欣赏传说中舜的韶乐，实在太好听了，以致沉浸其中，三月不知道肉的滋味。还有白居易《琵琶行》里说听到浔阳江上悦耳的琵琶声，"主人忘归客不发"。而美食的诱惑力更是我们每人都有的体会。荔枝好吃，杨贵妃喜爱，唐玄宗专门派人从南方为她传送，杜牧有诗道："长安回望绣成堆，山顶千门次第开。一骑红尘妃子笑，无人知是荔枝来。"① 苏轼贬居惠州，喜爱荔枝，有诗咏荔枝："不须更待妃子笑，风骨自是倾城姝。不知天公有意无，遣此尤物生海隅"。② 还说自己："日啖荔枝三百颗，不辞长作岭南人。"③ 老子以音乐、美食为喻，说在通向"道"的路上，会有适应人性情和生理需要的种种诱惑，从而使人归"道"的路变得曲折复杂。

而"道"呢？他说："道之出口，淡乎其无味，视之不足见，听之不足闻，用之不足既。"这话容易明白，"道"说出口，淡得没有味道，用眼睛看也看不见，用耳朵听也听不见。这与他在十四章说过的"道"视之不见、听之不闻相应，总是那么神秘莫测。但用"道"来治理国家，这"道"没有穷尽，用也用不完。很难有人真的这么做，前面说过西汉的"文景之治"，用黄老的清静无为治理国家，也不是真正意义上老子"道"的自然无为。譬如老子自己说的，治国的天之道应该是损有余而补不足，这也不是纯粹的自然无为呀？"道"没有穷尽，治理国家的方法也没有穷尽，不过是老子的自说自话，只有他自己相信。

说以"道"治国还是太抽象了，刚说过老子主张"以正治国……以无事取天下"，他其实还有具体一些的主张。用什么治国呢？"以啬治国。"他在五十九章里说：

---

① 杜牧：《过华清宫》。

② 苏轼：《四月十一日初食荔枝》。

③ 苏轼：《食荔枝》。

治人事天莫若啬。夫唯啬，是谓早服。早服谓之重积德，重积德则无不克，无不克则莫知其极，莫知其极，可以有国。有国之母，可以长久。是谓深根固柢，长生久视之道。

他说"治人事天莫若啬"，"啬"一般说是吝啬，引申为节俭之意。韩非在《解老》里解释过老子这句话。他说聪明睿智是人的天性，动静思虑是人后天的行为。人的思虑过度了，智慧和鉴别能力就会混乱。"治人"者，应该"适动静之节，省思虑之费"。人的行为举措，应节制而适度。任何思考，不要想入非非让人烦躁，也应有节制，不要太费精神。"治人"如此，那么"事天"呢？"事天"应当"不极聪明之力，不尽智识之任"，即不要把个人的聪明才智发挥到极致。如果一个人的聪明才智用尽了，费神多，会造成浪费不说，结果也非常不好，会导致眼睛瞎了、耳朵聋了，人也会疯狂到连得与失都分不清楚，灾祸就降临了。所以韩非说用啬治国，"啬之者，爱其精神，啬其智识也"。也就是省着自己的精神、智慧和鉴别能力，不要用到极致。韩非说的"治人事天莫如啬"有现实意义。如果我们对人对事想得太多，五心不定，内心狂躁，当然就不好了。不过，韩非说的并不完全符合老子的想法，老子说"啬"固然有节俭的意思，根本上还是说要清静自然。

多说一句，这里的聪明智识，有时是自以为是。《国语》里有邵公谏周厉王制止批评的故事。周厉王暴虐无道，很多人批评他。大臣邵公告诉他，百姓受不了，别再这样了。厉王火了，变本加厉，自认为聪明的他找来卫国的巫师，让他监视国内批评他的人，只要得到报告，就把批评者杀了。这样"国人莫敢言，道路以目"，大家不说话，只用眼睛互相看看，表示心里的愤怒。邵公说厉王："你堵别人的口不让说话怎么行呢？像这样你能维持多久？"厉王不听，三年后，他被国人赶下台，流放到彘这个地方。

老子说"夫唯啬，是谓早服"，韩非说"圣人虽未见祸患之形，虚无服从于道理，以称早服"。"早服"是早有准备，见祸患于未形，这是一个很高的要求，不是任何人都有这样的远见，并且能够做得到的。接着，老子又说了："早服谓之重积德，重积德则无不克，无不克则莫知其极。"早有准备是积德，积什么德呢？韩非解释：治人，遇事能够沉静下来，与德相伴；事天，遇事能内心空灵，和气吸纳，也就是积德了。他还说：积德能够使内心平静，平静能够使内心平和，平和然后会有所得，有所得则可统治万物，统治了万物就战而能胜。他这样推演下来，偏于社会实用。不像老子的"德"聚焦在自然素朴、无为无欲上，他觉得能够这样，也就有了无穷的力量，战无不胜。所以老子说"莫知其极，可以有国。有国之母，可以长久"，想象如果是这样的话，就能拥有治理国家的职责和能力，可长久把握治理国家的根本。

在国家治理上，老子还有一个重要理念是人们说得最多的，这就是"治大国若烹小鲜"，见于《老子》第六十章：

> 治大国若烹小鲜。以道莅天下，其鬼不神。非其鬼不神，其神不伤人；非其神不伤人，圣人亦不伤人。夫两不相伤，故德交归焉。

"治大国若烹小鲜"，"小鲜"指的小鱼。现在这话也常有人说，道理常有人用。何止是"治大国若烹小鲜"呢？一个单位、一个家庭的治理，其实也像烹饪小鲜鱼一样。因为小鲜鱼在烹制的时候，过多地翻动，小鱼就被翻烂了。老子用这个比喻说治理国家应当谨慎小心，过多折腾会弄得一团糟。

这是很重要的事，从事国家治理的人不仅要有这样的理念，而且要能这样实践。韩非的《解老》说："工人数变业则失其功，作者数摇徙则亡其功。"他也是在打比方，说手工业者经常变换职业，事业会没有成就；农夫多次迁移，耕种会没有收获。这话是不是有道理呢？韩非有说法，一个人如果每天只做半天，十天就少了五个人的工作量。如果是一万人呢？十天要少多少工作量呢？不断变换工作，变换的人越多，工作的亏损越大，意思是工作变换频繁会耽误工作时间。除此之外，用心不专，反复折腾，也难有工作成效。韩非从这里说到国家的法令制度，说法令变更，利与害的关系就变了。利与害的关系变了，百姓的工作就变了。如果治理大国反复变法，苦的就是百姓。因为治民，是不应该过度扰民的。韩非是极力主张变法的人，世异时移，法令就当有相应的变化，以适应新的社会变革，而不是墨守成规。但他不赞成朝令夕改，变来变去，所以他说善于治国的人贵静，就像"治大国若烹小鲜"。如果治国的法令经常变化，百姓没法执行或者不知道怎样执行才好，那事业怎么能成呢？法令稳定，百姓习惯，才会感到法令的便利。韩非的理解，在一定程度上符合老子"治大国若烹小鲜"的意思。人们进行任何事业都有一个宝贵的经验：认准目标，坚持不懈地做，不断地积累经验和教训，不断地有所感悟和创新，最终就能取得成功。

不过，我们和韩非的想法不能取代老子的想法。在把"治大国若烹小鲜"用于社会工作和生活经验时，我们往往容易孤立地看这一句话的告诫作用，而没有顾及这一章其他的内容，从而有断章取义之嫌。老子还有话呢："以道莅天下，其鬼不神。非其鬼不神，其神不伤人；非其神不伤人，圣人亦不伤人。夫两不相伤，故德交归焉。"这里说了"道"与"治大国若烹小鲜"之间的关系：用"道"君临天下，鬼不灵了，神也不灵了。在老子的时代，鬼神是有人信奉的，《左传》有一篇《曹刿论战》，讲的是鲁庄公十年，即公元前684年，齐鲁长勺之战的故事。齐国的军队攻打鲁国，庄公即将应战的时候，曹刿去见他，问他鲁小齐大，势不均、力不敌，鲁国凭什么和齐国一战。鲁庄公一共说了三点。一是衣食这些东西他不敢专享，一定分一些给身边的大臣。二是他相信鬼神，每当祭祀鬼神，牛、羊、猪和玉器、丝绸这些供品，一定是实实在在，诚心诚意的，他这样信神、祭神，神会保佑他的。曹刿说："你这两点都不行，衣食这样的小恩惠没有遍及百姓，百姓不会听从你的号令；小诚信难以取信于神，神不会赐福给你，凭这不可能战胜强大的齐国军队。"当鲁庄公说了第三点，断案体察民情，曹刿便说凭这可以一战。随后的齐鲁长勺之战，鲁军一鼓作气，创造了历史上有名的以小敌大、以弱胜强的战例。

举这个例子只是想说明春秋人信鬼神。老子虽然这样说，但"道"生万物的理念，表明他是不太相信鬼神的。所以他才会说出"以道莅天下，其鬼不神"的话，即用"道"治理天下，鬼就不会显灵，或者说不起作用。并从鬼神过渡到圣人，说鬼神不伤人，圣人也不伤人。韩非在《解老》中说过鬼神与人的两不相伤，圣人与人的两不相伤。鬼神祸害人，是鬼神伤人；人驱赶鬼神，是人伤害鬼神。而圣人用刑罚惩治百姓，是圣人伤人；百姓犯法，是百姓伤害圣人。韩非满脑子的法治观念，所以他解释老子的"两不相伤，故德交归焉"，是百姓不犯法，圣人或君王不用刑罚，也就是两不相伤。在这种情况下，百姓休养生息，种庄稼、养牲口，生活富足，精神旺盛，也就有德。圣人有德，百姓也有德，两德交归，实在是社会生活的美事。

老子的圣人与百姓两不相伤，根本上是圣人清静无为，百姓也清静无为，就此何伤之有？这也与他的"以道莅天下"相合为一。比他说的"治大国若烹小鲜"更加彻底，因为这"烹小鲜"里面终究是有作为。

七、虽有荣观，燕处超然

老子还说，治国应行于大道而非小径，这让人看到他治国理论的光明磊落。他在第五十三章中说：

> 使我介然有知，行于大道，唯施是畏。大道甚夷，而民好径。朝甚除，田甚芜，仓甚虚。服文彩，带利剑，厌饮食，财货有余，是谓盗夸。非道也哉！

老子说"使我介然有知，行于大道，唯施是畏"。"介然"是微小的样子。有人说"介"通"芥"（小草），也是取微小之意。而"施"读为"迤"，指的是斜路。这里是说，如果略微有知识，就害怕走斜路，应该走在平坦的大道上。老子也知道，人有不同的人生选择，所以又说"大道甚夷，而民好径"，他要走大道，但有人走小路。像屈原《离骚》里说的："民生各有所乐兮，余独好修以为常。"是呀，人生各有所乐，屈原喜好自我的品德修养，"朝饮木兰之坠露兮，夕餐秋菊之落英"，而"众皆竞进以贪婪兮，凭不厌乎求索"。奸佞之臣勾结营私，不知满足地追名逐利；他特立独行，不愿听从江畔渔父的劝告，不愿随波逐流，这就是各自的选择。老子说了社会的一些现象，如"朝甚除，田甚芜，仓甚虚。服文彩，带利剑，厌饮食，财货有余"。这"朝甚除"，依王弼的解释，"朝"为宫室，"除"为洁好。那么这里说的是宫室整洁漂亮，而农田荒芜，仓库空虚，权贵穿着华丽的衣服，佩戴着锋利的刀剑，吃饱喝足，财富有余。社会应该均贫富，损有余而补不足，实际上却是贫富严重不均。这种现象在古代社会长期存在，唐代诗人杜甫指责的"朱门酒肉臭，路有冻死骨"[①]就是很典型的现象。

说到这些，老子有一点悲愤，他这个一直很平和的人突然提高音量说："是谓盗夸。""盗夸"是大盗，韩非《解老》作"盗竽"，强盗头子。韩非解说过这一句，他说私家富，百姓就会想方设法追随，小盗自然而生，大盗唱小盗和，就像竽奏而钟瑟相随一样。他在这样的叙说和比拟中，说明了上行下仿的社会效应，不能不严重关切。老子以"服文彩，带利剑"的诸侯为大盗。庄子在《胠箧》里说过一句话："窃钩者诛，窃国者为诸侯，诸侯之门而仁义存焉。"他很看不起战国时的诸侯，视他们为窃国大盗，说他们的仁义不过是虚仁假义。老子也瞧不起这些诸侯，说他们这样的做法"非道也哉"，不符合他"道"的法则，治世失当。

对于圣人治国，老子是寄予厚望的。他说圣人应怎样做，实际上是以圣人的做法指导天子、诸侯应该怎样做。除了上面说的，他又说要以柔弱胜刚强，他在第七十八章里说：

> 天下莫柔弱于水，而攻坚强者莫之能胜，其无以易之。弱之胜强，柔之胜刚，天下莫不知，莫能行。是以圣人云：受国之垢，是谓社稷主；受国不祥，是为天下王。正言若反。

天下没有什么比水更柔弱，不用说海啸、山洪暴发时大水的

---

① 杜甫：《自京赴奉先县咏怀五百字》。

势不可当，在日常的细微处，能够战胜坚强的力量没有谁能够超过它，也没有谁可以代替它。最典型的例子是水滴石穿，让人看到了柔弱胜刚强的光彩。老子说，天下没有谁不知道这一点，却没有谁能够践行。为什么呢？柔弱胜刚强不是容易的事，说水滴石穿，谁见过水一滴在石头上，石头就穿透了？水滴石穿的过程和结果，贵在一刻不停地坚持，只有坚持不懈，矢志不移，柔弱才能胜刚强。而未胜之前，柔弱始终都是柔弱。老子希望人们知而能行，以达到圣人治天下的境界。

接着，老子说圣人有话，"受国之垢，是谓社稷主；受国不祥，是为天下王"。这"受国之垢"的"垢"是污秽，引申为屈辱。他的意思是承受国家的屈辱，才是真正的国家君主；承担国家的灾难，才是天下的君王。在这方面，古代承担国家屈辱和灾难的君王并不少，如南唐的李后主，在南唐灭亡以后，他沦为北宋太祖的阶下囚，被封为"违命侯"。他在囚居的日子里想到以前的帝王生活，心里很不好受，于是写了一些痛彻心腑的词，如《虞美人·春花秋月何时了》："春花秋月何时了？往事知多少。小楼昨夜又东风，故国不堪回首月明中。雕栏玉砌应犹在，只是朱颜改。问君能有几多愁？恰似一江春水向东流。"读这首词，你会感受到他承受的巨大屈辱和难言痛苦。最终，他死于宋太宗之手。再说他也没有屈而复伸的气魄和能力，尽管他很有文艺才能，尤其是在词的创作上有很高的成就。

我们一般不大说李后主，而喜欢说春秋时的越王勾践。《国语》里有记载，越国被吴国消灭，越国国君勾践派人向吴王阖闾求和，不仅把金玉宝贝都送给吴国，而且把自己的女儿送给吴王做妾，把越国大夫的女儿给吴国大夫做妾，把士人的女儿给吴国士人做妾，他自己去做了吴王阖闾的马夫，这真是很大的屈辱。

如此十年卧薪尝胆，让越国百姓休养生息，包括加速人口繁衍，发布一系列惠民政策，为的就是有一天能够报仇复国。直到有一天，他觉得力量的储备够了，兴兵伐吴。这一仗，吴国大败，吴王阖闾求和，愿意承受勾践当年受到的屈辱。但勾践不许，最后，阖闾身死国灭。这勾践就是那"受国之垢"的社稷主，他有坚韧不拔的意志，宽广博大的胸怀，能够忍受屈辱，从而东山再起。

回到老子上来，他在这章的最后说"正言若反"，说自己正面说的话，好像是说的反话一样，怕有人不信他的话，或者是不懂他的话，提醒人们怎样去领悟。但无论他怎样说，有多少人能懂他柔弱胜刚强的道理呢？"正言若反"也是我们理解《老子》五千言的重要提示语，他担心人们阅读有误解，声明这些话并不是反话，要从正面理解。

说了这么多，还要再交代一下老子的另一个重要思想：重为轻根，静为躁君。这也是针对治国理政的，见于第二十六章：

> 重为轻根，静为躁君。是以圣人终日行不离辎重。虽有荣观，燕处超然。奈何万乘之主，而以身轻天下？轻则失本，躁则失君。

这里"重为轻根，静为躁君"的重、轻、静、躁，是泛泛的人生原则。虽说泛，却又是做人少不得的。老子这话是对人的告诫，尤其是对君王的告诫。重是轻的根本，静是躁的主宰，做人就应该稳重、沉静。如果能够做到，那么轻浮、躁动就不容易发生，他也不希望发生。所以圣人明白这一点，以重、静为本，"终日行不离辎重"。"辎重"，本是远行随身的行李、粮食和装备等，老子以此为喻，说明圣人善于护本。正像苏辙所说，远行本想轻装简从，但不离辎重，无辎重不能行远。"荣观"即美丽景色下的奢华生活，有这种生活而不失"燕处"的清静超然。"荣观"并非老子期望的生活状态，他的用心在治国，治国应当谨慎行事，不能轻率以误国；处世应内心平静，即使享有荣华富贵，也应泰然处之。

"虽有荣观，燕处超然"。有趣的是，苏轼四十岁在密州做太守时，把州府院子里的一座旧台修整一新，请弟弟苏辙命名。苏辙想到居山者知山，居林者知林，耕种者知原野，渔者知湖泊，各安其所，乐不相及，而居台可得众乐；天下之士奔走于是非之场，浮沉于荣辱之海，二者都为物所累，不及居台而超然，所以用老子的"超然"作台名。苏轼还专门写了《超然台记》。第二年春天，他登台放目远望，一派春色，欣然赋《望江南·超然台作》词一首："春未老，风细柳斜斜。试上超然台上看，半壕春水一城花。烟雨暗千家。寒食后，酒醒却咨嗟。休对故人思故国，且将新火试新茶。诗酒趁年华。"这年八月十五他又在超然台宴请宾客，把酒尽欢后写了《水调歌头·明月几时有》，因思念苏辙而留下了"但愿人长久，千里共婵娟"的名句。

说远了，打住吧。老子在"虽有荣观，燕处超然"后面说："奈何万乘之主，而以身轻天下？""乘"是古代战车的单位，一乘是一车四马。拥有"万乘"的君主，意味着国家兵强马壮，军事力量雄厚。老子问，这样的君王，为什么轻率、躁动，只顾及自身的享受而轻看了天下呢？难道就不知道"轻则失本，躁则失君"？失了稳重沉静，难免有一天会丢掉天下。隋朝的炀帝杨广是一个例子。他即位后大修运河，建造东都洛阳，并把都城从长安迁到洛阳。他在乘龙舟巡幸江都时，大将军赵才劝他，说当今百姓疲劳，府库空虚，盗贼蜂起，禁令不行，还是回京城安定百姓的好。隋炀帝一意孤行，依旧巡幸江都，结果在江都被禁军将领宇文化及杀死。一年后，隋朝彻底灭亡。这是老子身后的故事，教训深刻，却能让人感受到老子的话很有道理。主张以"道"的自然无为治理天下的老子，对社会充满了温情。

八、天下莫能与之争

老子还说了，治国要"去甚，去奢，去泰"，这三个举措与现实生活都贴得很近。看上去是一般的生活行为，权力者享有的权利与富贵者享有的富贵，都容易影响他们的生活。老子对此有自己的说法，他在第二十九章写道：

> 将欲取天下而为之，吾见其不得已。天下神器，不可为也。为者败之，执者失之。故物或行或随，或歔或吹，或强或羸，或挫或隳。是以圣人去甚，去奢，去泰。

"将欲取天下而为之，吾见其不得已"，这是什么话呢？他给那些想取天下而治天下的人当头泼一瓢凉水，说以有为取天下，是不可能实现的。这种人的所想所为不符合老子无为的思想，苏辙从另一个方面对老子这句话的理解可作印证。他说圣人享有的天下，不是有意取得的，而是万物所归，本不想有而自然获取。他治天下，不是有为，而是遵循万物的自然法则，除去妨害自然的东西。在老子心中，天地万物自然生成，生存法则也是自然的；因天地万物而有天下，延伸到天下的治理，都应该是自然的。天下是什么呢？在老子看来天下是神圣的器物，不能按个人的意愿违背自然而有为。如果掌控天下一定要有为，必然是"为者败之，执者失之"，与他主张治理社会应当清静无为相一致。

这时，老子忽然说了人的多种行为或状态：有人前行，有人后随；有人轻嘘，有人重吹；有人强壮，有人瘦弱；有人挫折，有人毁坏。王弼说，老子的意思是事物的逆顺反复，都不是有意而为的，是性情自然，因循顺应所致。有人前行，不能要他后随；有人轻嘘，不能要他重吹，否则就违背了自然。这与他前面批评的以有为治天下相呼应。老子用这些例子告诉大家，在生活中随顺自然，做到恰如其分，去掉过分的、奢侈的、多余的事物或行为。凡事都恰如其分，实在是理想的生活目标。

人生的随顺自然、恰如其分可以用另外一个词来表达，那就是适性。什么是适性？就是由着自己的天性，想做什么就做什么。嵇康的"目送归鸿，手挥五弦"[1]是适性；王维的"行到水穷处，坐看云起时"[2]也是适性。

再讲两个《世说新语》里的故事。一是西晋的张翰在洛阳做官的时候，想起家乡吴中的菰菜、莼羹和鲈鱼脍，感慨地说："人生贵得适意尔，何能羁宦数千里以要名爵。"[3]随后由着性子辞官而去，驾车还乡。二是东晋王羲之的第五个儿子王子猷在山阴（今属浙江绍兴）时，一天夜里大雪，他一觉醒来，打开房门，一边饮酒一边欣赏美妙的雪景。这时，他忽然想起朋友戴安道。当时戴安道在剡溪，于是王子猷兴起，坐小船前往看望。船行一夜到了戴家门口，他竟然掉转船头回家了。有人问他为什么，王子猷说："吾本乘兴而行，兴尽而返，何必见戴！"[4]这些不太寻常的行

---

[1]　嵇康：《赠秀才入军》。

[2]　王维：《终南别业》。

[3]　刘义庆：《世说新语·识鉴》。

[4]　刘义庆：《世说新语·任诞》。

为，在张翰、王子猷那里都是适性。这一点，一般人很难做到。话说回来，老子说"圣人去甚，去奢，去泰"，除去他的自然精神和治理国家的方法不说，人们因为生活条件不同，也许做不到适性，但在保持生活的度上，"去甚，去奢，去泰"是很有必要的，有利于身心健康和工作持久。

顺应自然，最要做的是得"道"守"道"，这是老子最核心的思想，前面说过，这也是治理社会必不可少的要素。《老子》第三十九章写道：

> 昔之得一者，天得一以清，地得一以宁，神得一以灵，谷得一以盈，万物得一以生，侯王得一以为天下贞。其致之，天无以清将恐裂，地无以宁将恐废，神无以灵将恐歇，谷无以盈将恐竭，万物无以生将恐灭，侯王无以贵高将恐蹶。故贵以贱为本，高以下为基。是以侯王自称孤寡不穀。此非以贱为本邪？非乎？故致数舆无舆。不欲琭琭如玉，珞珞如石。

这里的"一"说的是"道"，他说天、地、神、谷、万物、侯王得"道"各有表现：天清明、地安宁、神灵巧、河谷水满、万物生、侯王成为天下的首领。这"贞"通"正"，是首领的意思。他把得"道"的作用在这里展开，不单纯说"道"生万物，而且让人知道"道"在天地之间的伟力。相反，如果放弃了"道"，灾难就将发生：天会塌、地会陷、神会灭、河谷会干涸、万物会消亡、侯王会颠覆。这些都是了不得的大事，得"道"还是失"道"，当事物或侯王面临这种选择的时候，谁不选择得"道"而求失"道"呢？从这些老子得出结论："贵以贱为本，高以下为基。"说到"贵以贱为本"，高祖刘邦早年是泗水亭长，朱元璋早年先当穷牧童再做穷和尚，难道不是"贵以贱为本"？老子那时期，诸侯王喜欢自称"孤、寡、不穀"，孤即孤独无助的人，寡即少德的人，不穀即不善的人，是自谦自弱之词。这一点他在第四十二章也说了："人之所恶，唯孤寡不穀。而王公以为称。故物或损之而益，或益之而损。"人们讨厌被称为孤、寡、不穀，而诸侯王却相反，是因为一些事物减少后会增加，一些事物增加后会减少。同样的道理，自谦自弱是求进求强之方。老子以此证明贵以贱为本，并告诫人们"致数舆无舆。不欲琭琭如玉，珞珞如石"。这"舆"通"誉"，"琭琭"是珍贵的样子，"珞珞"是石头坚硬的样子，这里说的是求荣誉会没荣誉，做珍贵的美玉不如做坚硬的顽石，依然还是贵以贱为本的道理。而"高以下为基"可以用老子"九层之台，起于累土"来解释，万丈高楼平地起，没有什么事不是从基层做起，从基础做起。老子认为这也是得"道"的方法。他的正说与反说，让人看到了老子的辩才，他特别善于从正反两面讲道理，让人知道利在哪里，害在哪里，前面的路应该怎样走。

老子说了这么多治理国家的方法，在不断宣扬顺应自然、清静无为的时候，也在想心里的国家会是什么样子。他说过"小国寡民"，但"小国寡民"是理想成功的模式之一，距离现实还有点遥远。很多时候他想的不是"小国寡民"，而是天下。上面说的治大国应当如烹小鲜、应当节俭之类，显然是针对现实社会的治理方略。他希望君王治国或天下成功后，百姓对君王有一个"自然"的评价。看《老子》的第十七章吧：

太上，不知有之；其次，亲而誉之；其次，畏之；其次，侮之。信不足焉，有不信焉。悠兮其贵言。功成事遂，百姓皆谓我自然。

这一章的"不知有之"和"信不足焉，有不信焉"，王弼本作"下知有之""信不足，焉有不信焉"，根据宋吴澄等本改，以更合老子的思想和文意。

老子在这里把君王分成了四等。首先是最高明的君王，百姓不知有他，他治民无声又无形；其次是亲近而为人称道的君王，百姓信服；再次是别人害怕他，他的治理靠的是权势和威压；最后是别人看不起他，不仅不顺从，而且还羞辱他。这四种君王，老子最欣赏的是第一种，这也是当然的事，因为第一种君王是他根据"道"生自然的法则，按自己的社会理想塑造的。其实在古代社会，这样的君王并不存在，勉强算得上的大概只有唐尧、虞舜，所以他们成为最具影响的圣王，被视为历代君王的楷模。诗人杜甫在诗歌里就说自己进入仕途，最大的意愿是"致君尧舜上，再使风俗淳"[1]，希望唐玄宗能够做尧、舜那样的帝王，使社会风俗重归远古的淳厚。

再往下说，老子提出君王诚信不足，所以不为百姓信任，也是对上面说到的后两种君王的批评。这一现象里面蕴含一个普通的道理，或者说真理：人与人之间以诚信交往，才会有彼此的信任，不论身份和地位，不论古代还是现代。忽然，老子转变话题，说了一句"悠兮其贵言"，说的是最高明的君王，在治民的无声无形中"贵言"，即不轻易发表意见，少说话，少发布政令，生活悠然。他说这话意味深长，说话要少，关键是法令要少，最终归于清静无为，所以他才会说"功成事遂"，也就是国家治理好之后百姓说

---

① 杜甫：《奉赠韦左丞丈二十二韵》。

一声"我们原本自然"，也表明君王的治理是自然而然的。

因此，老子还说，治理天下在于不争而得天下，可当时社会上存在着激烈的诸侯相争。他在第二十二章里说：

> 曲则全，枉则直，洼则盈，敝则新，少则得，多则惑。是以圣人抱一，为天下式。不自见故明，不自是故彰，不自伐故有功，不自矜故长。夫唯不争，故天下莫能与之争。古之所谓曲则全者，岂虚言哉！诚全而归之。

这里的曲与全、枉与直、洼与盈、敝与新、少与得、多与惑，都有相互依存的辩证关系。委曲才能保全，弯曲才能伸直，低洼才能满盈，破旧才能生新，少有才能多获，多得就会迷惑，这让人看到了事物的两面，它们往往是这样相互依存的。这里面的道理值得记取，也有许多故事。

譬如"曲则全"，前面讲过的留侯张良在下邳桥上遇一老人，老人多次羞辱他，他承受了委屈，最终获得好处。与张良同时期的韩信受胯下之辱，也是委曲求全。韩信是江苏淮阴人，有一次在集市上遇到一个鲁莽的少年。少年指着他说："你韩信长得高大，又好佩带刀剑，但内心胆怯。你要不怕死就杀我，你要怕死就从我胯下钻过去。"韩信看了那少年半天，想了想，就趴下来，从他胯下钻过去了。集市上的人看到这一幕，无不笑韩信是胆小鬼。后来韩信在刘邦手下做大将军时，还特地把这少年召到帐下做了中尉，说他是壮士，并说："我当时不是不能杀你，只因杀你无名才忍了。"最后，在韩信的帮助下，刘邦打败项羽，得了天下。

又如"多则惑"，这种事往往是利令智昏。陈寿的《三国志》记载汉献帝建安十三年，即公元 208 年的赤壁之战就是例子。当时挟天子而令诸侯的曹操在战胜袁绍和刘备、得了荆州之后，乘势南下，与东吴的孙权争锋。这一战在《三国志》的"曹操传""周瑜传"里都写得很简单，罗贯中在《三国演义》里把它写得惊心动魄，扣人心弦。他说曹操率雄兵百万、上将千员，在江夏与孙权决战以取天下。曹操因有前期战胜之功，雄心勃发，势不可当，在湖北赤壁与孙权大军相遇。孙权大军在大都督周瑜的统领下，得刘备旗下的军师诸葛亮辅佐，用老将黄盖诈降，火烧曹军战船和营寨。曹操大败，狼狈逃窜。这虽有小说家的虚构，但曹操"多则惑"，贪得之下反而多失是历史的真实。苏轼贬居黄州时，还在《念奴娇·赤壁怀古》里说过这段往事，他写得很明快："遥想公瑾当年，小乔初嫁了，雄姿英发。羽扇纶巾，谈笑间，樯橹灰飞烟灭。"曹操的赤壁之败，至今都是人们茶余饭后的谈资。

在罗列了这么多生活现象以后，老子说圣人不一样，"圣人抱一，为天下式"。这"一"是"道"的异名，就是要以"道"为治理天下的法则，与上述现象的自然常态一致。接着，他提到了圣人的四个做法："不自见故明，不自是故彰，不自伐故有功，不自矜故长。"这是说不自我表现，所以更加明显；不自我肯定，所以更加张扬；不自我夸耀，所以更加有功业；不自高自大，所以才能长久。有两点应该注意，"不自见故明"，有人从读音的不同把"见"解释为"看见"而不是"表现"，说不用自己的眼睛看，所以看得清楚；而"不自矜故长"同样有人从读音的不同，把"长"解释为领导，说是不自高自大，所以能够成为领导。这两种说法都通，但从句式的表现风格来看，"见"宜为表现，"长"宜为"长久"。这是老子做人做事的一贯立场，他处事低调，与世无争，在不张扬中自然得到发展，所以才会说出"夫唯不争，故天下莫能与之争"的话，希望治理国家像百川归于江海一样，是自然而然的。而不争的重要内核是自然无为，当圣人或说是君王自然无为的时候，百姓全自然无为，也就有了"天下莫能与之争"的社会局面。

《淮南子·道应训》中讲过一个故事：晋国的赵简子死了，还没来得及安葬，中牟氏便攻打齐国。赵简子安葬五天以后，他的庶子赵襄子起兵征伐中牟氏，还没合围，中牟城忽然崩塌了十丈。赵襄子本来可以大举进兵的，这时却鸣金退兵了。军吏劝赵襄子说："您讨伐中牟氏，中牟氏的城墙刚巧自己坏了，老天爷助我，为什么不进攻反而退兵呢？"赵襄子说："我听前辈叔向说：'君子不乘人于利，不迫人于险。'不要乘别人身处险境的时候攻打他们。让他们把城墙修好后，我们再进攻。"中牟氏听说这件事，深感赵襄子的仗义，主动投降了。《淮南子》说，这就是老子说的"夫唯不争，故天下莫能与之争"。这个故事讲了宽仁和道义的力量，战争是残酷的，有时也并非如此。不过这个故事本身，并不符合老子的原意，他不想有战争。

老子最后总结说："古之所谓曲则全者，岂虚言哉？诚全而归之。"他这里说曲则全好，也是在说枉则直、洼则盈、敝则新、少则得好。这些话不是空的，问题在于能不能这样做，以及这样做的时候能不能做到。能做又做得到，使此言不虚，才会"诚全而归之"。这"全"苏辙说得好："夫所谓全者，非独全身也。内以全身，外以全物，物我兼全。"物我兼全的同时，应当是物我同归了。老子想得很美。

老子的社会观远比"道"生万物的自然观来得实在，他在说"道"生自然的时候，内心充满了纠结，因为始终说不清楚"道"是什么。但他又很满意自己从"道"生万物中获取的自然法则，并用它审视社会和人生。他绘制的"小国寡民"蓝图，自己也不相信有一天会实现，却向往甘食美服、安居乐俗的生活。如此生活的实现，需要的是清静自然、无欲无为。尽管他有"少私寡欲""治大国若烹小鲜"这样很实在的社会治理主张，但更多想的是以不为、不争得天下。可当时诸侯纷争，老子的理念去向谁倾诉？倾诉了又有谁能够采纳呢？他在函谷关写下《老子》的五千言，然后甩手而去，没有想他的社会理念究竟会为谁所用。心底醉心于社会治理的老子，对现实是很失望的。

第六章　不得已有了战争

老子所处的春秋时期，"国之大事，在祀与戎"。这话说得简明扼要。"祀"是祭祀，包括祭祀祖先、天地、神灵等，是社会生活中不可缺少的一件事，在那个人们普遍相信鬼神会惩恶扬善的时期尤其如此。"戎"是战争，当时诸侯兴起，免不了因势力割据、土地争夺产生战争，使春秋时期充满了血腥和苦难。面临这样的社会局面，智者思考天下怎样才会太平，他们或游说诸侯献计献策；或自个搜索枯肠，苦思冥想，寻求社会安宁的出路。因为面临或目睹了一场又一场大大小小的战争，人们免不了会谈兵论战，就像孙武说的："兵者，国之大事，死生之地，存亡之道，不可不察也。"[①] 老子也不例外。

一、或说《老子》是兵书

记载春秋时期的历史典籍最为人称道的是《春秋》，因为它又催生了同样著名的"春秋三传"，即《左传》《公羊传》和《穀梁传》。它们把本为纲要式的《春秋》纪事用具体生动的故事展开，让春秋这个时期的历史风云更生动地展现在世人面前，世人从中知道了那段历史的不平凡。

---

① 《孙子兵法·计篇》。

春秋时许多诸侯国都有史官，记载本国的历史，但传下来的只有鲁国的编年史《春秋》。鲁国国都位于现在的山东曲阜，是有名的礼仪之邦。《春秋》并非只记鲁国这一时期十二位国君的故事，也同时记述了鲁国和其他诸侯国的交往以及其他诸侯国发生的历史事件，声名远播，因此人们用"春秋"给这个时代命名。

孟子在战国中期回望春秋那段历史，想到诸侯之间打得你死我活，说过"春秋无义战"。战争本应有道义和不道义之分，或者说有正义与非正义之分。但春秋时不是这样，战争不讲道义。当时任何一个诸侯国，任何一位诸侯国君，如果你冒犯了他，他动心想要打你就打你；如果他看中了你的土地、财产，想打你同样会打，不讲理由；甚至一点小事，也会引起一场战争。譬如有一次齐桓公和夫人蔡姬在船上玩，蔡姬会水，把船弄得摇摇晃晃，桓公很害怕，要蔡姬别摇，蔡姬不听。桓公一怒之下，把蔡姬赶回娘家蔡国。蔡姬是蔡国国君的女儿，蔡君一气之下把女儿另嫁他人。桓公得知，兴兵攻打蔡国，蔡国大败。又如晋文公流亡时到郑国，郑文公对他不太礼貌，他回国做了国君后，就联合秦穆公去攻打郑国，随后有了烛之武退秦师和秦晋崤之战的故事。

春秋出现过许多霸主，他们是靠武力称霸的。荀子在《王霸》这篇文章中说过五霸：齐桓公、晋文公、楚庄王、吴王阖闾和越王勾践。司马迁的《史记》也说春秋五霸，他们是齐桓公、晋文公、楚庄王、秦穆公、宋襄公。人们一般用司马迁的说法。春秋时期的诸侯战争，打到韩、魏、赵三家分晋。晋原本是足以与楚国抗衡的大国，却就此灭亡，开启了战国时代。这时主要是齐、秦、楚、赵、魏、韩、燕七雄争强，逐鹿天下。七国中实力最强的是秦国和楚国，秦国在西方，楚国在南方。秦以一敌六，远交近攻，联合诸侯中的某一国攻打其他诸侯国。秦的联合使诸侯国没有不上当的。秦谈联合，用土地交换，诸侯为利所动，最后被秦国一个个收拾了。在这一过程中，楚国联合诸侯抗秦，出现了有名的合纵连横斗争。所谓合纵，是诸侯之间的联合抗秦；所谓连横，是秦国和某一个诸侯国联合攻打其他诸侯国。这个时期出现了著名的纵横家苏秦、张仪，苏秦力主合纵，张仪力主连横。春秋战国时代许多人都因战争而生，最有名的军事家是孙武，春秋时齐国人，著有《孙子兵法》十三篇，为人所知。孙武百年后有孙膑，"膑"是把人的膝盖骨拿掉的酷刑，他以此为名，是因在魏国受同学庞涓迫害遭遇膑刑，后逃到齐国，成为齐国军师，率军大败庞涓。孙膑著有《孙膑兵法》，现存只有残篇。当时的军事家还有司马穰苴，春秋末年的齐国人，本姓田，名穰苴，因军功封大司马，人多称其司马穰苴，著有《司马穰苴兵法》。吴起，战国时卫国人，曾在楚国变法，著有《吴子兵法》。这些人既有实践，又有理论，为后人推崇。

　　《老子》被认为是一部兵书，还是有点奇怪。话说远点，唐代有位叫王真的人，写了本《道德经论兵要义述》，两万多字，是《老子》篇幅的四倍，被称为道家军事著作，在军事史上有一定的影响。这部书非常独特，一般人对《老子》的解读，多从哲学思想、社会生活等方面切入，而王真站在军事的立场理解《老子》的八十一章，谈战与非战。他在这部书的《叙表》里说，《老子》已有河上公的《老子道德经河上公章句》、严遵的《老子注》，在唐代又有唐玄宗《御注道德真经》，说自己不敢再置一词，因此他从兵战入手作些探究。他还说了一句很有那个时代色彩的话，说要"粗述玄元皇帝圣旨"，这"玄元皇帝"是唐玄宗给老子封的，有这封号的老子，不属道家，而属道教。王真对老子毕恭毕敬，说自己解读《老子》是臆测管窥，没有百发百中之能，只求能够懂得万分之一。

王真的话说得谦虚，他把《老子》视为兵书，题名《道德经论兵要义述》是明证。我们来看王真著述的三章。

一是"天下皆知章"第二。这"天下皆知"取自《老子》第二章首句的"天下皆知美之为美"。然后他说："夫战争者，不必皆用干戈斧钺也。至于匹夫之相手足，虫兽之相爪牙，禽鸟之相嘴距，皆争斗之徒也。然至于王侯之动，即无不用其金革矣。为患之大，莫甚于斯。故偃武修文，兴利除害，其事既理，故曰：无为。其教既行，故曰：不言。是以云：'圣人处无为之事，行不言之教也。'"他说战争不一定都是真刀真枪，百姓用手脚相搏，虫兽用爪牙相搏，禽鸟用嘴角相搏，也是战争。只有王侯用真刀真枪，但祸患很大，不如偃武修文，摆事实，讲道理，把事理说清楚，就用不着打了，这就是"无为"。再施行教化，人人都不令而从，这就是"不言"。最后归结为老子说的"圣人处无为之事，行不言之教也"。

二是"曲则全章"第二十二。它对应《老子》第二十二章中的"曲则全，枉则直"，王真这样阐述："此章所言曲者，谓柔顺屈曲之义也，非谓回邪委曲之徒也。自此以下皆正言若反之意。是以，圣人抱一者，唯抱此曲全之道，以为天下之法式也。又从'不自见'以下四节，皆不争之道也。故曰：'夫唯不争，故天下莫能与之争。'天下莫能与之争，则兵战自然息矣！故曰：古之所谓'曲则全'者，岂虚言哉！诚以此曲全之道，而归根于正静者也。治军治国之道先此为妙也。"他对"曲则全"的理解符合老子的原意，"正言若反"也是老子的说法。但在说到老子的"不自见故明，不自是故彰，不自伐故有功，不自矜故长"四者时，断言它们是不争之道，从而说不争所以天下莫能与之争，那么战争就平息了。老子这话不是专对战争说的，但战争也在其中。前面提到的《淮南子·道应训》中赵襄子攻打中牟城的故事，就引用了老子的"夫唯不争，故天下莫能与之争"。王真专用它来说战争，当然也可以。他最后把"正静"视为首要的治军治国之道，仍然是说以无为治军的。

三是"天下有道章"第四十六。它对应《老子》的第四十六章，老子在这一章中说"祸莫大于不知足，咎莫大于欲得。故知足之足，常足矣"。王真对此这样说："人君恣可欲之心，则天下之人皆得罪矣！嗜欲至而不知止足之分，则天下之人皆受祸矣！又人君所欲尽得，则天下之人悉罹于殃咎矣！必也上之人能知足之为足，则天下之人孰不常足矣！"他说人君放纵自己不知足的欲望，那百姓都会遭灾殃。因此，王真表达的不是要战争，而是希望人君知足而没有战争。说人君知足了，天下人也会知足，哪会有战争呢？他的解读符合老子知足的想法，但并不是真正的用兵之道。

这里选了王真说《老子》论兵的三章，他固然是用老子的理念来说战争之事，但他思想的核心不是战争怎么打，或是可以采用怎样的战术，而是如何运用老子的思想息兵止战，与《孙子兵法》之类的兵书截然不同。只是在他的立场上，《老子》是一部兵书，所以他写了《道德经论兵要义述》。

严格说来，《老子》不是一部兵书，但他对战争有自己的看法，或者他有些理念本不是说战争，但因这些理念在社会生活中普遍适用，被人们从战争的角度来理解，或者是把他的理念用于战争的战术，所以从战争角度说《老子》也是解读的一种常态。老子的理念可以用于战争也是真的，下面讲到的老子对战争的看法以及战术的运用，也是我们从用兵角度来解读《老子》的理由，同样借此审视老子眼中的社会和人生。

二、兵者，不祥之器

老子生在战争年代，对战争有自己的看法。他热衷"道"生自然，社会和谐，觉得自然无为是最高的社会法则，有甲兵也不必使用，对战争没有什么好感也是真的。他在第三十一章中说：

> 夫兵者，不祥之器。物或恶之，故有道者不处。君子居则贵左，用兵则贵右。兵者，不祥之器，非君子之器，不得已而用之，恬淡为上，胜而不美。而美之者，是乐杀人。夫乐杀人者，则不可得志于天下矣。吉事尚左，凶事尚右。偏将军居左，上将军居右，言以丧礼处之。杀人之众，以哀悲泣之。战胜，以丧礼处之。

首句的"夫兵者，不祥之器"，王弼本作"夫佳兵者，不祥之器"；马王堆出土的帛书本作"夫兵者，不祥之器"；唐碑本作"夫唯兵者，不祥之器"，以"佳"为"唯"之误。帛书本先出，况且这一章中还重复了"兵者，不祥之器"，内校也当作"夫兵者，不祥之器"。

说到战争，春秋战国时期诸侯之间大大小小的武力攻伐，引发了思想界对社会出路的探索，大家都想天下统一，重归和平。但怎样统一呢？纵观天下，有三种方法：

一是霸道，用武力征服天下。《战国策》记载了许多武力征伐的故事，其中有一篇《苏秦始将连横》，还选入了清人吴楚材、吴调侯编的《古文观止》，是人们喜爱的古文名篇。苏秦当时去游说秦惠王，劝秦惠王用"连横"的战略称帝而治。这战略的核心就是"打"，把不服的诸侯打服，称霸天下。他对秦惠王说："大王之国，西有巴、蜀、汉中之利，北有胡貉、代马之用，南有巫山、黔中之限，东有肴、函之固。田肥美，民殷富，战车万乘，奋击百万，沃野千里，蓄积饶多，地势形便，此所谓天府，天下之雄国也。以大王之贤，士民之众，车骑之用，兵法之教，可以并诸侯，吞天下，称帝而治。"这段文字很美，又有排比的气势，说的就是武力攻伐的"霸道"。他劝秦惠王，国家强大了，为什么还跟其他诸侯平起平坐？扫平诸侯，打出一个秦国的新天下。不过，苏秦这番动人的说辞没起作用，不是他不会说，而是时机不好。当时秦惠王即位不久，刚刚以谋反的罪名车裂了商鞅。因为商鞅在秦孝公时变法，身为太子的秦惠王犯了法，他的师傅公子虔代他受过，被处以劓刑，割掉了鼻子。他即位后，以谋反的罪名把商鞅处死了，所以秦惠王当时无心以武力征伐。后来秦王嬴政用武力征服了天下，统一六国，成为天下的始皇帝，

二是王道，用道德征服天下。如孔子说的"为政以德，譬如北辰居其所而众星共之"，孟子说的"老吾老，以及人之老；幼吾幼，以及人之幼。天下可运于掌"。这在前面提到过。孟子曾经描述过仁政之下的社会场景：百姓有固定产业，能保障上有老、下有小的一家人的温饱，然后学习礼义，做一个知书达礼的人。孟子再往细说，就有了这样的生活状态："五亩之宅，树之以桑，五十者可以衣帛矣；鸡豚狗彘之畜，无失其时，七十者可以食肉矣；百亩之田，勿夺其时，八口之家，可以无饥矣；谨庠序之教，申之以孝悌之义，颁白者不负戴于道路矣。"[①] 这把他所说的仁政

---

① 《孟子·梁惠王上》。

的内涵又具体化了一点，说到不同年龄段的人在生活上的需求，依旧还是百姓有温饱了再去学习礼义。如果能够达到这一境界，那一定是可以称王于天下的。

三是非霸道非王道，这就是老子说的自然无为，人人如此，天下统一。前面讲过《老子》第三十七章说"道常无为而无不为。侯王若能守之，万物将自化。化而欲作，吾将镇之以无名之朴。镇之以无名之朴，夫将不欲。不欲以静，天下将自定"。这"天下自定"，就是自然无为的结果。王道、霸道是战国时的提法，却是老子时期存在的天下一统的道路，他的思想原本是另辟蹊径，面临战争也是如此。走不通，但他还是在这样想。

老子反对战争，说："夫兵者，不祥之器，物或恶之，故有道者不处。"战争意味着死亡和毁灭，所以说兵者是不吉利的东西。孟子说过"争地以战，杀人盈野；争城以战，杀人盈城"，当时的战争就是这样残酷。孟子没有具体说，就春秋来说，那一时期除了五大战役（晋楚城濮之战、晋楚邲之战、晋楚鄢陵之战、秦晋崤之战和齐晋鞌之战）之外，还有齐鲁长勺之战、宋楚泓之战等；战国时有燕齐即墨之战、赵魏韩三家分晋的晋阳之战、魏齐马陵之战、秦赵长平之战，哪一次不是血流成河，民如蚁芥？如长平之战，善于纸上谈兵的赵国统帅赵括在山西长平与秦军一战，赵军惨败，四十万将士被俘虏。秦将白起害怕控制不了这四十万人，下令把他们全部活埋了。战争真是残酷，这样的事常在发生，降兵本不该杀却也被杀了。曹操写过一首被后人誉为"诗史"的《蒿里行》，说的是汉末"董卓之乱"后天下战乱的惨状，那一幕仿佛是春秋战国诸侯战争血腥场面的再现，他写道：

　　关东有义士，兴兵讨群凶。初期会盟津，乃心在咸阳。

军合力不齐，踌躇而雁行。势利使人争，嗣还自相戕。淮南弟称号，刻玺于北方。铠甲生虮虱，万姓以死亡。白骨露于野，千里无鸡鸣。生民百遗一，念之断人肠。

董卓任汉太尉，仗恃军权在手，废少帝刘辩而立陈留王刘协为帝，开启了历史上有名的建安时代。董卓自己做了丞相，挟天子而令天下，引起诸侯强烈不满，加上他随后下令迁都长安，放火把旧都洛阳烧了，到长安后又乱杀无辜，最后大臣王允串通吕布杀了他。这首诗没有写董卓之死，而说诸侯因董卓之乱而起的纷争。这些诸侯结盟攻董，不料大家打着各自的算盘，想的是自己怎样可以黄袍加身。所以攻打董卓演变成了诸侯彼此攻伐，而盟主袁绍先称了帝，最后弄成一场历史闹剧，形成了魏、蜀、吴三国之争。这一过程中，造成"铠甲生虮虱，万姓以死亡。白骨露于野，千里无鸡鸣"的社会惨状。连久经沙场的曹操也看不下去，感叹"生民百遗一，念之断人肠"。

老子反对战争，说"物或恶之，故有道者不处"。这"物"不是说的"万物"，而是指人，人本能地恋生恶死，有几人可以像庄子一样把死说得比生还要好呢？所以人们不喜欢战争。而有"道"的人以自然为本色，推行顺应自然，清静无为，不喜欢战争，也就不接近战争。

那时反对战争的大有人在，孔子就反对战争。鲁国季氏想去攻打颛臾这个小国家，弟子子路来告诉孔子。孔子说，怎么能够用武力征伐呢？"远人不服，则修文德以来之"[1]，意思是不应去打颛臾，而应用仁义去感化，让它自觉地臣服于鲁国。卫灵公曾

---

[1] 《论语·季氏》。

问孔子行军布阵之事，孔子说："我只听说了祭祀礼仪一类的事，没有学过军旅。"第二天就离开了卫国。和他相类似，齐宣王想让孟子谈齐桓公、晋文公称霸诸侯的事，他回答说："孔子的学生没有人说这些事，因此后世不传，我也没听说。你要谈，我就跟你谈谈仁政王道吧。"

墨子也反对战争，他有《非攻》上、中、下三篇，上篇说：偷别人的桃、李、鸡、猪、马、牛，亏人自利是不义不仁，而持刀抢劫他人的衣物、夺人的性命，是更大的不义不仁。杀一人有一重死罪，杀十人有十重死罪，杀百人有百重死罪。既然这样，为什么攻打别人的国家，杀害别国的百姓，就不认为错反认为是对呢？

庄子也反对战争，他讲了一个"触蛮之争"的寓言，其中是怎样评价诸侯战争的呢？听听这个故事："有国于蜗之左角者曰触氏，有国于蜗之右角者曰蛮氏。时相与争地而战，伏尸数万，逐北旬有五日而后反。"[①] 他把从事战争的国家比为蜗牛触须上的小国，国家渺小，参加战争的人也渺小，渺小到两国争地而战，居然会死亡数万，追亡逐败十五天才返回。

老子随后说，"君子居则贵左，用兵则贵右"。左、右是古代重要的文化现象和行为规则，天道尚左，地道尚右；天为阳，地为阴，阳左阴右，阳主生，阴主杀，这是阴阳对天地的认知。不过，古代左右的尊卑因时代不同而有不同，在老子时或以左为尊，或以右为尊，故有老子说的"吉事尚左，凶事尚右。偏将军居左，上将军居右"，即一般的礼仪以左为尊，遇上战争用兵则以右为尊。大敌当前，生存还是毁灭？为生存，委曲以求生，规避战争

---

① 《庄子·则阳》。

是有的，但有时可能以战止战，尽管老子不希望用兵。所以他又说"兵者，不祥之器，非君子之器"。何况战争会导致死亡，社会的消耗也大。孙子就说兴师十万，出征千里，百姓和国家两边会日费千金。军队长途运输，百姓就会贫困；军队进集市购买，百姓的财产就会枯竭。不知他是用什么标准计算的，事实上，哪次战争不需要庞大的经费支撑？参战的人越多，需求的量越大，弹尽粮绝，往往是兵败的征兆。

现在人们常说战争是政治的最高形式，最好是不用战争。如果不得已必须面对战争，非要使用武力，老子说"恬淡为上，胜而不美"。这"恬淡为上"不是说临战而淡然，无所谓战胜也无所谓战败。如果是这样的话，不战即败，参战也没有意义。这是说战胜后淡然处之，不居功，不自傲，不自美。他还补充了一句"而美之者，是乐杀人"，这是对战胜后赞美战争的人最严厉的批评。老子奉行用自然精神保护人的淳朴自由，内含了深厚的人文关怀。他反对战争，也反对因战争而杀人，那么赞美战争，不就是喜欢杀人吗？他预言："夫乐杀人者，则不可得志于天下矣。"老子没有看到乐于杀人的人得志于天下，但的确有这样的人。

这里讲一点"西楚霸王"项羽的故事。秦灭六国，秦始皇建立大秦王朝。他没有想到一手经营的王朝很快就走向了衰落，陈胜、吴广在安徽大泽乡举义旗反秦，项羽随叔父项梁反秦。项羽在一路凯歌进入秦王朝的都城咸阳后，本来可以在咸阳定都称霸，但他说"富贵不归故乡，如衣绣夜行，孰知之者"。他的想法很清楚，有了钱和地位后应该回乡，让乡亲看一看，不然的话，就像穿着漂亮的衣服在夜晚走路一样，有谁知道发了财、做了官呢？秦亡后，项羽自号"西楚霸王"，分封诸侯，最后与反秦时的结拜兄弟刘邦争夺天下，结果兵败垓下，不愿渡江以东山再起，自刎于乌江边。项羽当时的军事实力足以称帝，他在鸿门宴上放过刘邦，使刘邦重新崛起和他一争天下。一方面，刘邦善于用人，又善于斗智，这是项羽失败的重要原因。另一方面则是因为项羽在反秦时太喜欢杀人，他往往是所遇必破，所攻必克，但每次攻克之后就屠城，把满城的人都杀了。他进咸阳后，不像刘邦在咸阳约法三章，而是放火把秦王朝的咸阳宫室给烧了，大火烧了三个月。他还把已经投降的秦王子婴给杀了。只因为秦灭六国，既灭了项羽的楚国，又灭了项羽世世代代的家。满腔的仇恨使他复仇心盛，一路攻打，一路杀戮，胜利之余大失民心，应了老子说的"夫乐杀人者，则不可得志于天下矣"。

战争的"胜而不美"，是战胜的态度。战胜一方应该怎样面对呢？老子指了一条路："杀人之众，以哀悲泣之；战胜，以丧礼处之。"人世间的丧礼是相当复杂的事，儒家十三经里面的《仪礼》《礼记》有专门介绍且不说，不同时期、不同地域、不同对象还有不同的丧礼形式。但有一点是很明确的，就是老子想以悲哀的心情对待战争的胜利，为死者悲哀。有这种心情，自然就不会因战胜而欣喜，内心会更加趋于平和，回到人与人和谐相处的路上来。

三、不以兵强天下

老子反对战争有他的理由，战争会有灾难，社会太平该多好哇。他思考应该怎样应对战争，作为理论家没有践行理论的平台，说说总是可以的。于是他在第三十章又说开了：

> 以道佐人主者，不以兵强天下，其事好还。师之所处，荆棘生焉。大军之后，必有凶年。善有果而已，不敢以取强。

果而勿矜，果而勿伐，果而勿骄，果而不得已，果而勿强。物壮则老，是谓不道，不道早已。

"以道佐人主者，不以兵强天下"，这在老子那儿是必然的事。"道"的自然精神与"兵"的进取意识全然相悖，用"道"取天下而守天下，实在犯不上用军队和战争的力量。老子说，动用军队实施攻伐不好，打起仗来，军队待过的地方，荆棘遍生。他这话说得委婉，说军队其实是说战争。这"荆棘生焉"让人想到曹植的诗《送应氏》。曹植是曹操的第三个儿子，字子建，是三国魏时期很有成就的诗人。南朝宋代的山水诗名家谢灵运说他才高八斗，说自己的才华只一斗，而天下其他文人的才华一共也只有一斗。谢灵运借夸曹植把自己狠狠地夸了一把且不说，《送应氏》是曹植在洛阳送"建安七子"之一的应场去北方时写的，当时洛阳经董卓之乱一片惨状，作为东汉近二百年都城的洛阳被烧成废墟。曹植在诗里说："垣墙皆顿擗，荆棘上参天。不见旧耆老，但睹新少年。侧足无行径，荒畴不复田。游子久不归，不识陌与阡。中野何萧条，千里无人烟。"这城毁田荒的局面是何等凄凉！它可以回应老子随后说的"大军之后，必有凶年"。战争过后，人没了，田荒了，怎会不是灾年呢？

杜甫的《春望》写在唐王朝遭遇安史之乱，也就是长安被安禄山、史思明的军队烧杀掠夺之后。诗的首联说当时的景象为"国破山河在，城春草木深"，和曹植诗写的洛阳惨状没有两样。北宋写了《资治通鉴》的司马光评价这两句诗，说山河在，表明城里没有其他东西了，只有山河；草木深，表明城里没有人了，唯有草木。回头再看老子的"师之所处，荆棘生焉"，不也是只见荆棘不见人吗？战争给百姓和社会带来灾祸是不可避免的，如果从事战争的话，老子说"其事好还"，意思是你去打别人，别人也会打你，总有一天会得报应。而且战争之后，大地遍生荆棘，灾年相随，也应该说是报应。

老子又说，"善有果而已，不敢以取强"。也就是说，战争达到既定的目的就行了，通常说见好就收，不要逞强，继续打下去会自取祸败。如春秋时的楚灵王想称霸诸侯，大臣伍举劝他慎重，弄不好诸侯反有叛心。灵王不听，率兵伐吴，战而胜之。接着他派公子弃疾灭陈，又召蔡国国君到楚国，把他灌醉后杀死。楚灵王以为诸侯从此都害怕他。为了让国人更加畏惧，在国内加重苦役，自己则在干溪享乐。最后他众叛亲离，独自一人徘徊山中，饥不得食，在旧臣之子申亥家里自缢而亡。又如西汉武帝创造了汉王朝的鼎盛时代，但汉武帝在强盛后和匈奴展开了二十多年的战争，国力消耗太大，国家也走向了衰落。可见，不能见好就收，后遗症会很严重。

老子还说了，战争达到目的之后，应该"果而勿矜，果而勿伐，果而勿骄，果而不得已，果而勿强"。这"五果"就是胜利了不扬扬自得、不四处夸耀、不骄傲自满、不逞强炫威。这是对将士的由衷告诫，隐含骄兵必败之意。不妨讲两个小故事。

一是春秋时的齐晋鞌之战。战前，齐顷公率兵攻打鲁国龙城，三天攻克龙城，接着与卫国的军队遭遇。卫国哪是齐国的对手，便求救于晋国，于是有齐晋鞌之战。开战之初，齐将高固快马驰入晋军，横冲直撞，用石头打人，还抓了一个俘虏，坐着他的车子察看了晋军的营垒，回来后在齐军中大声喊叫："欲勇者贾余馀勇。"他这样骄傲不说，统帅齐顷公也很骄傲。待两军摆好阵势后，齐顷公说"余姑翦灭此而朝食"，意思是他把晋军消灭之后再回来吃早饭。结果，这一仗齐军大败，齐顷公差点丢了性命。

二是项梁之死。项梁是项羽的叔父，起事之初，他仰仗身长八尺有余、力能扛鼎的侄儿项羽率兵反秦，一路打下来，在山东的东阿大破秦军，乘胜西行，到山东定陶再破秦军。一连串的胜利，完全冲昏了他的头脑，他看不起秦兵而面有骄色。当时宋义告诫项梁说："战胜而将骄卒惰者败。现在你将骄卒惰，面对日益增多的秦兵，令人害怕。"遗憾的是，项梁听不进他的意见，后来秦军增兵，在定陶大败楚军，项梁战死。

齐晋势均力敌，如果齐顷公和齐将高固不骄傲，齐兵也许不会大败；如果项梁在多次打了胜仗以后，收兵休整，平和将士的骄气之后再战，也许不会迅速败亡，这都是历史的教训。老子说这些话，是希望把握战争的度，因为有一个重要的规律："物壮则老。"事物发展到一定程度，就会发生质的转化，即物极必反，战争也是这样。

辛弃疾有一句词："惜春长怕花开早，何况落红无数。"[①] 他是南宋词人，在词坛上和苏轼齐名，一生积极主张抗金，收复失地，但不为朝廷所用，郁郁寡欢。他在赋闲期间写文章、填词，抒发内心的不平和爱国情怀，使自己有了很高的文学成就，并成为辛派词人的领袖。他作这首词时四十岁，在湖北漕运副使任上调任湖南漕运副使，仍然远离抗金前线。他这首词感叹时光流逝，自己遭人嫉妒而赋闲。词中的"惜春长怕花开早"，意在他爱春天，但他不愿意预示着春天来临的花开，因为花开了会谢，春天来了就离春天消失不远了。于是他希望春天的花含苞待放，这也是度。度即不达到事物的顶点，如果达到事物的顶点，转化的时刻就来了。辛弃疾的伤春，其实是为南宋王朝感伤，以春将归去比喻南

---

① 辛弃疾：《摸鱼儿·更能消几番风雨》。

宋王朝的灭亡为期不远了，他不希望南宋王朝走到那一步。

老子紧跟着又说了"不道早已"，说战争不符合"道"的法则就会消亡，内在的含义就是失败，或者一蹶不振，或者身死国灭。不过，他在这里说的战争要合"道"，这"道"有两种说法。一说是能生万物的"道"，前面说了，战争与"道"的自然无为完全是背道而驰的，按老子的思想，自然无为无敌于天下，要战争干什么。另一种说法是这"道"是战争的规则或规律。战争的规则在他心中是什么呢？兵强天下，形势大好是规律；"师之所处，荆棘生焉"是规律；兵强则衰，物壮则老也是规律。老子告诫人们应遵循这些规则或规律，不要因战争给自己带来灾难，即使是战争的胜利者。

谈到战争，《孙子兵法·谋攻篇》里说过："百战百胜，非善之善者也。不战而屈人之兵，善之善者也。"《孙子兵法》这里是孙武的兵法，是一部很值得读的书。孙武是齐国人，与越王勾践、吴王阖闾同时。他曾以兵法游说吴王阖闾，阖闾说："你写的十三篇我都看过了，能不能为我训练军队呢？"孙武当即在吴王宫中找了一百八十位宫女，以吴王最宠爱的两个美女为队长，然后申明军令，但宫女们大笑不止。于是孙武不顾吴王反对，当众把两个美女队长斩首，然后继续训练，无人敢再嬉笑，左则向左，右则向右，队列整齐。孙武向吴王报告说："现在她们可以为大王所用，赴汤蹈火，也会在所不辞。"为两位宠妃之死悲伤不已的吴王阖闾，这下知道孙武真会用兵。孙武后来为吴王效力，西破强楚，北威齐晋，称霸诸侯。孙武死了一百多年以后，有了孙膑和今传的《孙膑兵法》，这是后话。

孙武是军事家，他主张战争能够不打最好不打。"不战而屈人之兵"，是希望有手段能让敌人投降，这和孔子说的"远人不服则修文德以来之"的方法有点相近，关键在于不战而胜。他还说："用兵之法，十则围之，五则攻之，倍则分之，敌则能战之，少则能逃之，不若则能避之。"[①] 十倍于敌，可以包围它；五倍于敌，可以进攻它；两倍于敌，可以分兵袭击它；如果你的实力小于对方，能逃就逃，能避就避，不要硬打。这也是用兵或者说战争的法则。它对后人有很大的启示，而且不限于战争，其他行业的人读一读，也有触类旁通的作用。

孙武在谈虚实的时候，说用兵就像水流动一样，水流动时避高趋下，用兵要懂得其中的道理，做到避实而击虚，特别是要看对手的情况，善于变通。所以他说兵无常势，水无常形，因敌变化而取胜者是最高明的。孙武是真正的军事家，他的这些理论每一条都可以用于实战，不仅至今仍有道理，而且有很强的操作性。把《孙子兵法》用于战争的大有人在，曹操曾注《孙子兵法》而别有会心，并用它和东吴孙权、西蜀刘备逐鹿天下。《孙子兵法》和老子谈哲学、谈社会治理时兼及行军用兵之道很不一样，但老子保持着自己的风格。

四、祸莫大于轻敌

老子说"兵者，不祥之器"，是看到了战争之际百姓的命运和社会的凄凉。他曾谈到人的生死，其中就有战争导致的死亡，他认为这实在有违养生的自然。他在第五十章里说：

> 出生入死。生之徒十有三，死之徒十有三。人之生动之

---

① 《孙子兵法·谋攻篇》。

死地，亦十有三。夫何故？以其生生之厚，盖闻善摄生者，陆行不遇兕虎，入军不被甲兵。兕无所投其角，虎无所措其爪，兵无所容其刃。夫何故？以其无死地。

"出生入死"是说人生与死的规律，不是我们一般理解的不顾个人安危，或说冒着生命的危险。韩非在《解老》里说："人始于生而卒于死。始之谓出，卒之谓入。故曰：'出生入死。'"可见老子的"出生入死"比庄子说的人一生像春夏秋冬四季的自然运行要简洁得多。人有生就会有死，怎样生？怎样死？老子说"生之徒十有三，死之徒十有三"。对此，韩非《解老》里有说法："人之身三百六十节，四肢九窍，其大具也。四肢与九窍十有三者，十有三者之动静尽属于生焉。属之谓徒也，故曰：'生之徒也十有三者。'至其死也，十有三具者皆还而属之于死，死之徒亦有十三。"他是从人的生理结构和动静来看人的生与死，人生存或生活本身的和谐导致相应的运动，但不能运动太过，过了反而对身体有损，无益于生，渐趋于死。

老子说的不是这个意思，"生之徒"的"徒"通"途"，说的是生存的路十分之三，死亡的路十分之三，本为求生无意走向死亡的也是十分之三。为什么走向死亡？他说是"以其生生之厚"，意即求生的方法过了，或者养生的方法过了。人生一世，恋生恶死是常态，为求生而有种种不同的生活态度和方式。但人的命运难料，有刻意养生而早死的，有不刻意养生而长寿的；有富贵自以为长寿而短命的，有贫寒自以为短寿而长生的。人的命运可以左右，还是不能左右？人到底是死生有命，还是死生无常？这都是人们常想的问题。有时说死生有命，其实是人生无奈时的自我安慰。因为我们的亲人、朋友突遇死亡，唯有说死生有命，我们才能获得很大的心理安慰，以利走出哀伤。

老子在这里批评人们的"生生之厚"即求生过分，说求生须顺应自然，不求有用而图无用以避祸全生。庄子《人间世》讲过一个栎社树的故事，说匠石去齐国，在曲辕这个地方见到一棵很大的栎社树，树干粗百围，树枝可以造船，树荫可以遮蔽上千头牛。他的徒弟看了个够，但匠石看都不看就走过去了。徒弟追上去问师傅说："自我们跟随你以来，没见过这么大这么美的树，师傅你怎么不肯看一看呢？"匠石说："这树是散木，松软无用，所以它才能长这么大。"当天夜里，栎社树托梦给匠石说："你想把我比成什么呢？比成那些有用的树木吗？如果有用，我早就被折断了而不能享有天年。我求无用已经很长时间了，正因为无用，我才能长这么大这么美。"这故事说的便是无用可以养生。庄子还虚构了一些畸形人物，如《人间世》里的支离疏，弯腰驼背，双肩高过了头顶，为人缝衣洗衣，日子过得自在。朝廷征兵，不会征他去打仗；朝廷找人服徭役，不会找他；朝廷发社会救济，每次都会发给他。结果当兵的战死了，服徭役的累死了，他享受着社会救济，活得好好的。可见，无用能养身，终得天年。庄子的故事也是对"生生之厚"的批评，他比老子的态度更鲜明。

老子接着说，"盖闻善摄生者，陆行不遇兕虎，入军不被甲兵。兕无所投其角，虎无所措其爪，兵无所容其刃"。善于养生的人应该在陆地行走时不为犀牛和老虎伤害，行军打仗不为兵器伤害。不受伤害的原因是犀牛没有地方用它的角，老虎没有地方用它的爪牙，兵器没有地方用它的刀刃。这倒不是说犀牛、老虎和兵器对于善养生者的畏惧，而是善养生者对它们的避让。这其实暗示了另一面，即不善养生者的命运，他们陆行遇到犀牛，被犀牛坚硬的角挑死；遇到老虎，被老虎爪牙挠死；在战场上，被两军相遇时的刀剑杀死。人生随时都会有生命危险，平日就是这样，更不用说战争了。人们应该懂得并学会规避危险，避免不必要的死亡，更不要参与战争。战争会有死亡，不参与战争就没有死亡的危险了，这就是他说的"以其无死地"，没有进入可能遭遇死亡的地方。

死亡是战争之祸，但真正打起仗来，还是应该善战，有一些作战的要领得掌握。譬如老子说的，两军交锋，"祸莫大于轻敌"。他在第六十九章写道：

> 用兵有言，吾不敢为主而为客，不敢进寸而退尺。是谓行无行，攘无臂，扔无敌，执无兵。祸莫大于轻敌，轻敌几丧吾宝。故抗兵相加，哀者胜矣。

他的"用兵有言"不知指的是谁之言，当时有名的军事家除孙武外，还有齐国的司马穰苴。所谓的"吾不敢为主而为客，不敢进寸而退尺"，说的是用兵的守势，他这个不主张战争的人认为，一旦有战争，不做进攻者，而要做防守者。孙武曾说："不可胜者，守也；可胜者，攻也。守则不足，攻则有余。"[1]他是务实派，对取攻势还是取守势的判断，源自权衡自己和对手的力量，可胜则攻，不可胜则守。曹操和晚唐的杜牧为他的书作注时，都认同这一点。老子想的不是这样，不能胜固然是守势，能胜也取守势，想必是力图在被攻中争取主动，赢得胜利。他这里有一个重要思想，即人不犯我，我不犯人，不主动攻伐，只自卫反击。相应的，宁可退一尺也不进一寸，想的是以退为进。在这一前提

---

① 《孙子兵法·军形篇》。

下，"行无行，攘无臂，扔无敌，执无兵"，也就是有阵势像没阵势一样，奋臂好像没有手臂一样，攻打敌人好像没有敌人一样，拿着兵器好像没拿兵器一样。

这是按他说的"不敢为主而为客"，不随随便便发动战争。既战，也是要以静制动，凡事有准备却好像没准备好一样，重视来犯之敌，未雨绸缪，就可以取胜。前面提到的齐鲁长勺之战，对鲁国来说就是一场守战或说防御战。当时鲁弱而齐强，但鲁庄公有百姓的支持，两军对垒的时候，齐人三次击鼓进攻，而庄公的谋臣曹刿说："一鼓作气，再而衰，三而竭。"齐人敲了三次鼓，战斗的意志已经开始衰退了，鲁军才第一次击鼓，士气旺盛的鲁军将士大败齐军。这应了孙子在《军争篇》里说的"善用兵者，避其锐气，击其惰归，此治气者也"，这也是以静制动的成效。

随后，老子说"祸莫大于轻敌，轻敌几丧吾宝"。他这话是就前面的居守势以待攻说的，这一点对参与战争者有普遍的意义，因为轻敌也许真会丧失"吾宝"。这"吾宝"有三种说法：一说指第六十二章说的"道者，万物之奥，善人之宝"的"道"；二说指老子第六十七章说的"三宝"慈、俭、谦，代表他的性情、处世态度和方法；三说指轻敌丧宝指丧失参战者的性命。这里，我取第三种说法，因为它更顺从文义。"祸莫大于轻敌"，对于参加战争的人来说，有什么灾祸比丢了性命更大呢？

春秋战国有许多轻敌遭祸的例子，上面提到的齐顷公和项梁的故事就是。再说一下春秋时晋楚两国发生的城濮之战。城濮在现在的山东鄄城，当初晋文公重耳在诸侯国之间流亡时，曾到过楚国。楚成王对他很好，重耳离开楚国时承诺，如果以后晋楚两国发生战争，在战场上相遇，那他就"退避三舍"，一舍三十里，也就是退后九十里，不与楚争锋。后来楚成王攻打宋国，宋国求救于晋国，重耳这时已即位为国君，想为宋国解围，也想自己称霸，于是和楚国发生了城濮之战。当时楚军看不起晋军，晋军利用这一点，让大夫栾枝用马车拖着树枝假装溃逃，诱敌深入。楚军果然上当，晋军后发制人，楚军被击败，不得已只好求和。

　　还有战国时魏国和齐国的马陵之战。魏将庞涓攻打韩国，齐国派田忌带兵救韩，孙膑同行。孙膑曾与庞涓一起学习兵法，学成后庞涓自认为不及孙膑，他在魏惠王手下做将军时，把孙膑悄悄召到魏国，处以膑刑，去掉他的膝盖骨，让他不能行走，还在他脸上刺字涂上黑色，让他无脸见人。后孙膑被偷运到齐国，帮助齐将田忌同齐国公子们赛马时获胜。魏国与赵国联合攻打韩国时，韩国求救于齐国，孙膑做田忌的军师，诱庞涓战于马陵。孙膑对田忌说："魏国的将士一向剽勇，看不起齐军，齐军可假装害怕，因势利导。于是，田忌和孙膑率十万将士运用减灶增兵法，故意一路装败后撤。他们第一天造十万口灶，第二天造五万口灶，第三天造三万口灶。魏将庞涓追赶了三天，数齐军的灶来看齐军兵力，齐灶锐减，庞涓十分高兴，说齐军深入魏地才三天就吓破了胆，逃走的士兵超过了一半。于是他把步兵扔下，带着精锐的骑兵部队快速追赶。孙膑算计好他的行程，认定他傍晚时会到达马陵。马陵两边是山，道路狭窄，孙膑派人把一棵大树的树皮剥掉，在树干上写着"庞涓死于此树之下"，命令会射箭的士兵埋伏在周围，如有人到树下时一齐放箭。当晚庞涓果然到了大树之下，正举着火把看树干上的字，齐军万箭齐发，庞涓见大势已去，拔剑自杀了。

　　"祸莫大于轻敌"，城濮之战、马陵之战都给后人留下了深刻的教训。在这一章里，老子还说"抗兵相加，哀者胜矣"。"抗兵相加"，帛书本作"抗兵相若"。作"若"更好理解，指如果交战的双方力量相当，那么悲愤的一方会获得胜利。这话后来被人们说得更肯定了，即哀兵必胜。这也有很好的例子。

战国齐襄王时，燕将骑劫率兵攻打齐国的即墨城，当时田单是即墨城的主将。燕兵久攻即墨不下，内心焦躁。田单派人放话说："齐军最害怕燕军把齐兵俘虏的鼻子割了，还把这些士兵放在阵前与齐军作战，如果是这样，即墨就会被攻克。"燕兵听说了，为逼田单一战，真的把割了鼻子的齐兵俘虏推到阵前。即墨人在城墙上看到齐兵的俘虏鼻子都被割了，非常愤怒，更加坚定要坚守即墨城。随后田单又用反间计，说："即墨人最怕燕兵掘了城外祖先的坟墓，如果祖先的坟墓被掘，更寒心而无心作战了。"燕兵信以为真，果真掘了齐人祖先的坟墓，把他们祖先的尸骨都拖出来烧了。即墨人在城墙上看见此景，无不流泪，怒火中烧，都想出城与燕军一战。在这种情况下，田单凝聚民心，收买燕将，然后把城里的一千多头牛画上五彩龙文，把尖刀绑在牛角上，把灌了油脂的芦苇系在牛尾，然后点燃牛尾，让这些火牛从几十个城墙洞中突然冲向燕军。最后燕军大败，燕将骑劫被杀。

又如项羽反秦的巨鹿之战。巨鹿之战是项羽的成名战，也是反秦的转折战。当时强大的秦军围赵，诸侯想救赵却又害怕秦军，裹足不前。项羽率八千江东子弟渡过黄河，破釜沉舟，烧了住的军营，每个士兵带三天的粮食，以示必死之心，不求生还。在这背水一战中，楚兵呼声动天，一以当十，诸侯军都作壁上观，无不人人惴栗。结果，秦兵大败。

两军相抗，哀兵必胜。相应的，两军相抗，骄兵必败。前面讲过一些故事，这里不再说了。老子说的这些用兵的策略，其中更多表现出的是退让、示弱，有柔弱胜刚强的意味。孙武曾说：

"故善用兵者，屈人之兵而非战也，拔人之城而非攻也，毁人之国而非久也。必以全争于天下，故兵不顿而利可全，此谋攻之法也。"[1] 他还说了："百战百胜，非善之善也。不战而屈人之兵，善之善者也。故上兵伐谋，其次伐交，其次伐兵，其下攻城。攻城之法，为不得已。"[2] 不战而能屈人之兵，不攻而能拔人之城，被视为最理想的攻战之策。老子可能是爱听这话的，与他不主张战争，不愿意有敌我双方血腥的杀戮有相合点。只是他毕竟不是纯粹的军事家，没有孙武那样全面的战略战术。

老子在第六十七章里说过"慈，故能勇"以及"夫慈，以战则胜，以守则固。天将救之，以慈卫之"。我前面说过，这"慈"是慈爱，他夸大了慈爱在春秋时代的作用，和孟子说的"仁者无敌"看起来有点类似。但他也说过"绝仁弃义，民复孝慈"的话，所要的孝慈是人与人之间原始的淳朴关系，并不是强调慈爱的道德力量，也不是韩非《解老》说的母亲怜爱孩子引发的行事不疑。"慈"对于战和守来说，也应该是能胜刚强的柔弱，与交战的守势、相抗的哀兵有同样的意味。如果是这样，就没有交战之际的轻敌之祸了。

五、善为士者不武

与哀兵必胜相应，老子还有"善为士者不武"等理念，告诉人们面临战争应当采取怎样的态度和立场。他在第六十八章写道：

---

[1] 《孙子兵法·谋攻篇》。
[2] 《孙子兵法·谋攻篇》。

善为士者不武，善战者不怒，善胜敌者不与，善用人者为之下。是谓不争之德，是谓用人之力，是谓配天古之极。

"善为士者不武"，这"士"王弼说是将帅，也可理解为武士。武士的不武，是不逞强，好为勇武。可以说，武士的逞强斗狠是大忌，不仅易伤人，而且也易不知深浅为人所伤。这"士"还可以理解为豪杰之士。苏轼曾为留侯张良写过一篇《留侯论》，特别提到一个"忍"字。他开篇就说："古之所谓豪杰之士者，必有过人之节，人情有所不能忍者。匹夫见辱，拔剑而起，挺身而斗，此不足为勇也。天下有大勇者，卒（猝）然临之而不惊，无故加之而不怒。此其所挟持者甚大，而其志甚远也。"遭遇羞辱，拔剑而起，挺身而斗，不是真正的勇武；善为士者的真正勇武是遭遇突然的事变不惊、不怒。他说张良在下邳桥上遭无名老人羞辱，能忍所以能成帝王师。还讲了汉高祖刘邦和项羽争夺天下的故事，说刘邦之所以胜，是因为能忍，养其锋芒等待项羽的破败；而项羽之所以败，就因为不能忍，百战百胜而轻用锋芒。也是，项羽曾把刘邦的父亲放在阵前的砧板上，旁边架一口大锅，逼迫刘邦决一死战。刘邦说："我和你曾受命于楚怀王，结拜为兄弟，我的父亲就是你的父亲。如果你一定要煮死自己的父亲，煮好后请分我一杯羹。""善为士者不武"，不是不能武，应是忍而不武。

"善战者不怒"，会打仗的人不轻易发火，这关系战争胜负，更是应该小心。孙子说："主不可以怒而兴师，将不可以愠而致战。"[1]"愠"即生气。两军对垒，将帅一定要沉得住气，一旦丧失理性，很有可能导致决策和战争上的失败，这是为将帅者不能不

---

[1] 《孙子兵法·火攻篇》。

深以为戒的。

战国时，秦楚争雄，秦国的张仪游说楚怀王，告诉他如果楚国和齐国断绝关系，秦国就把从楚国夺得的商於之地六百里还给楚国。本为诸侯合纵"纵长"也就是诸侯联盟盟主的楚怀王大喜，大宴群臣。大臣陈轸说："我看不可为商於之地导致齐国和秦国联合，如果齐国和秦国联合，楚国就很危险了。不如表面上和齐国断交，实际上仍然和齐国结盟，然后派人跟随张仪去秦国，如果秦国真的把商於之地六百里还给楚国，那时候再和齐国断交也不迟。"楚怀王利令智昏，不仅不听劝告，还封张仪为相，送给他很多钱财。结果张仪回秦后，假装从车上掉下来受了伤，三个月不上朝。等楚国完全和齐国断了关系，齐国和秦国结成新的联盟，张仪才上朝见楚国的使者，对使者说愿意送六里秦国的土地给楚国。楚怀王一怒之下发兵攻秦，结果秦齐两国联合应战，大败楚军，斩首八万。楚怀王不甘心失败，再次发动全国军队攻打秦国，在陕西蓝田和秦军一战，又惨败，反而以两座城池和秦国讲和。从此楚国一蹶不振，天下形势不再是"纵成则楚王"了。

所以贤明的将帅对于战争一定是慎之又慎的，想着确保国家安全和军队安全。人生亦然。我们面临人生大事需做决策时，也要冷静慎重，不宜在生气的时候做决定，以免判断失误，这是需要警惕的。孙子说："合于利而动，不合于利而止。"[1] 有利则战，无利则不战是有道理的。除了把一时的失败当作策略以蒙蔽对方而求胜之外，没有人会在战争中故意求败。孙子的话比老子的话说得透彻，他说"怒可以复喜，愠可以复悦"[2]，意思是你现在发脾

---

[1] 《孙子兵法·火攻篇》。
[2] 《孙子兵法·火攻篇》。

气，但过会可以高兴起来；现在生了气，过会重新有喜悦。这表面上说人心情的变化，实际上是战略战术和战争形势的变化对人的影响，当不利化为有利的时候，人能够怒气顿消而转有喜色了。

老子说"善胜敌者不与"，"不与"是不争的意思，不起直接冲突。善于战胜敌人的人，不与敌人面对面发生冲突，最好是不战而胜。春秋末年的老子也许听说过鲁僖公二十五年，即公元前635 年，晋文公征伐原国的故事。当时是晋文公即位的第二年，他攻原前跟将士约定三天攻克，令他们只带三天的粮食。结果三天过去，原国人不肯投降，晋文公下令撤兵。有间谍报告说："等几天吧，原国人马上就要投降了。"晋文公说："诚信是国家的宝贝，百姓的依靠，得了原国的土地而失信于民，损失会更多。"于是毅然撤兵，后退了三十里。原国人听说后，有感于晋文公的诚信，投降了。而与原国相邻的卫国，听说这事后也归顺了晋国。晋文公不战而胜，也算得上是善胜敌者。

老子的"善用人者为之下"，则说善于用人的人往往谦卑而处下位。这是领导的艺术，善于用人的人始终谦逊而不自傲，意味着能够广泛听取他人的意见，虚怀若谷；用人之长，以他人的智慧为智慧，让自己的智慧没有穷尽；以他人的能力为能力，让自己的能力没有穷尽。这在军事上意义重大。我们在这里再说一下刘邦对大将韩信的任用和态度。

在楚汉相争时，韩信始终得刘邦的信任。最初，刘邦并不了解韩信，没有重用他，于是有萧何月夜追韩信的故事。后来刘邦采纳萧何的意见，拜韩信为大将军。从此，刘邦大多以低姿态对待韩信，因为在刘邦与项羽的军事对决中少了韩信真的不行，还有谁可以像韩信一样为他带兵冲锋陷阵，战则能胜呢？在楚汉相争到了白热化的阶段时，韩信拥有的军队势力强盛的时候，曾有人来劝降或劝他自立为王，从韩信的态度能够看出刘邦是怎样谦卑地对待他的。

　　首先是盱眙人武涉受项羽指派来劝韩信投降，当时韩信被刘邦封为齐王。武涉对韩信说："汉王这人不可深信。他曾经几次都在项王的掌控中，项王怜惜他，给了他活路，但他一脱身就背叛项王，用兵攻打项王。"随后他说了很切中要害的话："你韩信之所以有今天，是因为项王还在。如果项王不在了，怕你也没有今天了。当今项王和汉王争霸，取决于你韩信，如果你站在汉王一边，那汉王胜；如果你投奔楚王，那楚王胜。"这一天下大势，武涉是看准了，然后他和盘托出："你和项王有旧交情，何必不反汉和楚联合，最终三分天下，你也称王呢？"韩信说："我在项王麾下时，不过是一个小小的郎中、执戟的卫士，我为他出谋划策，他听不进去，所以我离开他投到汉王帐下。汉王对我太好了。一是重用，让我做了上将军，对我言听计从；二是在生活上关心我，把他的饭菜给我吃，把他的衣服给我穿。他对我这么好，我死也不会背叛。"

　　其次是齐人蒯通劝韩信反了。他也说了和武涉一样的话："你为汉王则汉王胜，为项王则项王胜。你如果能听我的话，可以和楚汉鼎足而立，三分天下。"并且说以他的才能和拥有的强大军队，以齐为根据地，从燕、赵插入汉王的后方，为百姓请命，天下人一定会响应；同时分封天下诸侯，天下诸侯会怀德而归于齐，他就在齐地称雄天下了。尽管蒯通还说了"天与弗取，反受其咎；时至不行，反受其殃"[1]，告诉他这时候是天赐良机，他此时不造反以自立门户，更待何时呢？否则他以后会遭殃的。韩信丝毫没

---

[1]　司马迁:《史记·淮阴侯列传》。

有反心，他说："汉王对我非常好，把他的车给我坐，把他的衣给我穿，把他的饭菜给我吃。我听说，'乘人之车者载人之患，衣人之衣者怀人之忧，食人之食者死人之事'①，我怎么能够向利背义呢？"蒯通说："我听说勇略震主者身危，功盖天下者不得赏赐。你现在有震主之威和不赏之功，归楚，不行，楚人不信任你；归汉，也不行，汉人恐惧你，你将如何自处呢？我看你这个时候是无路可走了。何况身为人臣而有震主之威，名高天下，真的是很危险的。"蒯通也算是说得很透彻了，可韩信听不进去。

刘邦这个人没有具体的生活技能，又不治产业，但他有雄才大略，有怀柔、施恩的领导艺术。除韩信外，他对张良、萧何等开国功臣也一样客气，"善用人者为之下"，因此有了最后的成功。

老子还对自己上面说的"善为士者不武，善战者不怒，善胜敌者不与，善用人者为之下"作了小结，说"是谓不争之德，是谓用人之力，是谓配天古之极"。他肯定这些是不争之德，与他在第八章里说的"上善若水。水善利万物而不争"，以及第六十七章里说的"不敢为天下先，故能成器长"相应，乐于不争而无过失，乐于不争而有"四善"的胜利，能成为万物之长。这里需要注意的是，"不争之德"体现为用人之力，即借用他人的力量。老子很赞赏这一点，说它符合天道，是古代最高的生活法则。这里的天道和法则，说到底是顺应自然，就像"上善若水"一样。孙子就说过："夫兵形象水，水之形，避高而趋下，兵之形，避实而击虚。"②这是军事上行之有效的战术。这样说来，善于领悟的人也可把"上善若水"用于战争。

---

①　司马迁：《史记·淮阴侯列传》。

②　《孙子兵法·虚实篇》。

六、柔弱胜刚强

老子不争之德的胜利，与他的理念"柔弱胜刚强"相符合。前面已提到第四十三章中的"天下之至柔，驰骋天下之至坚"。对柔弱胜刚强，他还有专门的说法，这是第三十六章写的：

> 将欲歙之，必固张之；将欲弱之，必固强之；将欲废之，必固兴之；将欲夺之，必固与之，是谓微明。柔弱胜刚强。鱼不可脱于渊，国之利器不可以示人。

老子先说了四种一般的行为。"歙"为收敛。四句话的意思是将要合起来时，一定先要把它张开；想削弱它时，一定要先加强它；想要废弃它时，一定要振兴它；想要夺得它时，一定要先给予它。歙与张、弱与强、废与兴、夺与与，充满了辩证法。韩非在《喻老》里，借它们讲了越王勾践亡国后入吴为奴，看到了吴伐齐之战，以吴胜齐滋生狂傲，逐渐削弱吴国，最终达到灭吴的目的。韩非说，这就是"将欲歙之，必固张之；将欲弱之，必固强之"。他还讲了晋献公袭击虞国，先送他璧玉和宝马；智伯袭击仇由，先送他大车、大钟。以此说明"将欲废之，必固兴之；将欲夺之，必固与之"的策略。

这里把晋献公灭虞的故事展开一下。春秋鲁僖公五年即公元前655年，晋献公找虞国借路去攻打虢国，他手下的荀息大夫说："要借路，那把我们国家屈地产的良马和垂棘的璧玉送给虞国国君吧。"荀息想的是得付出一点代价，借路才容易。晋献公说："这是我们自己的宝贝，我喜欢得不得了，怎么可以给虞国国君呢？"

荀息回答：“您要想得通呀。如果向虞国借路成功，那虞国就像是我们国家外面的仓库，我们不过是把国内仓库的两件宝贝换个地方存放一下，有什么关系呢？”这里面的深意晋献公心领神会，让荀息拿了晋国的这两件宝贝向虞国借路。虞公得了这两件宝贝，十分高兴，很爽快地就让晋军从虞国通过去打虢国，这次晋军攻占了虢国的下阳。第二年，晋国又借路去打虢国，虞公又答应了。这一次晋国消灭了虢国，晋军班师回朝时，趁暂时驻扎在虞国的机会，突然袭击，顺势消灭了虞国，两件宝物复归于晋。于是，荀息牵着马，拿着璧玉去见晋献公，晋献公笑逐颜开，还说了一句：“璧玉还是原来的璧玉，就是马长大了一岁。”他们通过这个手段达到自己的目的，即先“与”后“夺”，遗憾的是虞公没能识破晋献公的伎俩。

还有一个故事，说的是春秋时的郑武公。郑武公要去征伐胡国，先把自己的女儿嫁给了胡国的国君。这场婚姻本是政治婚姻，是为了政治、军事上的结盟。我们前面讲到的西汉与匈奴和亲也是政治婚姻，为了边境的安宁。胡国的国君很高兴与郑国有了姻亲关系。一天，郑武公问群臣：“我想打一仗，弄点土地、财产回来，可以去打谁呢？”手下的大夫关其思说：“要打就打胡国。”郑武公很生气地说：“你瞎说，胡国是我的兄弟之国，你说去打胡国，是什么用心？”一怒之下，郑武公下令杀了关其思。胡国国君听说这件事之后，认为郑武公对自己特别好，对郑国毫无防备，结果郑武公不过是虚晃一枪，后来突袭胡国，把胡国给消灭了。

像晋献公、郑武公这样做事的，历史上并不少见，先给别人一点甜头，让他们放松警惕，随后趁机把他们给消灭了。老子把这些称为“微明”，这“微明”一般解释为小征兆，那么“张”是“歙”的征兆，“强”是“弱”的征兆，“兴”是“废”的征兆，“与”

是"夺"的征兆，反之亦然。它们之间的转化，是事物发展的通行规律，相互对立又彼此依存。老子说这些时，没有指明具体的对象，但都是他随后交代"柔弱胜刚强"一类的策略，而不是简单地讲物极必反，让人们知道怎样把这些规律用于战争。

老子这里讲"柔弱胜刚强"，还在第七十六章这样说：

> 人之生也柔弱，其死也坚强。万物草木之生也柔脆，其死也枯槁。故坚强者死之徒，柔弱者生之徒。是以兵强则灭，木强则折。强大处下，柔弱处上。

这里先多说一句，"兵强则灭，木强则折"是据《淮南子·原道训》《列子·黄帝》改的。王弼本作"兵强则不胜，木强则兵"，说兵强会遭人联合反对，最终会灭亡；树木长大了，会遭刀斧砍伐而不复存在。"兵强则灭，木强则折"更顺畅、更好理解。下面再说。

老子说，人活着的时候，身体是柔软的；人死之后，血液停止流动，肌肉发生收缩，身体就渐渐僵硬了，这是人生命的基本状态。草木生长的时候，是柔软的；草木死后，失去了自身的水分，渐渐枯槁了，这是草木的基本状态。老子对人和草木的状态进行观察，得出结论：柔弱是生，僵硬是死。在他柔弱胜刚强的理念中，人也好，草木也好，总是活着的好，生胜于死。他从这样一个生存与死亡的规律看社会战争，说出"兵强则灭，木强则折"的话来。这里的"木强则折"很好理解，树干硬了可能会脆，脆则易折。"兵强则灭"怎样理解呢？

"兵强则灭"是把军事力量发展到了极致，入了极致就容易发生转化而走向反面。"兵强则灭"的原因可能是复杂的，贾谊

《过秦论》中讲了一段秦王朝的故事：秦始皇统一天下以后，把兵力发展得空前强大，下令把天下人的兵器都没收，将它们化成了十二座金人，"良将劲弩，守要害之处；信臣精卒，陈利兵而谁何"。拥有这样强大的军事力量，秦始皇在想什么呢？想的是让子孙世世代代享受帝王之业。但他没有想到，当攻天下变成守天下之后，应用仁义的方法治理天下。强力之下民怨鼎沸，陈胜、吴广率疲惫的戍边者揭竿而起，天下人群起反秦，看似强大的秦王朝在刹那之间就土崩瓦解。"兵强则灭"，秦王朝的教训有国策的错误，也有仗恃武力、恃强居傲的因素。

再说"强大处下，柔弱处上"。他说柔弱的事物居上，强大的事物居下，这在生活中常见，如花草竹木多是如此。老子在这里说的还是柔弱胜刚强。《淮南子》的《原道训》理解的柔弱刚强，是"积于柔则刚，积于弱则强"。《黄帝》篇也认同这一说法，说天下有常胜之道和不常胜之道，柔弱是常胜之道，刚强是不常胜之道。那么老子从人生柔弱、人死坚强，草木生则柔脆、死则枯槁一路说过来，想到坚强者是死之徒，柔弱者是生之徒，得出兵强则灭这样的结论是很自然的。

不过，前面提到老子在七十八章里说："弱之胜强，柔之胜刚，天下莫不知，莫能行。"他有这样的想法，觉得这样的理念为天下人所知，为天下人能行该多好，但无人能知，无人能行，让他心存遗憾和无奈。

同时，老子在三十六章紧承"柔弱胜刚强"，说道："鱼不可脱于渊，国之利器不可以示人。"鱼不能离开河流说的是鱼离不开水，离开水就没命了。庄子曾经因为家里揭不开锅了，去向当地的富人监河侯借粮，监河侯爽快地说："等我收了租税以后借给你三百金。"庄子很生气，给他讲了一个"涸辙之鲋"的故事。他说，到监河侯这儿来的时候，半道听见有人喊他，回头一看，原来是干枯车辙里的一条小鲫鱼。庄子问它是谁，这条小鲫鱼说："我是东海掌管波浪的大臣，先生是否有斗升之水让我活命呢？"斗升之水，也就是一点水，要求很低。庄子说："好哇，我将去取西江的水来迎接你这东海的波臣。"不料那条小鲫鱼生气地说："如果是这样的话，那先生别说救我的性命了，你干脆到卖干鱼的集市上去找我。"庄子以鱼离不开水，比拟自己离不开粮，说你监河侯应当做的是救人之急，没必要奢谈助人的慷慨。"涸辙之鲋"是典型的"鱼不可脱于渊"。

老子用这个比方说明国之利器不可示人的重要性。不可示人的国之利器是什么呢？韩非在《喻老》里作了解释，君王的权势如同鱼，不能离开河流即不能离开君王自身，如果权势为大臣掌控，就不可能失而复得。他讲了两个例子。一是齐简公。那时齐简公让齐国的权势落在大夫田成子手里，后来被田成子杀死于徐州，田成子立齐平公为君，自己为国相，仍是大权在握。二是晋顷公。晋顷公的权势被韩氏、魏氏、赵氏、范氏、中行氏、智氏六家瓜分了，所以晋顷公也只有死路一条，最终韩、魏、赵三家分晋，开启了战国时代。

在这一点上，秦二世也是很好的例子。刚说到秦始皇统一天下以后，把跟随他南征北战的大儿子扶苏派去和蒙恬将军镇守北部边境，让小儿子胡亥跟在身边。扶苏是放养大的孝顺儿子，胡亥是圈养大的纨绔少年。秦始皇巡游天下死在河北沙丘的时候，身边有胡亥和他师傅赵高，还有丞相李斯。始皇临死前有一个重大失误，没有立太子以继位，却只给公子扶苏写了封信，说回到咸阳后立他为太子，这给了赵高怂恿胡亥篡权的机会。赵高串通胡亥和李斯，改了始皇的遗书，让公子扶苏自杀，胡亥篡权成功。胡亥篡权后，又受赵高唆使，大肆杀戮蒙毅等功臣和自己的十二个兄弟、十个姐妹，连始皇的近臣中郎、外郎、散郎都被逮捕送进监狱，受牵连的人不计其数，群臣人人自危。同时，他要求继续修建阿房宫和长城，百姓怨声载道。而胡亥则常说人生如快马过隙，他这个皇帝只想穷尽耳目所好、心志之乐，玩耍着治理天下。于是，他把朝廷大权交给赵高，任赵高指鹿为马，天下大乱。在陈胜、吴广起义反秦之后，已是丞相的赵高派女婿阎乐去要秦二世胡亥的性命。

　　当时胡亥身边只有一个侍从，胡亥问："人呢？"那侍从说："人都没了，我不敢说话才活到今天，如果我敢说话，也早就没了。"阎乐进宫后，指责二世骄恣放纵、诛杀无道，天下共叛。二世求情说："我这个皇帝不做了，做个郡王好不好？"阎乐说："不行，我只要你的脑袋。"胡亥说："郡王我不做，做万户侯好不好？"阎乐说："不行，我只要你的脑袋。"胡亥说："我什么官都不做，带着妻子去做个平民百姓好不好？"阎乐说："不行，我受丞相之命来诛杀你，无论你说什么，我都不能上报丞相。"最后，胡亥不得已自杀了。果真是韩非说的"势重者，人君之渊也。君人者，势重于人臣之间，失则不可复得也"。[①]

　　老子的"鱼不可脱于渊，国之利器不可以示人"，在韩非那里还有另一个说法。他说"赏罚"是国家的利器，在君能制臣，在臣能胜君，如果君王放弃赏罚的权力，那么君王行赏，臣子会减少赏赐作为自己的恩德；君王行罚，大臣会增加处罚的力度彰显自己的威严。这一点不多说了。回到老子的思想上来，他这一句话是针对前面那些包括战争在内的斗争策略说的，这不可示人

---

　　① 《韩非子·喻老》。

的国之利器，应该是斗争的利器，不应该随便拿出来给人看，只能为己所知，不能为人所知。也有人认为，不可示人的国之利器是指刑法。我不这样看，如果理解为刑法的话，和老子前面说的柔弱胜刚强的一系列策略难以吻合。

与老子柔弱胜刚强的策略相一致，他在第六十七章说"夫慈，以战则胜，以守则固。天将救之，以慈卫之"，又回到道德的路上，很难说是真正的行军用兵之道。

七、戎马不生于郊

老子的这些理念可用于战争，他还说过一句话，也是应该注意的，这就是第五十七章里的"以奇用兵"，直接说的就是战争。

一部《老子》是奇书，他的"道"生万物论是奇论，但说出"以奇用兵"，完全不同于他同时说的"以正治国"和"以无事取天下"所侧重的自然无为，让人感觉他面临战争时的主动有为。"以奇用兵"与他说过的"祸莫大于轻敌""将欲取之，必固与之"，都可以说是关于战争的著名论断。

"以奇用兵"与孙子在《计篇》里说的"兵者，诡道也"相合。用兵充满了狡诈，常给对手一些假象，"能而示之不能，用而示之不用，近而示之远，远而示之近。利而诱之，乱而取之，实而备之，强而避之，怒而挠之，卑而骄之，佚而劳之，亲而离之"，以求"攻其无备，出其不意"，这些自然也是出奇兵了。孙子还在《势篇》说到了战争"善出奇者，无穷如天地，不竭如江海"，说用奇兵天地广阔，没有穷尽。这也是大千世界，求奇而用奇，不可胜数。

以奇用兵是不能用诚信来权衡的，打仗讲究诚信，能就说能、用就说用是不行的。战争毕竟是战争，善以假象蒙蔽，最后才能出奇制胜。公元前638年，宋国和楚国在泓水打了一场大仗，史称泓水之战。当时，宋国的军队摆好了阵势，统帅是宋襄公，楚国的军队还要渡过泓水。宋襄公的司马子鱼说："趁楚军还没有完全渡过泓水，进攻吧，机会难得。"宋襄公说："不行，我们不能趁人不备。"楚国的军队还有一半没渡过，司马子鱼又说："楚军还没摆好阵势，这时候进攻也很好。"宋襄公说："不行，别人的阵势没摆好，这时候进攻不厚道。"等楚国的军队摆好阵势，两军正儿八经地开打，本来就弱小的宋国军队被打得大败，宋襄公受了伤，回去后还说："古代打仗不凭借天然险阻，不攻击没有排成阵势的敌军。"这场泓水之战，宋襄公面对强大的对手，实在是迂腐了，一再错失良机，本可取胜却失败了，不知以奇用兵是兵家的法宝。

　　再说《三国演义》中诸葛亮的"空城计"。这当然是作者罗贯中编的，但编得有滋有味。当时蜀将马谡错失街亭，魏将司马懿率十五万大军乘胜逼至诸葛亮所在的西城。诸葛亮此时身边已无大将，只有一帮文官和二千五百名士兵，完全可以说是一座空城。诸葛亮登门远望，只见杀气腾腾的魏军一路飞奔而来。诸葛亮令人打开西城的四座城门，每一座城门派二十个军士扮成百姓在那里打扫街道，藏好旌旗，守好店铺；他自己则在城楼上披着鹤氅，戴着纶巾，身边两个琴童左右相伴，左童捧剑，右童执麈尾，他正襟端坐，焚香弹琴。司马懿见这场面，是进还是退呢？他说诸葛亮平生谨慎，怎会这样？他怕中了诸葛亮的埋伏，于是令后军作前军，前军作后军，退兵了。诸葛亮事后说，他料定会如此，因为司马懿知道他平生不肯用险，不知道他在这里下了一着险棋，躲过一劫。

　　诸葛亮的"空城计"是老子说的以奇用兵。尽管有的战争用了诚信或者常态战术赢得人心，从而制胜。像孙子说过的"凡战者，以正合，以奇胜。故善出奇者，无穷如天地，不竭如江海……战势不过奇正，奇正之变，不可胜穷也"①，战争的战术，无非是奇正之变，从事战争的人需要懂得这些道理，才可能变被动为主动。

　　尽管老子的理念涉及战争，但他很不喜欢战争也是真的。前面提到他说过"夫兵者，不祥之器"以及"夫乐杀人者，则不可得志于天下矣"，显然要想天下安宁，百姓乐业，就不应该有战争。因此，他说战争是天下无道、君王没有管理好的结果。他在第四十六章是这样说的：

　　　　天下有道，却走马以粪；天下无道，戎马生于郊。祸莫大于不知足，咎莫大于欲得。故知足之足，常足矣。

　　"走马"是快马，在春秋那个冷兵器的年代，常用于战争。老子说，如果天下有道，刀枪入库，马放南山，那走马的用途就是耕田耙地。"却走马以粪"的"却"是驱赶，"粪"为施肥，引申为耕田耙地。没有战争，战马用于农耕是自然的事。对此，韩非的《解老》说："有道之君，外无怨仇于邻敌，而内有德泽于人民。夫外无怨仇于邻敌者，其遇诸侯也外有礼义。内有德泽于人民者，其治人事也务本。遇诸侯有礼义则役希起，治民事务本则淫奢止。凡马之所以大用者，外供甲兵而内给淫奢也。今有道之君，外希用甲兵而内禁淫奢。上不事马于战斗逐北，而民不以马

_____

　　① 《孙子兵法·势篇》。

远通淫物，所积力唯田畴。积力于田畴必且粪灌。故曰：'天下有道，却走马以粪也。'"从他的角度来看，这话真有道理：一个治国有方的人，会处理好内外关系，对国内的百姓仁厚，百姓乐于农耕，生活节俭而不荒淫；对外不会树敌，没有仇怨，尊敬诸侯，彼此彬彬有礼，不会有战争。在这种情况下，走马犯不着在战场上追亡逐败、远行运输，只会在田地里从事劳动生产，辅助施粪灌溉。韩非描绘的也是一幅祥和的社会图景。

若是天下无道就不一样了，戎马生于郊。戎马是战马，战马生于郊外，是说它们没在马厩里出生而在战场上出生，这话是说因为战争需要所以怀孕的马也上了战场。韩非的《解老》也有说法："人君者无道，则内暴虐其民，而外侵欺其邻国。内暴虐则民产绝，外侵欺则兵数起。民产绝则畜生少，兵数起则士卒尽。畜生少则戎马乏，士卒尽则军危殆。戎马乏则将马出，军危殆则近臣役。马者，军之大用；郊者，言其近也。今所以给军之具于将马近臣。故曰：'天下无道，戎马生于郊矣。'"如果君王无道，对内盘剥虐待百姓，百姓就不会努力生产；对外则是骚扰邻国，战争频繁发生。在这种情况下，马的死伤重，生育就少，战马缺乏，怀孕的马都用于打仗了，戎马生于郊成为自然的事。

韩非还在《喻老》说到"走马"和"戎马"问题，也是看到和平与战争下的两种社会状态，以说明老子的天下有道与无道。不过这"道"应该是他主张的法治天下之道，而不是老子的顺应自然、清静无为之"道"。但他随后对老子"祸莫大于不知足，咎莫大于欲得"进行深刻领悟，倒是符合老子的想法。

韩非在《解老》中说，人因为没有羽毛，害怕寒冷要穿衣御寒；上不着天，下不着地，不吃饭就不能活命。人生理上的这些本能，使人有欲利之心。如果不抛弃欲利之心，一定有很大的忧患。而圣人与普通人不一样，衣足以御寒，食足以果腹，没有生存的忧患，所以应知足而无贪欲。普通人即使做了诸侯，或者做了小官吏，欲望也不能满足，以致忧患伴随终身不能解除，灾祸也就降临了，所以说"祸莫大于不知足"。他又说，人有欲望就会有算计，算计多了思想会混乱，欲望更甚。欲望太强烈了，也就有了邪心，不走正道获取自己想要的东西。有了邪心，上侵君，下害民，灾祸自然会发生，可见"咎莫大于欲得"。

韩非认为人性好利，他主张用法令控制人性，使社会太平；老子说人本来纯朴如婴儿一样，是欲望让社会乱了套。他说"祸莫大于不知足，咎莫大于欲得"，是把诸侯战争归咎于欲望，如果人人都顺应自然，人人都知足常足，怎么会有战争呢？战马的命运不同，人的命运也不同，避免了战争，也避免了不当有的灾祸。韩非在《喻老》里还说："邦以存为常，霸王其可也；身以生为常，富贵其可也。不欲自害，则邦不亡，身不死。故曰：'知足之为足矣。'"韩非的意思是，为保全国家，用霸道即战争也是可以的；如果生命能够得到保全，富也好，贵也好，都可以。问题是你不能用欲望自我残害，如果用欲望自我残害就糟了，国家也亡了，自己的性命也没有了。你不追求自己的欲望，国家不亡，生命仍存，那就够了。这是韩非的理解。知足常足后来被许多人用于平凡的生活，是人生有幸福感的重要指标。当然，最好是人们都能知足而有常足，那么天下有道，戎马不生于郊。

老子关于用兵的基本立场是最好不用兵，说"兵者，不祥之器"，诸侯何苦要用兵强天下，以战争取天下呢？人生，本应避祸全身，战争带来的死亡是人类的灾难，没有战争，许多人不至于枉送了性命。所以老子希望天下有"道"，而且是他的自然无为之"道"；希望人们没有欲望，没有欲望就没有战争。反战的老子对社会和人类充满了关爱。只是他左右不了社会大局，这些理念完全不入诸侯的法眼，在当时只是老子的自言自语而已。

不过，老子谈用兵涉及的战略战术倒很实在："祸莫大于轻敌"，主张用兵一定不要骄傲，兵强则灭，骄兵易败；"善战者，不怒"，认为面对战争要冷静，要理性，要致力于求生求胜，人死不能复活，国亡难以复兴，是不能掉以轻心的。同时，他说"柔弱胜刚强"，以退为进，低调以求胜；"以奇用兵"以及"欲夺之，必先与之"等战术，在军事上真是可用。这些与他讲的自然无为相违背，毕竟他说最好是不打仗，最好是自然无为，让百姓过安逸的生活。当然，人最好要知足，人知足了就没有那么多欲望，没有那么多欲望就没有那么多争夺，也就没有战争了。

第七章　把握世俗生活的度

一部《老子》说道、说德、说社会、说人生，很多时候都在说人应该怎样处世。前面所讲的内容，就是如此。老子教导孔子得时则驾车而行，不得时则如小草随风而动。他自己是一个不得时者，却并不像随风而动的小草，而是弃官归隐，也算是应了自己"良贾深藏若虚"的话，生活上自我收敛。他好隐却不影响总在思考社会该是怎样的社会，人生该是怎样的人生，人在社会环境中应该怎样生活。老子为后人提供了一些经验，让后人吸纳、琢磨，自己却不是这经验中的样子。这也很正常，老子更偏向理论家而不是践行者，他的一些理念对后人的生活有指导意义，这也是《老子》至今魅力十足的原因所在。

一、功成而弗居

天下事要说清楚不容易，老子想说清楚；天下人要说清楚也不容易，老子也想说清楚。生活是一本书，既写不完，也读不完。老子看这些事、这些人，看到事与人的两面，人们说这是老子认识上的辩证法。而老子眼里的现实人生应当怎样过呢？看看《老子》的第二章：

天下皆知美之为美，斯恶已；皆知善之为善，斯不善已。

故有无相生，难易相成，长短相较，高下相倾，音声相和，前后相随。是以圣人处无为之事，行不言之教，万物作焉而不辞，生而不有，为而不恃，功成而弗居。夫唯弗居，是以不去。

老子这里说"天下皆知美之为美，斯恶已；皆知善之为善，斯不善已"。美与恶、善与不善，相互对立和依存，都是矛盾的统一体。他告诉我们凡事要注意从两个方面来看，看到事物的矛盾对立，知道丑才知道美，有了不善才会有善；或者说无丑则无美，无不善则无善。我们在社会生活中会遇到许多问题，都需要辩证地看，处事才不至于发生偏颇。在二者的关系中，老子要人注重美、善，关键是知美而止恶，知善而止不善，他所希望的美善社会才能实现。这话符合人们的普遍向往和追寻实现的生活目标，止恶、止不善是必然的途径。随之，老子把自己的想法往前推进了一步，讲了事物一系列的辩证现象："有无相生，难易相成，长短相较，高下相倾，音声相和，前后相随。"事物相互依存，客观存在，不以人们的意志为转移。有"有"才有"无"，有"难"才有"易"，有"长"才有"短"，有"高"才有"下"，有"音"才有"声"，有"前"才有"后"。这是很复杂的生活现象，美与恶、善与不善怎么权衡？有无、难易、高下等怎么考量？这些听起来好像很容易明白，却又让人感到事物的相对存在充满了玄机。

老子所说还是很朴素的，庄子随后把事物相较而生的辩证法发展到极致，于是有人说庄子谈相对性，更像是相对主义，我看不必上升到这样的高度。这里稍看一下。

庄子《至乐》说到事物是相对的，他举了下面的例子：传说中尧、舜的《咸池》《九韶》是最美妙的音乐，在广阔的洞庭之野演奏，人们一起围观，听得如醉如痴。但鸟也想听吗？为什么鸟听到后高飞了？野兽也想听吗？为什么野兽听到后逃走了？鱼儿也想听吗？为什么鱼儿听到后下潜到水的最深处呢？人认为最美妙的音乐，鸟、野兽和鱼不认为是最美妙的音乐，唯恐避之不及。还有《齐物论》说，人们都认为毛嫱、西施是美女，美得不得了。但河里的鱼不认为她们美，见了她们就深潜水底；鸟不认为她们美，见了她们就高飞而去；麋鹿不认为她们美，见了她们撒腿就跑。谁知道天下真正的美色呢？庄子这样的比较并不合适，他想说明的是，审美对象不同，对美的认识也是不同的。

庄子在《齐物论》里还讲过大与小、长寿和短命的故事。他说："天下莫大于秋毫之末，而太山为小；莫寿于殇子，而彭祖为夭。天地与我并生，而万物与我为一。"这里的"太"通"泰"。这话初听起来有点费解，天下最大的东西居然是秋天野兽的毫毛末端。野兽在秋天换毛，秋毫的末端是最细小的，庄子说它是最大的。什么最小呢？东岳泰山最小。杜甫有诗《望岳》说，"会当凌绝顶，一览众山小"，意思是登上泰山最高处，放眼看周边群山，群山真小，让人感到泰山真大。但庄子说泰山最小。他的意思是，你说秋毫之末小吧，但有比秋毫之末更小的；你说泰山大吧，但有比泰山更大的，事物是相对的。庄子还说，世界上最长寿的是殇子，也就是一生来就死去的孩子；最短命的是彭祖，相传他活了八百岁。庄子在这样的比较中，凸显事物的相对性，他把话说得很怪异，常人认为大的，他认为小；常人认为长寿的，他认为短命。在反常态的极端比较中，无视事物的客观标准，以"我"的主观认识标新立异。

这些说事物是相对的故事，有的可以比拟，有的不可比拟。

庄子在《山木》里讲了一个关于爱情的故事：有一次，阳子带着几个弟子住在一家旅馆，旅馆的老板有两个妻子，一个漂亮，一个丑陋，老板爱丑妻而讨厌美妻。阳子感到奇怪，常人爱美而恶丑，哪有爱丑而恶美的呢？唐玄宗爱杨贵妃，杨贵妃能集三千宠爱在一身，不就是因为天生丽质、"回眸一笑百媚生"吗？于是阳子问旅馆的老板，为什么漂亮的女人受冷落而丑陋的女人得宠爱呢？老板说了一句很经典的话："其美者自美，吾不知其美也；其恶者自恶，吾不知其恶也。"意思是："那漂亮的自认为漂亮，我不认为她漂亮；那丑陋的自认为丑陋，我不认为她丑陋。"换句话说，别人看上去丑陋的，他认为很漂亮；别人认为漂亮的，他认为很丑陋。于是，所谓的美与丑，是人的主观感觉或判断决定的，那么客观的审美标准是什么呢？事物也好，人也好，美与丑的标准是客观存在的，但它的确又是相对的。世上有一句名言，"情人眼里出西施"，各人审美的角度不一样，感受也不一样。

大千世界，无奇不有。话说回来，老子说事物的两面性，从美与恶、善与不善的相对存在，推论出"有无相生，难易相成，长短相较，高下相倾，音声相和，前后相随"的矛盾统一。它们形成的互证关系，也说明了美与恶、善与不善的相对存在不是空话，表明事物都是如此。只是我们要注意，这些辩证的关系除了相互对立、依存之外，还会互相转化，即美化为恶、恶化为美、善化为不善、不善化为善、有化为无、无化为有，以及难化为易、易化为难。这类转化普遍存在，有时不必纠结概念上的争论，观察、体会我们的生活就知道了。

"圣人处无为之事，行不言之教"，隐含了"无为"与"有为"、"不言"与"有言"的并存。因"有为"才有"无为"，"有言"

282 | 曲终人不见　江上数峰青

才有"不言"。老子站在"无为""不言"的立场上，想的是顺应自然，要让万物依本性自然生长。自然而生不知其始，自然而长不知其终，看上去既无为，又不言。圣人治下的社会也是如此，人们都顺应自然，过清静无为的安定生活，而不是通过有为去改变世界。所以《老子》第十七章说"太上，不知有之"，即高明的君王，百姓不知道有他，因为他行不言之教，处无为之事。老子在第四十三章说"天下之至柔，驰骋天下之至坚"时，也特别指出"不言之教，无为之益，天下希及之"。"不言之教，无为之益"，看似不教之教，看似无为之有为，事物悄然发生变化，同样在于身教重于言教，多做少说或者不说。

老子的话没说完，他接着说："万物作焉而不辞，生而不有，为而不恃，功成而弗居。夫唯弗居，是以不去。"这说的是圣人顺应万物生长，而不是有为阻挡万物的生长；生养万物，不占有万物，不仗恃自己的功劳。于是他说了这一章中最具影响的一句话："功成而弗居。夫唯弗居，是以不去。"功成而不居功，是人生境界，这方面战国鲁仲连常为人称道。当时，秦军围攻赵国邯郸，形势危急。魏国派名将晋鄙救赵，却又畏秦而犹豫不前。魏安釐王派客将军辛垣衍到赵国，通过赵国平原君游说赵孝成王，让赵国尊秦昭王为帝。鲁仲连游说辛垣衍，说秦、魏都是万乘之国，何苦尊秦为帝而做秦国的仆人呢？这打消了辛垣衍的念头，秦军听说后，退兵五十里。随后魏公子无忌夺了晋鄙的军权率兵救赵，秦军撤走了。平原君想封赏鲁仲连，鲁仲连笑着说："贵为天下之士，就要为人排患解难而无所取。如果有所取的话，那是商人而不是天下之士。我是不会这样的。"于是他告别平原君，终身不再相见。鲁仲连的行为后来感动了许多人，唐代诗人李白就以鲁仲连为榜样，他的《古风》其十专门歌咏鲁仲连，诗的最后写道"吾亦澹荡人，拂衣可同调"。宋代欧阳修有《渔家傲》写道："四纪才名天下重。三朝构厦为梁栋。定册功成身退勇。辞荣宠。归来白首笙歌拥。"这词写在他晚年官至参知政事自请退休后，他果真是功成而不居功，得以善终。

老子一生，没听说有什么功业，很难想象他是怎样从生活中悟出了"功成而弗居。夫唯弗居，是以不去"的道理。圣人有功而不居功，所以功劳不会失去，功成之后表现出淡然坦荡不是易事，因为人们往往会被欲望左右，功成后希望有福禄随之，获得奖励或者升迁。由此也许能够得到满足，也可能得不到满足而生怨恨，结果带来人生的灾难，这种事也不少见。功成而不居功，老子在第七十七章也说过："圣人为而不恃，功成而不处，其不欲见贤。"与第二章的说法略有差异，意思是圣人帮助万物生长而不自恃有功，功成而不居功，之所以如此，是他不愿意"见贤"，即有意表现出自己的才干。

说到功成不居功，还需要提到老子相应的说法，那就是功成身退。人是可以立下功劳的，但立下功劳后应该在进与退之间作出选择。他的第九章这样写道：

持而盈之，不如其已。揣而锐之，不可长保。金玉满堂，莫之能守。富贵而骄，自遗其咎。功遂身退，天之道。

这里的"揣而锐之"，王弼本作"揣而棁之"，据河上公本改，以便理解。王弼解这一句时说："既揣末令尖，又锐之令利。"所以"棁"当作"锐"。

老子"功遂身退"的说法，把功成而不居功往前推进了一步。功成不居功，有可能仍然待在原来的岗位、原来的职务上，而功成身退则说立下了功劳，就从岗位上退下来，不再继续在原来的岗位上工作了。如果有一官半职，这官也是可以辞去不做的。这样做，老子说是"天之道"，是最高的人生原则。

老子在讲这个道理以前，说了四件事。一是"持而盈之，不如其已"，说凡事不要做得太满，满则溢，不如当它要满的时候，停下来不继续。这种思想他一直都有，只是表达不一样。二是"揣而锐之，不可长保"，"揣"是磨的意思，把一件兵器磨得很尖锐，不可能常常保持它的锋利。磨得尖锐的兵器，用一用就会钝的，这是基本规律。三是"金玉满堂，莫之能守"，金玉、富贵，是人们所期待的，但太多了也是守不住的。四是"富贵而骄，自遗其咎"，如果富贵之后骄傲轻狂，就会自取灾祸。这四件事仍在我们生活中存在，我们需要时刻警惕，否则，无益反损。

韩愈曾为一个粉刷墙壁的泥瓦匠王承福立传，名叫《圬者王承福传》。他为这个小人物写传记，真的是很特殊。但他是有用心的，想让这个泥瓦匠王承福讲令人感伤的富贵者故事，表现了他对人生的深刻感悟。

王承福是一个生性淡泊的人，他本在战场上立了功，可以享受功劳，心安理得地过自己的日子，却轻易舍弃应有的待遇还乡了。他没有田地，便做泥瓦匠给人粉刷墙壁来维持生计，所得有余就施舍给穷人。他说自己曾经去富贵人家粉刷墙壁，后来又经过那些富贵人家的住宅，有的经过一次，眼见那富贵人家的住宅变成了废墟；有的经过两次，那富贵人家的住宅变成了废墟；有的经过三次，那富贵人家的住宅变成了废墟。无论是一次、两次还是三次，终归是富贵人家的住宅成了废墟，不再有富贵。王承福说他感到奇怪，问这些人家的邻居，邻居告诉他，这些人家的主人犯法被处死，死后，房子不能为子孙所享有，因而荒废了；有的死了以后，房子被没收入官，因而荒废了。

于是王承福想：这些人享受官府的俸禄，也许是消极怠工，自然受了惩罚，使富有之家成了废墟；或者是心智不足，才能和所任官职不相称，遑能导致如此；或者是功劳很小，俸禄很厚，功劳和俸禄不匹配，守不住富贵。他说，富贵与贫穷都是有时限的，三十年河东，四十年河西，没有定数，不可长保。与韩愈同时代的刘禹锡在《乌衣巷》里写的"旧时王谢堂前燕，飞入寻常百姓家"，说的也是这种情形。王承福很同情那些没落的富贵人家，便权衡自己的能力，选择能够胜任的泥瓦匠作为职业，安逸自得。

王承福的故事在古代和现代都有意义，值得一读。"金玉满堂，莫之能守"，不是自己守不住，就是子孙守不住。所以真正的富贵家族，用心教育子女，而不是任性消遣家里的富贵。再说，金玉满堂也带不走，古往今来，有谁带走了财富？秦始皇生前享有无尽的荣华富贵，还为自己建造了足以显示富贵权势的地下陵墓，但他终究是死了。他舍不得人间，人间舍得他，不可一世的秦始皇也只活了将近五十岁，秦王朝随后灭亡，他的富贵权势不复存在，天下也改姓了刘。《红楼梦》的《好了歌》的前两段说："世人都晓神仙好，惟有功名忘不了！古今将相在何方？荒冢一堆草没了。世人都晓神仙好，只有金银忘不了！终朝只恨聚无多，及到多时眼闭了。"这让人感慨不已。"富贵而骄，自遗其咎"也是这样，前面讲过的秦二世的故事，是很好的例子。

老子说的这四层意思，事虽不同，但根本相同，就是凡事要留有余地，不留余地可能就没有退路。如果太满了，还不如早点停下来，就是"持而盈之，不如其已"，就像他在第二十三章里说的"飘风不终朝，骤雨不终日"一样。老子以这四件事作为铺垫，最终说的是"功遂身退"的道理。被视为天之道的"功遂身退"，在第十七章里有另一种表达："功成事遂，百姓皆谓我自然。""遂"的意思是成功，"功遂身退"，也就是功成身退。王弼说，春夏秋冬，四时轮转，功成则移也是自然之道。

老子告诫人们最好是功成身退，前面我们讲了"谋圣"张良、"商圣"范蠡的故事，两人都选择了功成身退。而范蠡的同僚，勾践的另一谋臣文种功成而不身退，后来被勾践逼迫自杀了。

刘邦的爱将韩信和大夫文种有同样的命运。完全可以说，没有韩信披坚执锐，刘邦未必能得天下。刘邦做了皇帝，韩信被封为楚王，但韩信的军事才能总让刘邦放心不下。有一次刘邦和韩信聊各位将领的本事，然后问韩信："你看我能带多少兵呀？"韩信说："陛下带兵不过十万。"刘邦反问："那你可以带多少兵呢？"韩信回答说："我带兵多多益善。"韩信在不经意间流露了自己在带兵上看不起刘邦。当刘邦再问他这样会带兵怎么受自己的挟制时，他说刘邦不会带兵，但会管将，所以自己为刘邦所用。韩信在刘邦朝中，渐生反心，后来吕太后联手萧何，把韩信斩杀于长乐宫。后人用"成也萧何，败也萧何"，感慨韩信的命运。司马迁为他立传，还特别说道：如果韩信功成后学道谦让，不伐己功，不矜己能，何至如此呢？

大夫文种和韩信没有功成身退，最后分别遭到勾践、刘邦的畏忌，落得被杀的悲惨命运。所以功成最好是身退，这样可以享受长久的尊重和快乐。

二、知足可不辱

对于功成不居、功成身退，老子感受深刻，他的人生退让哲学还在闪耀着光辉，又说了自伐者无功、自矜者不长的话，与功成不居、功遂身退相近，仍然讲建功者要自我制约。他的第二十四章写道：

> 企者不立，跨者不行，自见者不明，自是者不彰，自伐者无功，自矜者不长。其在道也，曰余食赘行，物或恶之，故有道者不处。

生活中有这样一些现象，"企者"即踮脚者不能长久站立，"跨者"即跨越者不能远行，这是常理。人要想站得稳，站得久，一定不是踮脚而是平脚落地；跨步固然可以向前，但大跨步或者是两步并作一步，都不是自然的行走状态，不可能保持这样的步伐走得很远。他这是打比方，要说明后面的一些问题。

老子用了一个排比句："自见者不明，自是者不彰，自伐者无功，自矜者不长。"说自我表现的人自己不清楚，自我肯定的人自己不明白，自我夸耀的人难以建立功劳，自我骄傲的人不能长久。这里先肯定再否定，和前面第二十二章里的"不自见故明，不自是故彰，不自伐故有功，不自矜故长"的先否定后肯定，是同样问题的两面。在老子看来，任何人在生活和工作中都应保持低调，否则容易得意忘形。一旦得意忘形，很多事情就不好做了，会造成对随后工作的马虎、随性以及人与人之间的关系恶化。别人见你傲气十足，志得意满，本能不愿意接近你，只能各走各的路。这样，必然影响事业的发展。许多有成就的人不讳言他们人生失败的教训，就是要在众人面前放下自己的身段，与众人平和相处。话说回来，因为"自见""自是""自伐""自矜"而陷于孤立是轻的，还有后果严重到丧命的，譬如《三国演义》里曹操的手下许攸。

　　许攸本是袁绍的谋臣，少时与曹操是朋友。他在官渡之战时投奔了曹操，帮助曹操烧了袁绍的粮草，使袁绍大败后在冀州吐血而死。袁绍的部将审配守冀州，曹操大军围冀州不下，许攸献计决漳河水灌冀州城。功成后，曹操率众将进冀州城。快进城门的时候，许攸策马向前，用马鞭指着城门喊着曹操的小名说："阿瞒，你不得我的力，怎能进得了这城门？"曹操大笑，没有介意。许攸的傲气未消，一天，曹操手下的名将许褚快马进冀州城东门，迎面遇上许攸，许攸喊住许褚大声说："你们这些人没有我，怎么能进这城门？"许褚大怒，说道："我们这些人千生万死，血战沙场，夺得城池，你怎能这样夸口？"许攸还口骂道："你们这些匹夫，何足道哉？"许褚更生气了，拔剑杀了许攸，然后提着许攸的头去见曹操，说许攸无礼，被他杀了。曹操也只是狠狠批评了爱将许褚，厚葬许攸，这事就算完了。许攸实在没有想到，自我炫耀，竟然惹来杀身之祸。罗贯中把这个故事写得活灵活现，让我们为很有谋略的许攸长长叹息。

　　显然，"自见""自是""自伐""自矜"在处世中是不可取的。老子说，从"道"的角度审视，这些做法就是"余食赘行"，像人吃剩的饭或者是身上长的赘瘤，没有什么用途。"物或恶之，故有道者不处"，这里的"物"指的是人，说人们会讨厌这些行为，有"道"的人不会这样。对此，老子很鄙视，他主张以谦逊立世，希望人们在生活中保持良好的状态。

　　"自见""自是""自伐""自矜"把人自然的行为放大了，放大者欲利反害，不懂得人生应当知足的道理。老子在第四十四章说：

名与身孰亲？身与货孰多？得与亡孰病？是故甚爱必大费，多藏必厚亡。知足不辱，知止不殆，可以长久。

他此处有三问：一问"名与身孰亲"？名声与生命，哪一样更加亲近呢？二问"身与货孰多"？生命与财富，哪一样更加重要呢？三问"得与亡孰病"？获得与失去，包括名声与财富，哪一样更有危害呢？三问各自存在两种情况：名声重于生命，或生命重于名声；生命重于财富，或财富重于生命；得到更有危害，或失去更有危害。不论哪一问，答案都因人因事、因时因境会有不同。但名声、财富、得失的比较对象都是生命，这就特别有意味。他三问说的实际是人生应该怎样对待生命、怎样对待身外之物。对于个体的人来说，生命无疑是第一位的，有了生命，特别是健康的生命，其他的事情才有意义。这健康的生命，人们有时说的是指身体，在和平年代每个人都知道身体重要，没有好的身体，一切都没有了，或者说其他的东西都没有意义了。

人的一生至少会经历三个阶段：出生、生活过程和死亡。人出生的时候，是喜剧，家人高兴，办满月、办周岁，宴请宾客，笑逐颜开；生活过程，是生命运动的过程，其间往往是悲喜交加，充满酸甜苦辣，难以尽言；死亡，是鲜活的生命逝去，悲剧不可避免，出生时的欢笑，这时为悲泣或者号啕大哭取代。可以这样说，和平年代，人们面临名声、利益和生命抉择的时候，是要名声还是要生命？是要利益还是要生命？人们会毫不犹豫地选择生命而不要名声，也不要利益。没有了生命，名声和利益有什么用呢？我这说的是一般情况下的选择，和志士仁人的"杀身成仁，舍生取义"不可相提并论。

老子还说了得与失的辩证关系，人们一般欲得而恶失，这是人在社会生活中的本能。但"得"是有度的，孔子有名言："不义而富且贵，于我如浮云。"①他说的"义"或者说"道义"，就是获取富贵的度。老子没有这样说，他说人要顺应自然，有欲望就不自然，或者说超越了自然这个度，那样取得富贵也是不好的。于是他得出一个结论："甚爱必大费，多藏必厚亡。"这"爱"有两解，一说是"吝啬"的意思，太吝啬了有大破费；二说"爱"作"爱惜"，因前面说的是名声和财富，两相对应，过于爱惜名声就有大的损失，多积累财富就会失去财富。

从名声来说，我们知道生命比名声重要，人们为什么会爱恋名声而损害生命？这和人们传统的生命观念有关。自古以来，人们就知道有生有死，虽说有人渴望长生不老，或者是飘然成仙，但最终还是得面对死亡。于是有人想到，人死了，肉体会腐烂，但名声不会腐烂。在春秋时就有了死而不朽的"三不朽"论：一是立德，建立社会道德规范；二是立功，建立一种或多种社会功业；三是立言，建立一种或多种学说。三种途径，归结为一句话：建立名誉。所以司马迁说立名是人生的最高准则。这名声可以是时名，即在活着的时候享有的；还可以是史名，即死后在历史上永远存在的，也就是所谓的名垂青史。有人有时名而无史名，有人有史名而无时名，有人既有时名又有史名。一般说来，得时名易，得史名难。我们现在还看不清楚当下哪些有时名的人以后会有史名，因为得史名要经受时间的检验。历史上，写《史记》的司马迁，写田园诗的陶渊明，写《红楼梦》的曹雪芹，当时没名气，但在历史上很有名。人因文传，应了曹丕说的文章是不朽盛事的话。而汉武帝、唐太宗、李白、杜甫、欧阳修、苏轼等人，当时

---

① 《论语·述而》。

有名，后来在历史上也有名，而且是鼎鼎大名。

　　从财富来说，为什么我们知道生命比财富重要，人们还会消耗生命多积财富呢？这理人们懂，只是好财的欲望常有，而且还很强烈，既为自己及家人的现实生活考虑，又为身后的子孙着想，希望子孙有优越富裕的生活。不过，战国时，触龙劝赵太后的一句名言值得记取。当时，秦国攻打赵国，赵太后向齐国求救。齐国提出来，要用赵国公子长安君当人质才行。赵太后执意不肯，情势危急，于是左师触龙去劝赵太后，为她分析对子女的爱，说道"父母之爱子，则为之计深远"，要考虑长远的成效而不是眼前的利益。如果儿女躺在父辈的家业上，只继承不光大，光享受不创造，有多少家业都会败光，这是做父母的人应该警惕的。要让儿女成为能够独立生活、自我养活、不贪图享受而对社会有用的人。清代曾国藩曾教导他的弟弟们说：他自己除俸禄之外，不取一钱，俸禄日常用度有多的，就接济亲戚同乡，决不为儿孙的衣食所需积累钱财。他的道理是：儿子如果有德有才，不必靠他做官的俸禄也能自谋生路；儿孙如果无德无才，为他们多积一份财就多造一份孽，以后儿孙会淫逸作乐，玷污家里的名声。所以他早早发誓，做官也不发财，不留银钱给后人。曾国藩的做法很有道理，难怪后来曾家人才辈出。

　　于是，老子说了这章的最后一句："知足不辱，知止不殆，可以长久。"知道满足是容易的，真正能够止于知足并不容易。一旦名声很响了，要知足；一旦得志了，要知足；一旦发财了，也要知足。社会上这样的告诫常有，但人追求名声和财富的欲望没有止境，因此需要人们适可而止、平和面对。的确，知足不会遭受羞辱，知足而止不会有什么危险，可以保持长久的安宁。这在为人处世上，是非常重要的。关键是：能做得到吗？

三、自知者明

老子劝人知足，劝人不要对名声和财富无止境追求，否则最终可能会付出生命的代价。在知足上，他还有其他既动听也在理的话，就看能不能理解。他在第三十三章中说：

> 知人者智，自知者明。胜人者有力，自胜者强。知足者富，强行者有志。不失其所者久，死而不亡者寿。

老子说过要人"绝圣弃智"，但这里说"知人者智，自知者明"，不是承认人的智慧吗？智慧者知人、智慧者知己，于是有了成语：自知之明。问题是我们应该怎样把握，做到既能自知，又能知人。这里的自知，需要有角色意识，知道自己在生活中的角色是什么，责任是什么，应该做什么以及自己的能力怎样，能够有这些思考，遇事就不纠结。春秋战国时代，诸侯相争，不能自知，关系到国家、将士和百姓的安危存亡，《吕氏春秋》的《自知》很严肃地说到这一点，它还提到我们前面说到的败于长平的赵括、死于马陵的庞涓，他们因不自知而送了自己的性命，也送了手下将士的性命。

这里的知人，是说要对他人的家庭背景、社会教养、人生经历和活动能力等有所了解，这样会让他在承担工作以及彼此合作时有信心而不盲目，这是一般的看法。古代对怎样知人有一些说法。孔子说要"视其所以，观其所由，察其所安"①，就是从人办

---

① 《论语·为政》。

事的原因、方法和结果中了解一个人。孟子说可以看一个人的眼睛，光明磊落，眼睛就明亮；心怀鬼胎，眼睛就浑浊。诸如此类，不同的人会有不同的方法，无非是从人的言行举止、办事待人的态度和能力来观察。不过，有时也需要时间的考验，就像俗话说的"路遥知马力，日久见人心"。无论怎样，在社会上知人与自知，都是很重要的。

　　韩非在《喻老》里就"自知者明"讲了一个故事，说楚庄王因为越国政乱兵弱，想发兵攻伐。他手下的大臣说："我担心您现在的智力就像您的眼睛，能够看到百步之外的东西，而看不见自己的眼睫毛。您的军队被秦、晋两国打败，可见兵力虚弱；国内庄𫏋横行，偷盗抢劫，您的官吏管制不了。可以说，楚国的虚弱、混乱跟越国差不多，您还想去攻打越国，太没有自知之明。"楚庄王听了之后，放弃了攻打越国的念头。韩非这个故事隐含了一个重要的想法，越国虚弱混乱，你楚庄王想去攻打；而楚国这样虚弱混乱，也该防止别人来攻打才是呀！

　　老子接着说："胜人者有力，自胜者强。"这话好理解，它告诉人们能够战胜别人是有力量的，能够战胜自己是强大的。人与人之间存在争斗，人自身存在矛盾纠结，胜人与自胜都不容易。韩非的《喻老》讲了一个故事。子夏见到曾子，曾子问子夏："你为什么长得这么胖呢？"子夏回答说："我打了胜仗，就长胖了。"曾子说："怎么回事呢？"子夏说："我以前回家见先王之义，感到很荣耀；出门见富贵之乐，也感到荣耀。两者在心里交战，是要先王之义还是要富贵之乐呢？一时间分不出胜负。因此，人就消瘦了。现在我内心的先王之义战胜了富贵之乐，重道义胜过了重富贵，心一宽就长胖了。"这故事不知道是谁编的，说的话有点意思。他说打了胜仗，这"仗"不是指战争，而是自身两种生活、两种观念的冲突。尤其是说重道义胜过了重富贵，和孔子的思想一脉相承。韩非说，人生的艰难不在于战胜别人，而在于战胜自己，所以战胜自己就是强大。其实人生常常矛盾交织，有时战胜别人是艰难的，有时战胜自己是艰难的，这取决于天时、地利、人和。

这一点我们在生活中也有体会。遇事，我们的内心会纠结、郁闷，不同的想法打架，忽左忽右，不知道怎样定夺，怎样处理合适。什么能够使我们摆脱矛盾、摆脱忧愁而快乐起来呢？朋友劝慰也许会好一点，有时喝酒能散散心，有时大哭一场可以放松，但都不是最终的办法，李白说"抽刀断水水更流，举杯消愁愁更愁"[①]，最终还是要自己直面问题，解决问题、自己战胜自己。老子说自胜者强是有道理的。

然后，他说"知足者富"，是希望人的欲望得到控制，少有欲望甚至没有欲望。这一点我前面也提到过。人的欲望怎么满足？明代音乐家、人称"乐圣"的朱载堉《醒世词》里有一首《十不足》，专说人的欲望难以满足，他是这样写的：

> 逐日奔忙只为饥，才得有食又思衣。
> 置下绫罗身上穿，抬头又嫌房屋低。
> 盖了高楼并大厦，床前缺少美貌妻。
> 娇妻美妾都娶下，又虑出门没马骑。
> 将钱买下高头马，马前马后少跟随。
> 家人招下十数个，有钱没势被人欺。
> 一铨铨到知县位，又说官小势位卑。

---

① 李白：《宣州谢朓楼饯别校书叔云》。

　　一攀攀到阁老位，每日思想要登基。

　　一朝南面坐天下，又想神仙下象棋。

　　洞宾与他把棋下，又问哪有上天梯？

　　上天梯子未做下，阎王发牌鬼来催。

　　若非此人大限到，上到天上还嫌低。

　　没吃的想吃的，有吃的想穿的，有穿的想住的，有住的想行的，有钱想有势，做小官想做大官，做了大官想成神仙，何时是个尽头？他调侃人心不知足，要不是死了，还嫌去的地方不够好。这样的不知足实在不好，但人世间不知足的现象普遍存在。

　　庄子希望把人的欲望完全消解掉，无论外面的世界多么精彩，反正人最好是一点欲望都没有。所以他讲逍遥游，要人真正地顺应自然，不依托外在事物，没有任何束缚，忘却自我，身体自由，精神也自由。但庄子说的主要还是精神自由和享受，《逍遥游》在说"至人"时提出"无己"。"无己"是忘却自我，跟他讲"心斋""坐忘"的修炼方法一样，一是要完全忘掉外部的世界，二是要完全忘掉客观自身，这有多难哪！要达到这种境界，人生就自由了。在我们的生活中，还是朱载堉《十不足》唱的那样，往往是欲望得不到满足，因此心里会有种种的不平衡，痛苦随之而生。所以"知足者富"，更重要的是自我心理的调适，而不是名利的占有。因为人对名利的追求，个人对欲望的满足是没有底线的。

　　前面讲第四十六章"天下无道，戎马生于郊"时，也提到了老子说的"祸莫大于不知足，咎莫大于欲得。故知足之足，常足矣"，他从国家利益考虑是如此，对于个人来说，知足也是幸福所在，不然内心总有欲望未成的忧思。知足之足常足，也是"知足者富"的表现形态。

随后老子说"强行者有志，不失其所者久，死而不亡者寿"，这分三层来理解。

一说"强行者有志"。强行者即有志气努力前行、坚韧不拔的人。强行者做事慎终如始、善始善终，这样才会有所成就。我在海南师范大学文学院工作时，有一次请著名作家韩少功做讲座，我担任主持。在后来的提问环节，有位中文系的学生问道："文学院要求我们做'410'合适吗？""410"又叫"410写作工程"，是文学院针对中文专业学生的写作训练，坚持了多年，也取得了不错的成效。它要求每个中文专业的学生在大学四年内，每年完成10万字的写作任务，写作内容不限，也就是一个学期5万字，四年40万字，所以称"410写作工程"。我解释给少功听，还说了要把5万字分到每一天，一天是300字。少功看着学生，面带微笑说："300字，不多吧？"一天写300字的确不多，问题在于学生能不能持之以恒。有的学生一天写几千字没问题，为什么一天写300字就有问题呢？难度在持之以恒。我读曾国藩家书，曾国藩常对弟弟们说，做事要有恒，什么是有恒呢？昨天的事昨天做，不挪到今天；明天的事明天做，不提前到今天；每日事每日毕，就是有恒。所以我对学生说，"410写作工程"是写作训练，也是意志训练，你是不是有这样恒久的意志，是不是能够坚守？如果你在"410写作工程"上坚持到底，培养了自己的能力和意志，以后容易成为一个成功的人，这是历史经验证明了的。

二说"不失其所者久"，也就是不丢失根本才能长久，这个根本就是"道"。老子深信"道"的自然力量，"道"与天地同在，能够不失其根本而长久是必然的。但什么是"不失其所"呢？韩非在《难势》里引了前辈慎到的一句话："飞龙乘云，腾蛇游雾，云罢雾霁，而龙蛇与蚓蚁同矣，则失其所乘矣。"这一说法是慎到用来比拟君王之势的作用。单就比拟本身来说，"飞龙乘云，腾蛇游雾"是得其所，而"云罢雾霁"，龙蛇与蚓蚁没有区别，就是失其所。这样，老子说的"不失其所"就好理解了，说的是顺应自然，当乘云而飞就乘云而飞，该游雾而行就游雾而行，不违背自然，这样能够长久，否则就因失其所而不能长久。

三说"死而不亡者寿"。前面说的"三不朽"尽管是儒家奉行的人生原则，但也是"死而不亡者寿"的体现。人莫不有死，死而能够长久，主要是指名声永传、精神不死。曹操的二儿子曹丕在《典论·论文》中说了一番很有名的话："盖文章，经国之大业，不朽之盛事。年寿有时而尽，荣乐止乎其身，二者必至之常期，未若文章之无穷。"曹丕好文，这篇文章写在他做魏太子的时候，说起话来底气十足。也是因为他看到了历史上一些人"寄身于翰墨，见意于篇籍，不假良史之辞，不托飞驰之势，而声名自传于后"的现象；看到这些人为写文章，"贱尺璧而重寸阴，惧乎时之过已"的艰辛努力；痛心现实生活中的一些人"贫贱则慑于饥寒，富贵则流于逸乐，遂营目前之务，而遗千载之功"，最终在光阴的流逝中渐渐老去，走向死亡，他为此觉得遗憾。但在社会生活中，并不是人人都能够按曹丕说的这样做。按老子的想法，立言也好，不立言也好，关键是自然精神不死，自然精神永传。陶渊明《挽歌辞》说的"死去何所道，托体同山阿"，应该更加符合他"死而不亡者寿"的思想。

老子在这里说了人处世的修养——知人、自知、胜人、自胜、知足、强行，所有这些个人的行为，最后归于不失其所的顺应自然，让人觉得前面说的一系列行为，要具备的是自然精神，他希望人们在社会上这样生活。

四、宠辱若惊

离开知人、自知、胜人、自胜、知足、强行的话题，老子在第十三章谈到了宠辱若惊。我们通常喜欢说宠辱不惊，意即面对荣宠和羞辱淡然处之，他说出这样的话来，让人觉得不同凡响。看这一章是怎么说的：

> 宠辱若惊，贵大患若身。何谓宠辱若惊？宠为上，辱为下；得之若惊，失之若惊，是谓宠辱若惊。何谓贵大患若身？吾所以有大患者，为吾有身；及吾无身，吾有何患？故贵以身为天下，若可寄天下；爱以身为天下，若可托天下。

这一章的"何谓宠辱若惊？宠为上，辱为下，得之若惊，失之若惊"，王弼本作"何谓宠辱若惊？宠为下，得之若惊，失之若惊"。据唐昭宗景福二年道德经碑本改，文义方显完整。

这里提出两个观点："宠辱若惊"和"贵大患若身"。什么是"宠辱若惊"呢？他自己解释为宠荣居上，羞辱居下，得之若惊，失之若惊。得宠会因喜而心惊，失宠会因忧而心惊。因宠辱心惊，是心存欲望的表现，喜得而惧失，导致内心的不安宁。老子主张自然无为，其中关键是虚静，要保持虚无清静的状态，宠辱若惊是不可取的，应处事淡泊，遇宠辱不惊才是。什么是"贵大患若身"呢？这"身"是身体还是生命？身体和生命是一体的，生命承载于身体，二者相系，可见大患是生命之患。重视大的灾祸像重视身体一样，是因为我们有身体，所以才有灾祸；如果没有身体，还有什么灾祸呢？而这"大患"是人们过于看重的名利。

　　庄子在《大宗师》里讲过"坐忘"的修为方法，说的是"堕肢体，黜聪明，离形去知，同于大通"。这"堕肢体"听起来很吓人，但他说的并不是真的毁坏人的肢体，而是要人忘却自我，舍弃聪明才智，以求能够和"道"相通为一。老子这里说的"及吾无身，吾有何患"，不过是劝人忘却自我、超越尘俗，如果能够这样的话，人生就没有什么灾祸了。淡泊的老子也重养生，后来庄子把他的养生思想发展得更厉害了，时刻讲怎样避开祸患，保全生命。所谓"贵大患若身"，意在避祸。在这一点上，庄子学了老子，并且在思想上走得更远。

　　同时老子说，"故贵以身为天下，若可寄天下；爱以身为天下，若可托天下"。从字面上来看，他说以珍惜身体、爱护身体的态度去为天下的人，才能把天下寄托给他，交给他管理。这好像是在说珍惜身体、爱护身体才能够珍惜天下、爱护天下，才会把天下治理好，身体是治理天下的本钱。这在理念上是不错的，但老子想的是自然无为以治天下，按这样说来，那"贵身""爱身"不是自然无为，而是积极有为。其实老子的"贵身""爱身"是要尊重生命，尊重生命最重要的途径是遵循"道"的法则，顺应生命的自然，进而顺应治理天下的自然。他告诉人们，无为吧，最好能像水一样。于是他说了上善若水，看《老子》的第八章：

　　　　上善若水。水善利万物而不争，处众人之所恶，故几于道。居善地，心善渊，与善仁，言善信，正善治，事善能，动善时。夫唯不争，故无尤。

　　"上善若水"是许多人的格言，和《易经》里的"厚德载物"

一样，为人喜爱，许多书法爱好者皆"乐书不疲"。

"上善若水"是说最高的善德像水。"水善利万物而不争"，这是一个比喻，有三层重要的意思。一是最高的善像水一样处在低洼的位置，像山谷、大海，有胸怀去包容涓涓细流。二是最高的善像水一样随顺，随物赋形，遇山则山形，遇坎则坎形，所以他说最高的品德似水的婉柔、包容、随顺，利人而不利己。三是最高的善像水润物无声，不会索取回报。因此，老子希望人们在生活中都具有水一样的德行，不与万物争夺而善于滋润万物，只给予不索取。尽管它处在众人讨厌的低位，但水的自然贴近"道"，应该为人称道。当然，这里排除奔腾咆哮的海啸，排除暴发时一泻千里的山洪，这样的大水势不可当，失了常态。

上善之人是具有最良善品德的人，"居善地，心善渊，与善仁，言善信，正善治，事善能，动善时"。这"七善"，不妨一一道来。

一是"居善地"。"居善地"有选择良好的教育环境之意。人有时身不由己，居不择地是有的。但在可能的情况下，择善地而居是有必要的。孔子说："里仁为美。择不处仁，焉得知？"① 这是说聪明的人应该住在仁爱的地方。有一个"孟母三迁"的老故事：孟子是山东邹城人，小的时候，家近墓地，他嬉游玩耍，好做墓地筑坟、祭奠的事。孟母说："这地方不适合我儿子住。"于是搬到集市旁边。孟子在这里又喜欢学商人吆喝买卖。孟母又说："这也不是我儿子该住的地方。"于是他们再迁移，搬到一所学校旁边，孟子自然学习为人揖让进退的礼节。孟母说："这地方真可以让我儿子住了。"于是定居下来。而荀子在《劝学》里说："君子居必择乡，游必就士，所以防邪辟而近中正也。"就是要在环境

---

① 《论语·里仁》。

的影响下自觉地走人生正道。环境育人非常重要，让人接受好环境的熏陶，也是不言之教。不过，无论是硬环境还是软环境，都是可以改造、可以营建的。但老子不希望这样，希望如水居则安，以低洼能容众水为善地。

二是"心善渊"。"心善渊"说人心沉静如深渊。很有意思的是，有企业家说自己有三修：定、随、舍。定是定格人心，定格思想，看清自己和将来的趋势，发生任何事情都要冷静、镇定面对，在理性思考后再做决定。随是洒脱、达观、跟随，在不同的发展阶段懂得向别人学习，学习之后寻求创新。如果只走前人的路或者一味地跟随，很难创业成功。舍是剔除庸俗累赘，留下淡泊宁静，同时看清自己，知道自己要什么，把多余的舍去，敢于放弃。舍得舍得，有舍才有得。三者中，首先是定，或说"心善渊"。

三是"与善仁"。"与善仁"是说待人要仁爱友好。尽管老子说绝仁弃义，但内心始终是向善的。孟子说："君子以仁存心，以礼存心。仁者爱人，有礼者敬人。爱人者，人恒爱之；敬人者，人恒敬之。"[1] 后面一句话很重要，人的爱是相互的，因爱而获得被爱。社会上曾经流行"我为人人，人人为我"的口号，主张人与人之间的互爱互助。你爱人，别人爱你，你敬人，别人敬你，你助人，别人也会助你。有这种"与善仁"的为人处世理念，有水的温柔，才会有家庭的和谐、社会的和谐。

四是"言善信"。"言善信"是说话要诚信、诚实，为人处世和待人真诚、守信。孔子曾说："人而无信，不知其可也。"[2] 人没

_____

① 《孟子·离娄下》。

② 《论语·为政》。

有诚信或者说没有信誉，是不可以的；"信则人任焉"[1]，做人诚信才会有人信任。他还说，花言巧语的人少有仁爱。一个人少了仁爱，就会少了真诚。有人可能会说，有的人很狡诈，但也很受信任。这种情况在短时间内可能发生，但最终会暴露出来，失去人们的信任。老子在这里也倡导诚信，"言善信"的前提是心善信。关于这一点，每个人都有自己的生活体会，不用多说。

五是"正善治"。"正善治"的"正"通"政"，说的是为政要善治。什么是善治？按老子在其他章节表现出来的理念，国家或天下的善治，最佳治理方法和原则是自然无为，是损有余而补不足的均贫富，是小国寡民甘其食、美其服、安其居、乐其俗的原生态和安详，是回归自然的圣人之治。当他提出政善治时，隐含了对社会现实不善治的批评。按这一章说的"上善若水"，善治该是自然之治。

六是"事善能"。"事善能"与第三章说的"不尚贤，使民不争"相矛盾。老子说"不尚贤"是说社会治理不要推崇或提拔贤能的人，不希望人人有智慧、人人有才能，每个人都少私寡欲或者无私无欲，回到原始的时代。但这"事善能"，又在要求人办事无所不能。从这里看，老子好像又是讲本事的，想举贤授能。不过，他这儿有"上善若水"的前提，水利万物而不争，那么这善能之"能"，应该如水之能才是。

七是"动善时"。"动善时"说人的行动要把握时机，待机而动。行为的时机重要，时机把握得好，容易成功；把握不好，容易失败。前面提到曹刿论战"一鼓作气"就是关于时机的把握。战争如此，商场以及其他行业都是如此。依老子的想法，最理想

---

[1] 《论语·阳货》。

的"动善时"是像水一样，当动则动，不当动则不动，没有任何主动的寻求。

　　苏辙也说过这"七善"，他完全是从水的角度来说的：水避高趋下，不遇坎坷，是善于择地而居；空虚静默，深不可测，是心善渊；利泽万物，施予而不求回报，是与善仁；遇圆回旋，遇方转折，遇塞止步，逢决必流，是言善信；洗涤群秽，平抑高下，是正善治；遇物赋形，而不保持一种形态，是事善能；冬天结冰，春天冰散，该干旱就干旱，该水涝就水涝，不失季节，是动善时。苏辙说得很好，所谓善就是依水而动。他最后的结论是："有善而不免于人非者，以其争也。水唯不争，故兼七善而无尤。"[①]人与人之间应该如水般没有争斗，不争斗就没过失，还是回到自然无为上来了。

五、祸福两相倚

　　人生一世，祸福相随，生活的滋味也在其中。而凡事有因有果，老子眼见人的祸福，提出非常有意味的祸福相倚论。这见于他的第五十八章：

　　　　其政闷闷，其民淳淳；其政察察，其民缺缺。祸兮福之所倚，福兮祸之所伏。孰知其极？其无正？正复为奇，善复为妖，人之迷，其日固久。是以圣人方而不割，廉而不刿，直而不肆，光而不耀。

---

①　苏辙：《道德真经注》。

老子的"其政闷闷"中的"闷闷"是浑噩、糊涂的意思，说社会的治理昏昧，在这种状态之下，"其民淳淳"即老百姓淳朴厚道，这淳朴厚道内蕴了善良、无知以及社会的太平。混沌而太平，这是老子理想社会的一面。而"其政察察，其民缺缺"说的另一种情况。"察察"，明白、清楚的样子；"缺缺"，狡诈、虚伪的样子。它说社会法令严明，百姓就变得狡诈虚伪。老子不赞同社会的法令和道德，用这种主张变相说明还是无为而治的好。同时说百姓处世以淳朴厚道为上，以狡诈虚伪为下，他的主张明确，但对社会的认知是很有限的。社会发展无论在哪一个历史阶段，法治与德治必然并行，但老子想实现的是社会混沌的状态，要百姓淳朴无知，这样的社会固然没有矛盾、没有争斗，但怎么可能实现呢？

在这一章中，老子说的祸福相倚最为耀眼，产生的影响也最大。"祸兮福之所倚，福兮祸之所伏"也被后人格言化了。有时简化为"倚伏"，说的还是祸福相倚。韩非《解老》分两层解释了这两句话。

先说"祸兮福之所倚"。韩非说：人如果有灾祸，内心一定恐惧；内心恐惧，行为就会正直，不会走歪路；如果是这样的话，对问题的考虑会很成熟；考虑问题成熟，就符合事理。行为正直就没有祸害，没有祸害就能够享尽天年。行为正直符合事理，一定会获得成功；享尽天年，一定会身体保全。成功自然有了富贵，享尽天年自然长寿，这些就是福。回到开头说的因为有祸而产生的心态以及相关的一连串行为，可知灾祸是怎样转化成了幸福，所以说"祸兮福之所倚"。这是因为灾祸对人的警示，使人的思想、行为都走在正确的路上，从而去祸得福。有时人们说失败是成功之母，有时灾祸也是成功之母，它可以端正人的态度，促进人总结经验教训，不断努力。

再说"福兮祸之所伏"。韩非说："人有福，则富贵至。"有一句俗话是"福气来了门板都挡不住"。有时天上真会掉下一个"林妹妹"，在没想到的时候，突然就有好事降临。这里面会有潜在的原因，只是一时间不为人所知或者感觉突然。韩非说，人有福，富贵降临了，那么你穿的衣服会很漂亮，你吃的饭菜会很精美。当周围的人过得不好、穿得不好，你吃好了、穿好了，很容易滋生骄傲之心。一旦有了骄傲之心，举止就会邪僻，行为就会违背事理，你不遵循事物的规律，任着性子想怎么办就怎么办。韩非说，要是这样，事情就麻烦了，因为举止邪僻，也许会导致半道夭亡；做事违背事理，难以成功。对一个人来说，内有人生夭折之难，外无成功之名，那就是很大的灾祸。于是说，祸本生于有福，也就是"福兮祸之所伏"了。

这是韩非式的祸福相倚论。祸福相倚说出了社会生活的规律，这二者的转化，蕴含了社会条件的变化、人心态的变化、行为的变化、性情善恶的变化，产生的结果会有形成这一结果的原因，不能不小心。可以说的是，祸福转化有各种各样的状态，不能一概而论。

西汉刘安《淮南子·人间训》中有一个"塞翁失马，焉知非福"的故事。那时边塞上有户人家，他家的马无故逃到胡人那里去了。左邻右舍都来慰问他，他家的父亲说："这难道不是我们的福气吗？"过了几个月，他的马带了一匹胡人的骏马回来，人们都来祝贺他。父亲又说："这难道不是我们的灾祸吗？"他的儿子喜欢骑马，结果从马上摔下来，把大腿摔断了。别人又来安慰他，那位父亲还是那句话："这难道不是我们的福气吗？"过了一年，边境上发生战争，胡人大举入侵，国家征兵当然要征年轻力壮、跑得动的，不会征他的跛脚儿子去当兵。结果拿起武器上前线打仗的年轻人，绝大多数送了性命，他的儿子因为跛脚，性命得到保全。真是"塞翁失马，焉知非福"。刘安说："故福之为祸，祸之为福，化不可极，深不可测也。"祸与福的转化，真是难以穷尽。这个故事说祸福转化是就事论事，不像韩非有透彻的分析。

韩非、刘安所讲祸福相倚和老子讲祸福相倚有些差异。韩非根据自己所想，以推论说明其中可能的道理；刘安以故事摆出相应的事实，说明祸福之间的关联，两人都认同老子的说法。而老子的祸福相互依存，彼此会发生转化，高明的是看到了事物发展的基本规律，尽管他没有说具体的事物或者是面临祸福人心态的变化和作用，却又适用不同时期、不同对象和不同事物，成为生活的真理，更容易为人们接受。

老子话还没说完，他接着说："孰知其极？""极"是准则，他问谁知道祸福倚伏的准则呢？我们很难说祸有准则，也难说福有准则，它变动不居、因人而异。但大体上还是会有，如身康体健、衣食无忧、家庭和睦，就是福。相反，身残体缺、衣食不保、家庭破败，就是祸。然后说祸福的转化，"正复为奇，善复为妖"。这"正"变为邪，"善"变为妖，都在说明祸与福总在转化。老子说了事物发展的辩证关系，肯定事物的动态进程、提出事物的辩证关系，这些都是对的，也符合社会生活的实际。有史以来，朝代更迭、社会变迁，基本的人性没有根本变化，依旧还是礼义廉耻、孝悌忠信、善善恶恶、生死离别、男欢女爱之类，祸福相倚的规律没有变。但在老子那个时候，"人之迷，其日固久"，很长时间以来，没有人能够懂得祸福相倚的道理。他话中有话，批评人们沉迷于求福，却不知灾祸会降临，实在是可悲的事。

老子在这一章的最后说："圣人方而不割，廉而不刿，直而不肆，光而不耀。"意思是：圣人方正而不伤人，有棱角而不刺人，正直而不放纵，光亮而不耀眼。所谓方正而不伤人，老子容易说，实际上很难做。你要方正，坚持原则，一是一，二是二，但无论是站在集体、大众的立场上，还是站在自我的立场上，每个人的想法或利益都不能完全实现。和厨师烹饪一样，众口难调，要符合每个人的口味是不可能的。老子要人顺应自然，处事做和事佬，要有原则，那原则也是顺应自然。只是世间并非所有的事都能够顺应自然，无为而无不为的，达不到他这样的要求。

话说回来，他说圣人行为方正而不伤人，处事温和而不生硬；行为有棱角，节制而不以棱角刺人；品行正直，不自我放纵；有成就，不自我炫耀而收敛光芒。他说这些话，隐含的还是祸福相倚的道理，以圣人的行为告诫君王，也告诫世人，凡事要注意方法，要控制欲望，否则会转福为祸的。既然如此，人生一世就应注意避祸而接福。要达到这一点，关键是知足无私。如果欲望没有止境，灾祸终将降临，悔之莫及。

"祸兮福之所倚，福兮祸之所伏"，老子这话流传了二千五百多年，至今依然如此。遗憾的是在现实生活中，并非人人都懂得这个道理，能够在前进的道路上把握好自己的脚步。

六、善为子孙善为士

当老子说方正而不伤人、有棱角而不刺人等处世方法的时候，里面有圣人的修养。正因为不是所有的人能够这样做，所以老子才希望人们以圣人为榜样，通过修炼达到这种境界。他还讲了"五修"，同样很有意思，这是《老子》的第五十四章：

善建者不拔，善抱者不脱，子孙以祭祀不辍。修之于身，
其德乃真；修之于家，其德乃余；修之于乡，其德乃长；修之
于国，其德乃丰；修之于天下，其德乃普。故以身观身，以
家观家，以乡观乡，以国观国，以天下观天下。吾何以知天
下然哉？以此。

老子一开始说"善建者不拔，善抱者不脱，子孙以祭祀不辍"。
善于建树的人有所建树而不会被拔掉。按他在六十四章里说的
"合抱之木，起于毫末；九层之台，起于累土；千里之行，始于足
下"的理念，这"善建者不拔"一定是基础牢固，根深才不容易
被拔除，也启示人们在人生和事业的道路上，打好基础是十分重
要的。而善于抱持的人不会脱落，一定是抱持得法，也抱持得很
紧。但他随后说"子孙以祭祀不辍"，让我想到前面说的"善建
者""善抱者"有特殊的意味。此句不是简单地说"善建""善抱"，
而是说子孙要想能够不间断地祭祀先祖，需要做好两件事，一是
通过建功立业，光大祖先的业绩；二是通过持守保业，继承祖先
的业绩，使祖先的基业不会衰败，子孙的繁衍不会停止。这二者
是可以统一的，前面一再提到的司马迁是个很好的例子。

司马迁的父亲司马谈是汉武帝时的史官，他在临死前流着眼
泪对司马迁说："我死以后，你不要忘了我有写一部史书的愿望。"
为了勉励司马迁，他还特别说了："你要做个孝顺的儿子。"并且
告诉司马迁孝顺有三个层次：最低层次是赡养父母，稍高一点的
是侍奉君长，最高层次是立身扬名以显父母。说简单点就是建立
名誉，光宗耀祖。司马迁牢记父亲的话，也牢记了自己作为史官
的责任，甚至在遭遇"李陵之祸"被处以宫刑后也不气馁，写
了"究天人之际，通古今之变，成一家之言"的《史记》。《史记》

成了古代历史中著名的一部通史，他自己也继承光大了父亲的业绩，名垂青史。

话说回来，祖先基业的继承光大也是值得思考的，因为时代在变迁，曾经先进的东西可能会落伍，成为阻碍新生事物的绊脚石。应该革故鼎新的时候，还是得下决心作出抉择，舍旧图新，而不是抱残守缺，像守株待兔的宋人一样，枉费光阴而无收获。不过，从老子的角度来说，他的"善建""善抱"最根本的是"道"的自然精神，只有顺应自然，子孙的祖先祭祀才会永不停歇。

然后老子说了"五修"，修身、修家、修乡、修国、修天下。"修之于身，其德乃真；修之于家，其德乃余；修之于乡，其德乃长；修之于国，其德乃丰；修之于天下，其德乃普。"这"五修"均与"德"相关。用什么来做"五修"呢？应用"道"的自然精神。以它来修身，德行就纯真；以它来修家，德行就有余；以它来修乡，德行就绵长；以它来修国，德行就丰盛；以它来修天下，德行就普及天下。这是对德的推崇，也是对"道"的推崇。在这里可以看到老子关于"五修"的逻辑起点和终点，从自我的修身为己开始，逐渐推及修家、修乡、修国，最后抵达修天下。

儒家经典《礼记·大学》里说："古之欲明明德于天下者，先治其国；欲治其国者，先齐其家；欲齐其家者，先修其身；欲修其身者，先正其心；欲正其心者，先诚其意；欲诚其意者，先致其知。致知在格物。物格而后知至，知至而后意诚，意诚而后心正，心正而后身修，身修而后家齐，家齐而后国治，国治而后天下平。"这段名言推演了两次，起点是自我的意诚，终点是天下太平，中间说到"齐家"即治家，而"治国"指的是治诸侯国。后来更流行的说法是修身、齐家、治国、平天下。这和老子说的"五修"相比较，二者修身路径相似，目的完全不一样。起点同为修身，

《大学》从修身往前推，还有正心、诚意、格物致知。而格物致知，是要推究客观的事理获取一定的知识。《大学》反映的儒家修身理念是要建立一个有伦理道德秩序、有伦理道德情怀、有伦理道德礼义原则的社会，不像老子说的修身、修家、修乡、修国、修天下贯穿了朴素自然的精神，也贯穿了老子希望回到原始社会的想法。

　　同时，这里还表现了老子观察社会的方法，他说的"以身观身，以家观家，以乡观乡，以国观国，以天下观天下。吾何以知天下然哉？以此"，意思是以己身观他人之身，以己家观他家，以己乡观他乡，以己国观他国，最终的"以天下观天下"，其实是以天下的他人、他家、他乡、他国来看天下，以此知天下。这里以"自己"为参照标准考查其他对象，是一个有效的观察方法。我们对外部事物的观察，有时候要通过自己的眼睛和内心，但很多时候，要看他人对待别人的态度，以便更清楚地看到一个人的秉性。只是我们有时习惯单纯从自我出发来看人看事，难免会因主观意识产生偏斜。老子很在意事物的辩证法，讲事物的两面性，这也是我们要注意的。这面临一个问题，从正面怎么看？从反面怎么看？二者之间的逻辑联系是什么？这些应尽可能客观公正。当然，自己修身，也会用修身的目光来看他人；自己怀德，也会用德的目光来看他人。

　　这里的己家、己乡、己国也是观察的角度，它们各自无论采用怎样的标准，"德"都是核心，以己家之德看他家之德，以己乡之德看他乡之德，以己国之德看他国之德。老子曾说"道常无为而无不为""上德无为而无以为"，德依从于"道"，"道"的自然同时也是"德"的自然。就此来说，最本质的还是自然。而"以天下观天下"就是用上述的观察立场了解天下。既然己家他家、己乡他乡、己国他国都重自然之德，那么天下也应该是随顺自然的天下。老子观察事物的方法在生活中是有意义的，他贯穿的思想是不是能够为人采纳则是另一回事了。

老子还谈到了去旧立新的问题，说社会生活需要去旧立新。《老子》第十五章说：

> 古之善为士者，微妙玄通，深不可识。夫唯不可识，故强为之容。豫焉若冬涉川，犹兮若畏四邻，俨兮其若客，涣兮若冰之将释，敦兮其若朴，旷兮其若谷，混兮其若浊。孰能浊以静之徐清？孰能安以久动之徐生？保此道者不欲盈，夫唯不盈，故能蔽不新成。

"古之善为士者"之"士"，帛书本作"道"；"俨兮其若客"之"客"，王弼本作"容"，据河上公本改。

善为士者，说的是得"道"而行的"道"者，他的"微妙玄通，深不可识"，说到底是"道"的微妙玄通，深远而不可识。正因为如此，也很难描述它的容貌。他勉强描述一下善为士者的状态，用了一些比喻说这样的人：办事迟疑，好像冬天涉水过河；畏畏缩缩，好像害怕四邻的进犯；恭敬庄重，好像到别人家做客一样；散开消释，好像冰要融化一样；敦厚老实，好像没加工的木材一样；开阔空旷，好像幽深的山谷一样；混沌包容，好像很混浊的河水一样。这样的描述，让我们很难知道善为士者究竟是什么模样。

这样的描写方法和风格，后来影响了庄子在《齐物论》里说百围大树上的洞穴和来风，说那洞穴像人的鼻子、嘴巴、耳朵等，来风像呼吸声、叫喊声、号哭声、哀叹声等，一言难尽。这是另外的话。老子在这里说了善为士者的多面性，一个人在不同环境、不同状态下，因人因事会产生不同的变化，呈现出多样的性格特征是完全可能的。在为人处世上，就一般人来说，有些基本的操守和品质要把握，譬如做人的良善、宽容、仁爱，不管你面对什么人、什么事，不管你呈现出怎样的面貌，有成就或者没有成就。这里老子的话没说完，在这些比喻之后，他说有"道"者浊而能止，静而能清，安而能久，动而徐生。

能够达到这样的境界，是要修炼的。有多少人能够让混浊的河流停下来，使其慢慢地安静清澈？有多少人能够保持长久的安定，能够在运动中逐渐生成？他认为只有守"道"、有"道"的人才能这样，并要求：保此"道"而不盈即不自满自足，那么就能"蔽不新成"。"蔽"通破敝的"敝"，"不"是"而"字之讹。"敝而新成"，就是说去旧成新，老子在第二十二章里也说过"敝则新"，破旧能够出新。也就是我们常说的扬弃，在继承中发展。凡事要注意它的来龙去脉，注意前者和后者的关联性，从整体上系统地看问题，以便获得更多的知识。话说回来，在这里"古之善为士者"最重要的是保持自然无为，老子希望世人能够像他一样，也自然无为。

七、清静为天下正

自然无为并不容易做到，老子也在探寻一条合适的道路，让人超越外在的事物，达到理想的境界。在第十章里，他把想到的事告诉大家，在能与不能中希望得到"能"的答复。这一章说：

　　　载营魄抱一，能无离乎？专气致柔，能婴儿乎？涤除玄览，能无疵乎？爱民治国，能无知乎？天门开阖，能为雌乎？明白四达，能无为乎？生之畜之，生而不有，为而不恃，长而不宰，是谓玄德。

这一章有六问，后面五句"生之畜之，生而不有，为而不恃，长而不宰，是谓玄德"又见于第五十一章，他在说了"道"生"德"蓄之后，写道："故道生之，德畜之；长之、育之、亭之、毒之、养之、覆之。生而不有，为而不恃，长而不宰，是谓玄德。"显然，第十章的这五句，在第五十一章中意思更连贯，意义也更完整，因此有人认为这五句在第十章中是衍文。不过没有确切的依据，我们还是依从王弼本，仍然把它们放在这里。

老子在这里一连六问，这种集中提问式的写法，让我想到战国时楚国屈原写的《天问》，他一连提出一百七十多个关于天地、自然、社会、人生的问题，也是思想情感的特殊表达方式。老子在这里问：

"载营魄抱一，能无离乎？""载"是发语词，用它引起后面要说的话，本身没有实在的意义。老子问身体、魂魄二者合而为一，能够不分离吗？我们通常把魂魄作为灵魂的象征，这里说人的魂魄和身体，是指精神和肉体，人的精神常常寄托于肉体，不能分离；但人的精神又常常超越人的肉体，人死而不朽或亡而寿，精神不朽，就是如此。

"专气致柔，能婴儿乎？"因气凝聚导致人的柔顺，能够让人像混沌的婴儿吗？他希望人们能够像混沌的婴儿一样，因为婴儿无欲无为，最能体现人的素朴自然。

"涤除玄览，能无疵乎？""玄览"的"览"通"鉴"，有的版本作"玄鉴"，说的是洗涤、除掉杂物和杂念，深入观察，看事物有没有瑕疵，希望没有瑕疵。老子说得还很有限，后来庄子说，要把所有的外部事物都忘掉，还要忘掉自我，那就一点杂念都没有了。

"爱民治国，能无知乎？"爱民治国，能不能没有知识，没有智慧，顺应自然，无所作为？现实的回答肯定是不能，没有知识、没有智慧，社会治理不可能进行。老子这样问，想要的是以"无知"治国，达到这一点，还是他所说的顺应自然，无所作为。

"天门开阖，能为雌乎？""天门"指人的感官；所谓的开合，"开"是与外部接触，"合"是自我的收敛，"雌"代指静柔。这里问人的感官能不能保持静柔不争的状态。老子希望人持守静柔，不为外物所动。这外物一是名，一是利。人不为名利所动，应当处在世俗之外。

"明白四达，能无为乎？""明白四达"是通晓四方，如果是这样的话，能不能做到无为？他希望人们无为，不要做出有为的事情来，这样就可以通晓四方了。

这六问从六个方面说明人在社会生活中的行为，从婴儿状态到"明白四达"，都要坚持自然的法则，和"道"的精神保持一致。随后他说的"生之畜之，生而不有，为而不恃，长而不宰，是谓玄德"，与上面的六问好像不够吻合，但它们说的也是"道"的精神和能耐，内在的本质相一致。在现实中，我们有时能够保持自然，有时要克服自然，不可能完全像老子说的这样。而保持婴儿般的纯朴、超越名利，还是很美好的事。

要想这样，总离不开老子说的虚静，能守虚静，也就容易归于自然了。《老子》第十六章说：

致虚极，守静笃。万物并作，吾以观复。夫物芸芸，各

复归其根。归根曰静，是谓复命。复命曰常，知常曰明。不
知常，妄作，凶。知常容，容乃公，公乃王，王乃天，天乃道，
道乃久。没身不殆。

"虚静"是老子的重要理念，"虚"指空明的心境，无私无欲；
"静"指清静，以平和的心态保持自然无为，是人修身需要达到
的境界。庄子发展了老子这一理念，说"虚则静"，"静则无为，
无为也则任事者责矣"[1]；又说"静则明，明则虚，虚则无为而无
不为也"[2]。老子特别强调人要抛弃物欲私念，以"无为"实现社
会的和谐，像他说的"我好静而民自正"，也是相当消极的治国
兴邦论。老子说"致虚极，守静笃"，是要把虚静做到极致。他
想在虚静的状态下，观察万物的循环往复。这一下看出名堂了，
万物往复没有穷尽。他在第二十五章说过"道"生万物的循环往
复过程，先"逝"，继"远"，终"反"，这样的三部曲"周行而
不殆"，也就是周而复始。这可以作为老子"吾以观复"的说明。

社会生活中很多事物周而复始，需要看其中的原因是什么。
为什么会这样？内在的生命力在哪里？唐代白居易《赋得古原草
送别》的前两联写道："离离原上草，一岁一枯荣。野火烧不尽，
春风吹又生。"他在古原上，不仅看到了眼前一片葱绿的春草，
而且看到了原上草在美丽容貌下顽强、周而复始的生命力。万物
就是这样生生不息，没有穷尽。而老子的"夫物芸芸，各复归其
根"，说的是万物蓬勃生长，无不落叶归根。归根就是"静"，是
万物走到终点时的生命状态，难免给人一种悲凉的感觉。而"静"

---

① 《庄子·天道》。

② 《庄子·庚桑楚》。

的"复命"，是死而复生。老子从万物的生长看人的生命过程，认为守虚静是正道。守虚静就得顺应自然，如果懂得这一点即"知常"，知道事物的规律、自然的规律，那就是明智的，否则就不明智。特别是不要随便违背自然，以免造成灾祸。以前我们开山造田、填湖造田，有的合适，有的却因违背自然规律造成了水土流失、湖泊淤塞，给后续社会生活带来一些影响，即老子说的"不知常，妄作，凶"。

老子最后说："知常容，容乃公，公乃王，王乃天，天乃道，道乃久，没身不殆。"这里的"常"刚说过是事物的规律、自然的规律，说你懂得"常"，懂得这些规律，就能包容，能包容就会公正。不过，包容是不是一定就公正，还是值得思考。因为有时包容是出于公正，有时包容是出于偏袒，当然还会出现其他的情况，难说一定是公正。他接着说，公正会称王，是说天下人会自然归附。称王符合天道，也符合自然，符合自然就符合"道"的法则，符合"道"的法则能够长久，长久也就终身没有危险。在老子这样的推导中，他最后得出的结论还是要顺应自然。顺应自然是治国、治天下的天道，也是人生的天道，人生能够如此也就没有什么危险了。这里多说一句，"公乃王，王乃天"有的版本作"公乃全，全乃天"，"全"是周全、周遍的意思，如果是这样的话，这一句的意思是公正就周全，周全就符合天道即自然，也是通的。

老子说的这些，是君王之道、人的养生之道，他从万物周而复始、生生不息中，看到生命自然的魅力，从而有顺应自然的养生意愿。老子很重养生，养生必然要避祸全身，躲过灾害。说起来他好像不怕死，生也好，死也好，都无所谓。但读他的书，明显感觉到人还是活着好，死了不好，好死不如赖活。庄子受他的

影响，把养生和避祸都作为人生的最大需求。庄子在《秋水》里
讲过一个故事。楚王派大夫带了重金请他去楚国做国相，说要把
楚国的政务交给他。正在钓鱼的庄子不愿意，不屑地对使者说：
"你带了这么多钱来请我，又许我做楚国的高官，但你想一想，
如果我去做了这官，拿了这么多钱，那还有自由吗？你看那污水
沟里的乌龟多好，它在污水里爬着，享受着天生的自由。"并说：
"我不愿死后被你们供奉起来，我愿意活着，在泥水沟里拖着尾
巴爬来爬去。"这虽是庄子虚构的故事，却表现了强烈的想活着
的意愿。

　　老子说虚静，有时也说清静，这二者的表达不一样。虚静有
无欲而静的意思，比清静更进一层，但清静的前提是无欲，所以
老子会在说虚静的同时也说清静，并以清静为天下的榜样。他在
第四十五章里说：

　　　　大成若缺，其用不弊。大盈若冲，其用不穷。大直若屈，
　　大巧若拙，大辩若讷。躁胜寒，静胜热，清静为天下正。

　　这里说最成功的好像有所欠缺，但它的作用不会破败；最充
盈的好像空虚，但它的作用不会穷尽。最正直的好像弯曲，最巧
妙的好像笨拙，最善辩的人好像口笨。这些与他在第四十一章里
说的"大方无隅，大器晚成，大音希声，大象无形"风格相类似。
不是吗？最方正的没有棱角，最好的器物最晚才做成，最美妙的
声音是很稀落的，最大的形象是没有形象。老子说的是事物的辩
证法，任何事物都有两面，表象与本质存在差异，不因表象忽略
本质，也不因本质忽略表象。这些话给人很多启示，譬如说"大
巧若拙，大辩若讷"，让人不要轻视了看上去笨拙、口讷的人，

人不可貌相，这也是真的。孔子说过，宁武子这个人，国家有道他就很有智慧，国家无道他就显得很愚蠢。并且说，他的智慧我们学得到，但他的愚蠢我们学不到，就因为宁武子的愚蠢不是真愚蠢，外愚而内智，让人学不了。他有个学生叫澹台灭明，字子羽，司马迁在《仲尼弟子列传》里用四个字评价他的长相，即"状貌恶恶"，也就是说长得特别丑陋。当时孔子看他这个样子，觉得他没有什么才能。后来子羽学有所成，为人正派，游学江南，跟随他的弟子有三百人，名声传于诸侯。孔子知道后感慨地说："以貌取人，失之子羽。"又如"大器晚成，大音希声"，"大器晚成"鼓励了一些人终生不断努力，晚年有所成就；"大音希声"说最美妙的声音是稀落的声音，有人还把"希声"理解为无声，符合音乐表现的规律。这一点，前面也提到了。

老子从事物的这些现象中，最后得出的结论是"躁胜寒，静胜热，清静为天下正"，说躁动胜过寒冷，安静胜过炎热，清静是天下的正道，或者说是天下的行为准则。这一点，是最重要的。

八、和光同尘

老子说清静是天下的正道，但现实并不能如愿，在战争纷扰、世人欲望不绝的情势下，他看到人的生生死死，于是有第七十三章说的这段话：

> 勇于敢则杀，勇于不敢则活。此两者，或利或害。天之所恶，孰知其故？是以圣人犹难之。天之道，不争而善胜，不言而善应，不召而自来，繟然而善谋。天网恢恢，疏而不失。

　　这里的"勇于敢则杀"，是说一个人过于果敢，容易遭到杀害。老子当时在诸侯战争的环境中，说这样的话，"杀"有可能真是被杀害，但它更宽泛的意义应该是处事太果断，结果可能不好。老子不赞成人的行为太勇敢，最好是"勇于不敢"，意思是退缩，退缩就会活命。这和前面说的柔弱胜刚强、天道不争而善胜相应。果敢则害，退缩则利，需要权衡。在现实生活中，有时因一点鸡毛蒜皮的事引起纷争，甚至引发"勇敢"的肢体冲突是有的，但大可不必，在这时候真的是退后一步，海阔天空。但有时也可能不是这样，涉及原则上的大问题，还是需要勇敢地决断，只说应避免危及人身安全的事情发生。

　　老子接着说："天之所恶，孰知其故？"老天也讨厌勇敢的行为，圣人面对这样的问题，想知道原因也是难的。话虽这么说，但老子知道原因，无非是人们在名利面前的欲望纷争，所以他随后说"天之道，不争而善胜，不言而善应，不召而自来，繟然而善谋"。这"繟然"是舒缓、从容的样子。如果遵从天之道，就不会有因勇敢而遭杀害的事情发生。这样看来，他是在劝人放弃勇敢，顺从自然。而自然的天道，广大无边，像一张大网疏而不漏。这意味着顺应自然和不顺应自然会有两种结果，顺应自然得利，违背自然有祸。人只能顺应自然，不能摆脱自然。在自然面前，人应该平和，退缩而不抗争，彼此相安无害。而这"天网恢恢，疏而不失"，现在常用来说法网恢恢，作奸犯科的人是逃不出法网的。

　　关于"勇于敢则杀，勇于不敢则活"，老子在第四十二章除了讲"道"生万物和王侯自称孤、寡、不穀外，还说了一句："人之所教，我亦教之。强梁者不得其死，吾将以为教父。"他这里用了别人的一句话说明自己有同样的想法："别人教我的，我用来教人。"从这句话来看，老子也是学而知之者，也会向生活中的人学习，只是后人不知道他的老师是谁。他这里用来教人的话是"强梁者不得其死"。"强梁"是横行霸道、不通情达理的人。《水浒传》里的泼皮牛二，人称"没毛大虫"，是北宋东京街头一霸，好撒泼、行凶、打闹，连开封府都治不了他。一天，牛二在街上碰到卖祖上宝刀以求生的杨志。牛二多事，问这刀为什么叫宝刀。杨志说了三条：砍铜剁铁刀口不卷，吹毛即断，杀人不见血。前两件事做完后，牛二硬要杨志做第三件试试。杨志说不能杀人，杀只狗吧。牛二说杨志说的是杀人没说杀狗，赖着要杨志的宝刀，还说杨志要是好男子，就剁他一刀。结果在争斗中，牛二被杨志杀了，应了老子说的"强梁者不得其死"。他希望人们不要这样，侯王自称孤、寡、不穀多好哇，损之而益。

不过，人们要顺从自然，还有事得做，主要是解决人的欲望问题，人有欲望，甚至欲望非常强烈，怎么可能顺应自然呢？他在第五十六章写道：

> 知者不言，言者不知。塞其兑，闭其门，挫其锐，解其纷，和其光，同其尘，是谓玄同。故不可得而亲，不可得而疏；不可得而利，不可得而害；不可得而贵，不可得而贱，故为天下贵。

这里的"解其纷"之"纷"，王弼本作"分"，据河上公本改。有的版本作"忿"。

所谓"知者不言，言者不知"，是知道的人不说，说的人不知道。知道什么呢？依他的"道可道，非常道"，这知者应该是知"道"者，知"道"而不言"道"，符合老子的思想原则。有趣的是，这一原则主要是对别人而言的，不是对他自己，他作《老子》五千言，何尝不是在言呢？他的后学庄子也是这样。这一点遭到后人不断地调侃，唐代白居易有一首七绝《读老子》写道："言者不知知者默，此语吾闻于老君。若道老君是知者，缘何自著五千文。"人们有理由这样问，无为的老子以《老子》表现出的有为，与他的理念并不相合。不过，白居易深深地爱着老子，在一首五言古诗里说自己甘心谢名利，在归于田园之后，"坐卧茅茨中，但对琴与尊。身去缰锁累，耳辞朝市喧。逍遥无所为，时窥五千言。无忧乐性场，寡欲清心源。始知不才者，可以探道根"①。读这诗，就能体会到他对老子的一片深情。因此，我特别想说，调侃老子的人往往是老子的爱好者。不过要注意，老子这话和人们常说的祸从口出、言多必失不一样。言多必失是说话多，难免有错的时候，会造成矛盾冲突，或者造成更大的危害。

随后，他说"塞其兑，闭其门"，"兑"是孔穴，"门"是大门。这当然不是把一般的孔穴堵上、门关上，堵塞的是嗜欲孔穴，关闭的是嗜欲大门，即要人少私寡欲，最好是无私无欲。因为有欲有害，无欲无害。"挫其锐，解其纷，和其光，同其尘"这在第四章出现过，我们讲"道"时简单地提到过它们。它们说要挫去人们的锋芒、解决人们的纷争、调和人们的光芒、混同人们的尘垢，这是怎样的状态呢？老子说是"玄同"，即微妙的混合体，于是出现的景象会是："不可得而亲，不可得而疏；不可得而利，不可得而害；不可得而贵，不可得而贱。"人们在不亲不疏、无利无害、不贵不贱中，会受到天下的尊贵，这是多么美妙的事啊！

---

① 白居易:《养拙》。

老子还劝导人自知，一个人能够自知，也是智慧。但他又说过让人不要有智慧的话，那么劝人自知是想说什么呢？他在第七十一章里说：

> 知不知，上；不知知，病。夫唯病病，是以不病。圣人不病，以其病病，是以不病。

他说，自己知道却说自己有所不知，才是聪明。如果不知道而说知道，那就是毛病。人贵有自知之明，在看到自己优点的同时，也看到自己的不足，看到自己能做什么不能做什么，然后我们对未来行进的目标选择会充满理性。孔子也说："知之为知之，不知为不知，是知也。"[①] 实事求是，就是聪明。那么，只有把毛病当作毛病的人，才是没毛病的人。这里，老子认为圣人没有毛病，因为圣人把毛病当作毛病，不避讳自己的缺点，所以他在第三十三章里说"知人者智，自知者明"。他要人有怎样的自知之明呢？他没有具体说，但在第八十一章说过"圣人之道，为而不争"，可见圣人是知其自然且一切行为都顺应自然的。

老子说了这么多，就是要人顺应自然，如同"上善若水"的形象表达。所以他劝人挫锐解纷，和光同尘，处无为之事，行不言之教，劝人自知，不以不知为知，这是他心目中做人的境界。

老子一生，他的"道"并没施行，过得并不快意。他对社会生活的诸多思考，是希望自己也希望别人能有快意人生。但他的想法和世俗之人的想法太不一样，他劝人功成不居功，但当时有多少人在想贪天功为己功呢？他劝人自知而自足，但多少人既不

---

① 《论语·为政》。

自知又不知足呢？还有他说的祸福相倚的道理，有多少人得福而忘祸，又有多少人遇祸蹶而不振，不再奋发呢？生活是有度的，老子为人把握这个度，许多时候正话反说，听的人得特别留心他的言外之意。不过无论怎样，顺应自然是他心中最高的处世法则。

结　语

关于老子，说到这里就进入尾声了。《老子》八十一章，章章都是话题，况且他"正言若反"，让这些话题又多了一层意蕴，让人更欲言说。许多人以它为伴，一伴就是一辈子。

有人说，老子这个人淡泊生死，早就看透了人生，感觉不到生的快乐，也没有死的痛苦。老子是淡泊，这淡泊是"道"生万物的伟力和自然法则赋予的，凡事自然就好，懂得自然，无心而顺应自然，人生就有了最高的境界。这一境界是"道"的境界，而他的"德"相随而上，"德"也要自然。于是在老子这里，"道"与"德"犹如琴瑟和鸣，奏了一曲和谐悦耳的交响曲，不过达到这一自然的境界不太容易。

因为"道"生万物的宇宙论，老子的思想超出了春秋战国时所有的思想家，但他在追求社会太平一统上又和其他思想家一样，只是各有不同的路径。他没有活在稍晚一些的"百家争鸣"时代，没能参加诸子腾跃、唇枪舌剑般的"百家争鸣"，而是自说自话地完成自己的思想使命，然后远行，隐居后了无踪迹。如果他参加了"百家争鸣"，不知会不会像后学庄子那样对儒、墨、名等学派有猛烈的抨击。也许不会，他与世无争，也不屑跟谁争。

我相信老子说的"我独泊兮"。世俗之人好名好利，争夺之下，没有谁能超脱世俗而愿淡泊，没有人真能淡泊，于是淡泊的老子在熙熙攘攘的人世间茕茕孑立，形影相吊。他不合时宜，却也没

在当差的时候高标一帜，对苍天长啸。众人想的他不想，他想的
众人不曾想，也想不到。这样一个孤苦的老子，虽说不至于有"雨
中黄叶树，灯下白头人"[①]的感伤，但"忧来谁共语"[②]的时候总是
有的。

老子的一生是痛苦的，这痛苦可能因为他说不清"道"是什
么，为此他太过于纠结，东说西说，"道"之名不能定夺，"道"
之貌的描摹最终也只能以"恍惚"了事，果真是"道可道，非常
道"。当他说出这句话的时候，特别是把这话作为《老子》开篇
的第一句，其实就为自己作了开脱，能言说的、能说清楚的"道"
就不是"道"，那他说不清楚就很正常了，而这也是"道"的不
平凡。

老子纠结于"道"的名称和形貌的时间也许很长，也许并不
长，重要的是他从"道"法自然中抽出清静自然、无为而无不为
的法则，并把自己关于社会和人生的所有思考，都建立在它们的
基础上，心胸豁然开朗。于是纵看世界、横看人心，你会感觉他
的双眼充满了忧郁，他直面社会林林总总的问题和现象，企盼做
社会和人生的导师，为人们指点迷津。

人的欲望毫无止境，春秋末年诸侯纷争，正是人性解放和欲
望膨胀的时代，战争由是而生。老子说，上德无为，难道不知道
"无为而无不为"？说上善若水，难道不知道"水善利万物而不
争"？要欲望干什么？因为有欲望，所以有了灾难，从个人到社
会，无一幸免。老子是向善的，他看不惯战争，尽管他有"以奇
用兵""祸莫大于轻敌"这样经典的战术，但他根本就是反战的。

---

① 司空曙:《喜外弟卢纶见宿》。
② 耿沣:《秋日》。

他说"兵者，不祥之器"，不要战争；"胜者不美"，打了胜仗也没有什么可张扬的，人与人之间怎么能以兵强天下呢？

人的欲望是没有止境的，在彼此争夺中也就有了人与人之间的不平等，而天地原本是平等的呀！"天地不仁，以万物为刍狗"，万物均等，所以"天之道，损有余而补不足"；"圣人不仁，以百姓为刍狗"，万民均等。可现在的世道，"损不足以奉有余"。在这些看似平和的叙说中，老子未必不心潮起伏。他看上去是一个弱者，但有强大的内心世界，弱者便不弱，且他认定"天下之至柔，驰骋天下之至坚"。柔可克刚，弱能敌强，生活的辩证法就是如此。

老子的思辨不同一般，后人喜欢说他讲的是朴素辩证法。这辩证法用在他的宇宙观上，也用在社会和人生的自然法则上，让人看到了有无相生、难易相成、长短相形、高下相倾这些抽象的辩证理念，事物既对立又依存，并在其中相互转化；还让人看到了形象的表述，"飘风不终朝，骤雨不终日""物壮则老"。关于这些法则，我们应怎样面对，又该有怎样的思考呢？"天下难事必作于易，天下大事必作于细"，无论如何，路得一步步走才是。但正在走的路得顺应规则，把握适度，否则好事会变成坏事。

老子不要春秋时的天下混乱，想要百姓虚心、实腹、弱志、强骨和君王无为、好静、无事、无欲下的太平安宁。所以他说人们应该绝圣弃智、绝仁弃义、绝巧弃智；应该舍弃令人目盲的五色、令人耳聋的五音、令人口爽的五味。一句话，把复杂的生活简单化，简单到婴儿般的无私无欲最好；把现代的生活原始化，原始到混沌的朴素自然最好。也许到那时候，人们真的是甘其食、美其服、安其居、乐其俗了。可理想是丰满的，现实是骨感的，"治大国若烹小鲜""国之利器不可以示人"，琢磨出这样精到治国理念的老子，同样是"日月掷人去，有志不获骋"①。

老子曾教导孔子，"良贾深藏若虚，君子盛德，容貌若愚"②。孔子为人谦和，说自己学而知之，真诚地表白"三人行，必有我师焉"。他在鲁国入仕做司空、司寇，失意时游说诸侯十四年，都在想做侯王的左臂右膀或者干脆做侯王师，并没有像老子教导的那样。而老子自己真的是深藏若虚、容貌若愚，与他奉行的人生理念很吻合，所以他在做守藏史时默默无闻，没有人跟他聊治国方略，他也不主动往前走一步，登上侯王的政治平台。老子一身本事没有实践的机遇，如果不是函谷关的关令尹喜强令他著书，一直没想到著书的思想家老子，必然湮没无闻。幸好，那一历史时刻让他有了千载难逢的机遇。

不过，这样一个老子却能把日子过得寂寞而又富有艺术，他的慎终如始，他的自知者明，他的挫锐解纷、和光同尘，他的知足常足，会让你脑海里浮现出敬业、明智、宽厚、自足的老子形象。不仅如此，他那"既以为人，己愈有；既以与人，己愈多"的理念，有几人可以像他这样豁达？他在那个年代似乎也见过奢华的生活，奢华又怎的？最好是"虽有荣观，燕处超然"，别张扬才是。他也看到了金玉满堂、富贵而骄者的一幕幕悲剧，于是告诫人们，收敛自己的欲望，殊不知祸福相倚，福后有祸在窥视，蠢蠢欲出，小心点才是。

老子说过"信言不美，美言不信"，这是对别人说的，也是对自己说的。所以他两千多年前说的话在今天看来，还是那么平易、朴实。他在格言般的表述方式中，也让自己说的许多话成了

① 陶渊明：《杂诗》。
② 司马迁：《史记·老子韩非列传》。

后世的格言。这当然不是语言精练就能成为格言，而是这些简洁的文字蕴含着深厚哲理。他希望君王善待百姓，希望每个人善待自己也善待他人，在不自彰自伐中，委曲求全，以退为进。因此看上去无为的老子，又总让人感受到他的积极有为。不过，在有为之后，他还说了功成身退是天之道，实在不宜居功自伟。

老子已成往事，可他的五千言在今天还散发着耀眼的光彩。记得唐代诗人钱起有一首《省试湘灵鼓瑟》，本来讲的是湘水女神的故事，其中有两句"曲终人不见，江上数峰青"，说湘水女神虽然不在了，但她缥缈的身影和悠扬的乐曲，已与江上青山相融为一。不妨借它来说这里的老子：是呀，老子虽然不在了，但他那意蕴深厚的道德理念已经与中华大地相融为一，不断启示后人，并让后人念叨和怀想。

中国传统文化的三种境界

——儒道法的基本理念与现实人生

（在伦敦中国驻英大使馆的演讲）

阮　忠

女士们、先生们：

大家好。

今天在这儿和大家交流，我想讲一讲中国传统文化的三种境界，为了让大家更明白讲的是什么，特别加了一个副标题：儒道法的基本理念与现实人生。一共有四个问题。

大家可以看到，我在 PPT 上引用了习近平主席 2014 年在纪念孔子诞辰 2565 周年国际学术研讨会上的讲话。他在讲话里说："春秋战国时期，儒家和法家、道家、墨家、农家、兵家等各个思想流派相互切磋、相互激荡，形成了百家争鸣的文化大观。"他还说到了传统文化的多元发展，这些文化久而久之成为中华文化的基因。我们今天的话题就从这儿说起。

第一个问题：传统文化的流派与变异

春秋战国是一个非常重要的历史时期。它前面是西周，西周时代天下一统。随着西周衰落，平王东迁，也就是把都城从现在的西安迁到洛阳，以此为标志，东周开始，同时是春秋战国的开始。这告诉我们：西周的大一统到东周时分裂，形成了诸侯纷争的局面。春秋时的诸侯纷争，到战国浓缩为七雄争强，所以才有了秦始皇的灭六国，平定天下。这一时期的社会进步我不说了，只说当时最明显的社会特征就是诸侯战争。对于春秋时的诸侯战争，孟子曾经说过"春秋无义战"。用现在的话说，就是看谁不顺眼就打谁，没道义可讲。到了战国，情况发生了变化，一些诸侯国慢慢消亡了，小的不说，譬如春秋时晋国是很强大的国家，但在战国时分裂成了赵、魏、韩三国，就是历史上有名的"三家分晋"，从此进入战国时代。战国时七雄争强有一个重要的特点，就是每个诸侯国，无论是秦国、齐国、楚国，还是赵国、魏国、韩国、燕国，都很重视人才，迫切希望有人为他们出谋划策，以兼并诸侯，这样一来全社会形成了一个庞大的策士阶层。这些策士参与当时"合纵连横"的外交活动，所谓"合纵"是秦国之外的诸侯国联合抗秦；"连横"是秦国用远交近攻的策略和单个的诸侯国联合，蚕食其他的诸侯国。在这样的形势下，有了享誉千年的"百家争鸣"。

　　一般来说，所有参加争鸣的人都可以说是策士，也就是出谋划策的人。但现在不一定这么说，因为里面的一些大家出来了，这些大家是我们说的思想家、哲学家、政治家。他们从这一阶层出来，想用自己的理念统一天下，于是有了"百家争鸣"。对"百家争鸣"的总结，后来有"九流十家"的说法。"九流十家"是东汉史学家班固提出来的，他只是简单概括，"九流"包括儒家、墨家、道家、法家、名家、阴阳家、纵横家、农家、杂家，然后加上小说家。这小说家不是我们现在从事文学创作的小说家，而是说些琐碎言辞，好街谈巷议的人物，他们被称为一家，加上"九流"就成了"十家"。这一概括显然是不全面的，譬如我们刚提到的兵家就不在其中。但兵家在当时无论如何都应该是一家，而且是重要的一家，居然没有被班固纳入"九流"之中。

"九流十家"发展是不平衡的，社会洗牌，结果就有了"四大显学"，即儒、墨、道、法四家。"显"是彰扬、显明的意思，显学是当时最著名的思想流派。秦统一六国以后，很快就灭亡了，社会经历楚汉相争后进入西汉。西汉有一位重要的儒学大家董仲舒。董仲舒作为汉武帝的幕僚，根据当时社会情势，提出一个现实的问题：社会统一了，思想意识也应该统一。他这人治理《公羊春秋》，大一统的思想是从春秋大一统的思想过来的。由于他好儒学，是当时儒学的重要代表人物，所以提出要以儒学为尊。这也有道理。因为汉武帝时尽管有边境战争，但社会大体太平，社会太平的年代需要用儒家思想治理天下。这一点很多人都知道。

董仲舒提出思想意识大一统的问题，汉武帝一想，也是，很快就采纳了。于是他"罢黜百家，独尊儒术"，独尊的儒学从此成为经学。中国文化中的经学传统，应该是这个时候确立的。西汉以后，思想文化继续发展，又产生了"三教"的问题，就是社会上说的"三教九流"的"三教"。这"三教"是魏晋以后的儒家、道家和佛教，儒家、道家是我们本土的文化，佛教在东汉末年从印度进入中国，逐渐兴起。到魏晋时，有一门新学问产生了，这就是玄学。玄学是新的哲学形态，是儒家思想、道家还包括道教思想和佛教思想的融合。它的影响深远，隋唐及其后的各朝各代，都出现了三教相互渗透的文化现象。我们今天不讲佛教，是我认为谈中国传统文化，最本土的文化是儒家文化、道家文化、法家文化和墨家文化，即传统的"四大显学"。为什么墨家后来没人提了呢？因为西汉以后，墨家学派逐渐消亡了，这和它自身理论的缺陷相关。墨家的领头人是墨子，他反对诸侯战争，主张"兼相爱"，倡导每个人爱别人的父亲要像爱自己的父亲一样，爱别人的孩子像爱自己的孩子一样。这超越了基本的人性和伦理道德，人们一般都做不到。可能会有特殊的情况，有的人爱别人的父亲像爱自己的父亲一样，爱别人的孩子像爱自己的孩子一样，但难以推而广之，所以说墨家的人自然少了，最后形成儒、道、法三家鼎立的局面。对这三家，我们往往说儒、道多，说法家少，但在战国时法家是重要的一家。秦始皇用法家韩非的理论来打天下是获得成功的，我们后来不怎么提法家，是因为法家精神已经融入各朝各代的法律中去了，各朝各代有自己的法律，无不体现以法治国、以法治天下的基本思想。应该说，面对我们丰富的传统文化，讲儒、道、法是很适当的。

第二个问题：儒、道、法的代表人物

由于时间的关系，这个问题我简单讲一下，好在这些人物我们比较熟悉。

一是儒家的代表人物孔子和孟子。

孔子名丘，字仲尼，排行老二，曾经有人因此喊他孔老二。他是春秋时鲁国陬邑（今山东曲阜）人，儒家学派创始人。孔子的思想言行主要载于其弟子编写的《论语》里，其次是司马迁的《史记·孔子世家》。由于他在儒学上的成就，人们又称他为"圣人"。孟子名轲，是战国时鲁国邹（今山东邹城东南）人，战国时期儒家学派的代表人物，主要思想在晚年与弟子合著的《孟子》七篇中，他坚定地宣扬、捍卫孔子学说，人称"亚圣"。孔子和孟子两人的家距离很近，大家如果到山东曲阜看孔府、孔庙、孔陵，一定记得去邹城看看孟庙。看了之后，也许你们和我一样有强烈的感觉：圣人的待遇和亚圣的待遇很悬殊。曲阜满城都是孔子文化，而孟子在邹城孤单、寂寞。

二是道家的代表人物老子和庄子。

老子姓李名耳，字聃，人称老聃，是春秋末年楚国苦县（今河南鹿邑东）厉乡曲仁里人。他曾经在周王室做过管理图书的官，善于思考而成为思想家。他看到周王朝日渐衰落，待不下去了，最后辞官而去。出函谷关时，关令尹喜强留他著书，于是他写了"道经"和"德经"五千言，合称《老子》，后人又称《道德经》，从此隐居起来，不求名利，也不知所终。庄子名周，战国时宋国蒙（今河南商丘东北）人。曾在蒙做过漆园吏，没做多久就归隐了。庄子好学，前人说他于学无所不窥，思想源于老子。他特别会讲寓言故事，借这些寓言故事批评其他学派，彰显老子的思想。如果说老子是道家的"圣人"，那庄子称得上道家的"亚圣"，他著有《庄子》三十三篇。

三是法家代表人物韩非。

在说韩非以前，需要提到另外三位法家人物，这就是申不害、慎到和商鞅，他们都是战国时期的人，各有所长。

申不害是郑国京（今河南荥阳东南）人，曾在韩国做了15年国相，内修政教，外应诸侯，他重"术"，即君王的权术、统治的方法。慎到是赵国人，他重"势"，即君主的权势、地位。商鞅是卫国人，又称卫鞅、公孙鞅，他重的是"法"，曾辅佐秦孝公变法，大获成功。秦国之所以能够强盛，得力于商鞅变法。尽管商鞅后来被秦惠公车裂了，但他的"法"还在用。对于这三位法家人物，我们现在提得比韩非少多了，因为韩非是战国晚年法家学说的集大成者，他吸收了上面三位人物的法、术、势思想，成为主张法家学说的思想大家。韩非本是韩国公子，有口吃的毛病，不善言辞而善著书，他年轻的时候与后来做了秦朝丞相的李斯一起拜荀子为师，李斯自以为才能不如韩非。后来，秦王嬴政因为喜欢韩非的文章，强行向韩王索要韩非。可韩非到了秦国并不受重用，结果被李斯害死在监狱里。他有著作《韩非子》传世。

上述这些人物，孔子、孟子是山东人，老子、庄子和韩非是河南人。我在这里提他们的籍贯有一个意思，中国文化的发展最早在中原即河南、山东以及周边的地区，当时中原思想文化的发达，从这些思想家的籍贯就可以看到。这不能不令人感慨。感慨什么呢？譬如我们讲儒家文化，还是讲孔孟多，较少讲后面的儒学继承者、发扬者。同样，我们讲道家文化时讲老庄多，讲法家文化时讲韩非多。因为这些大家的思想本身具有不可超越的特质。如果他们可以超越，早就被人取代了。

第三个问题：儒道法的基本理念与现实人生

儒道法的基本理念是很多的，我这里讲最基本的。这也是我们的重点问题。

先说儒家。

儒家的基本理念最重要的是德。孔子说过一句很有名的话："为政以德，譬如北辰居其所而众星共之。"[①] 北辰是北斗星。这话的意思是用道德治理国家，国家会治理得很好；用道德治理天下，天下会治理得很好，这样，百姓会以你为核心，环绕在你的周围。当时，诸侯国与诸侯国发生矛盾的时候，他也说了一句话："远人

① 《论语·为政》。

不服，则修文德以来之。"①说你不要用武力去打别人，而应该修文德也就是要用德行构成你的向心力，吸引别人到你的周围。这样是最好的。

那么，孔子"德"的核心内涵是什么呢？一般讲有两点，一是仁，二是礼。从道德层面来说，主要是仁。礼有外在形式、礼仪等问题，礼的内涵也是道德。对于仁，孔子怎样解释呢？读《论语》，就会看到孔子"仁"的基本内涵。弟子樊迟问他："老师，仁是什么？"孔子说"爱人"。弟子子张问他："老师，仁是什么？"孔子说："能在天下施行'五条'为仁。"子张再问："这'五条'是什么？"孔子说："一是恭，二是宽，三是信，四是敏，五是惠。"

孔子对两位弟子问仁的回答，是他关于仁的简单解说和复杂解说，这复杂的解说更为全面。孔子因材施教，对不同的弟子有不同的教诲方式。仁的思想表现在恭、宽、信、敏、惠里。恭是待人要恭敬，要有礼貌，如果恭敬，就不容易受到别人的羞辱。这是有道理的。我们待人接物，彬彬有礼的话，别人也会彬彬有礼；如果你的行为粗鲁，别人也会以粗鲁的行为对待你。所以，人与人之间应该保持基本的礼节。宽是宽厚。说到这个宽，孔子还有一句话值得注意。曾经有弟子问他："老师，有没有一个字是我们可以终生奉行的呢？"孔子说："有哇，那就是恕，这个字可以终生奉行。"这里讲宽也好，讲恕也好，都强调人对人的宽容，或者说包容、理解，这里面包含了对人的尊重。当然，要做到宽不容易，但特别需要做到。每个人都应做一个有胸怀的宽厚人，一个有胸怀的人会比没有胸怀的人快乐得多，也会得到更多人的拥戴。信是诚信，孔子说一定要做诚实的人，曾子每天三次反省

---

① 《论语·季氏》。

自己的时候，就自问与朋友交往是不是诚实。诚实是我们面临的重要问题，因为人性相通，社会要求、社会道德也相通，做人诚信，别人就信任你，乐于用你。敏是勤敏，敏则有功，做人勤快敏捷一点，就容易建立功业，这是人生的至理名言。做一个勤敏的人，不仅在家里勤敏，在工作岗位上干事业也勤敏。只有勤敏，慢慢积累经验、学识和能力，才会有成就，他说勤敏就能建立功业就是这个道理。惠是仁爱，他说的爱人，就落实在惠上。人人都需要爱人，爱包含了恭敬、真诚、宽厚，所以儒家的核心理念就是仁。

孔子说仁，希望人人都是仁人，就是要做一个恭敬的人、一个宽厚的人、一个诚实的人、一个勤敏的人、一个有爱心的人。这主要靠自己的修炼，你不修炼，靠别人吗？说实在的，不能靠别人，应该靠自己。在靠自己时，需常常换位思考，"己欲立而立人，己欲达而达人"①。当你自己想做一件事的时候，你一定也帮别人做；当你自己想发达的时候，你一定也帮助别人发达。所以我们现在说的换位思考，有传统文化的元素在里面。而且孔子说，对于仁每个人都要注意，离开了仁就不能成名，应该"无终食之间违仁，造次必于是，颠沛必于是"②。终食，是吃顿饭的功夫；造次，是匆忙之间；颠沛，是流离时。把话说白了，做一个仁人，自己的修炼要在任何时间、任何地点进行，一个人也好，许多人也好，而且无论在怎样的生活环境中，你都要坚持仁的原则，不能违背它，违背了就是不仁。天下的路有两条，一条仁，一条不仁，他觉得靠自己的修炼能够使自己成为一个仁人。

再说，人的根本是什么呢？人的根本有两点。一是人与人的

---

① 《论语·雍也》。

② 《论语·里仁》。

血缘关系，因为血缘关系，伦理上就有了孝。孔子自己没说仁的根本是孝，但他的学生有子说过仁的根本是孝。人一定要做一个孝敬的人，有时我们说孝顺，准确地说是孝敬，孝顺里面不一定有尊敬的成分，只有孝敬才是对孔子讲的孝的最好解说。他曾经说，如果一个人只赡养父母而不尊敬父母，那和猪狗有什么区别呢？因为猪狗也知道养育，做人一定是赡养而又尊敬父母。由于孝的理念本身含有血缘关系，民间有说法"百善孝为先"，孝是最大的。二是人性善的思想。孟子明确主张人性善，他说"恻隐之心，人皆有之"①。恻隐之心就是同情心，同情心就是善心，人人都有。从这个角度说，要做一个有仁爱心的人不是很容易吗？因为你本身有善心，只要顺着做就好了。

孟子还说人一定要有仁，上到天子，下到百姓。因为天子不仁，不保天下；诸侯不仁，不保国家，这国是当时的诸侯国；卿大夫不仁，不保宗庙，后继无人；众人不仁，命都保不住。只有做个仁人，才能保住性命。他把仁上升到一个很高的层面，和孔子一样，强调要用仁治理天下，这在他那里被称为仁政、王道。

我刚才提到孔子思想核心的另一点是礼，说了一下礼有外在的形式，但内涵是德，包含了仁。礼很复杂，在那个时代人们很重视礼。孔子说："不学礼，无以立。"②意思是不学礼就不能做人。他还说了，对于百姓，应该"齐之以礼"③；对于君子，应该是"博学于文，约之以礼"④。礼就是这样重要。现在礼同样重要，不懂

---

① 《孟子·告子上》。

② 《论语·季氏》。

③ 《论语·为政》。

④ 《论语·雍也》。

做人的基本礼节，怎么为人处世呀？任何事情都有相应的礼节在，需要人人遵守，不遵守就会有问题。孔子要求人人守礼，他的名言是"非礼勿视，非礼勿听，非礼勿言，非礼勿动"①，要求是很严格的。当时就有人说儒家是繁文缛节，但礼不能不要，"礼之用，和为贵"②，这样才能够造就人与人之间的和谐。此外，他要用礼来节制人的欲望。这一思想，荀子有继承和发展。

这是我们说的儒家，我们再说道家。

一般说"道"是道路，是法则、方法，但道家的"道"是什么呢？是宇宙观、社会观、人生观，它把"道"视为万物的起源，是社会、人生应该遵循的法则。作为万物起源的"道"很玄虚，"道可道，非常道"，"常"是恒久不变。这里的意思是，可以言说的"道"就不是恒久不变的"道"。他又说"道之为物，惟恍惟惚"，"恍惚"是什么？又说"有物混成，先天地生"，混成的物便是"道"。"道"是什么始终是不清楚的。老子也很纠结，他很想描述清楚，却始终描述不清楚"道"究竟是什么，归结为"道"是"恍惚"。

由于老子说"道"是"恍惚"，所以有人说这"恍惚"是气，因为气让人捉摸不透。但有一点是很明确的："道"生万物，"道"是万物的母亲。根据这一思想，"道"的核心内涵是自然无为。老子和他的后学庄子都视"道"为万物之源，"道"的运行法则是自然无为的法则。

什么是自然呢？庄子解释说："马，蹄可以践霜雪，毛可以御

---

① 《论语·颜渊》。

② 《论语·学而》。

风寒，龁草饮水，翘足而陆，此马之真性也。"① "陆"是跳的意思，"真性"是自然本性。马蹄踏霜雪，马毛御风寒，想吃草就吃草，想喝水就喝水，想翘足而跳就翘足而跳，这就是马的自然、马的天性。他还说：牛马有四条腿，马不套笼头，牛不穿牛鼻环，这就是自然。如果改变它，给马套上笼头，给牛穿上牛鼻环，就是人为。他说得很清楚，任何外加的行为，影响到物的自然性或者说天性，那是不行的。延伸到现实的人生，庄子有很多话说得模糊，但把人生死的过程说得还算清楚。他说人开始没有生命、没有形体、没有气息，在恍惚中逐渐有了气息、有了形体、有了生命，然后有了死亡。他打了一个比方，说这样的生死过程就像春夏秋冬四季的运行一样，这就是自然。他讲这番话的时候，正当妻子死去，朋友惠施去看望他，他正盘着腿、敲着盆子唱歌。惠施很不高兴，说你庄子这个人太不厚道了，你的妻子辛辛苦苦地养育孩子，现在没了，你不伤心，居然在这里敲着盆子唱歌。庄子说："话不是你这样说的。妻子刚断气的时候，我也很伤心。后来一想，不对呀，死是一件自然的事，死就死了，我伤心哭泣不是违背了自然吗？我现在想唱歌就唱歌，这是我的自然。"他说的自然，还是纯粹的天性，没有附加人的行为。

什么是无为呢？无为是什么都不做。老庄有一个理论："道常无为而无不为。"这一理论本身在他们看来是有道理的。天地间的自然万物，谁干涉它们了，它们不都长得好好的吗？人可以仿效自然，为什么要有为呢？既然无为而无不为，那就不需要有为。这样就形成了老庄关于无为的著名理论，落实在圣人治理国家上，应该是虚心实腹、弱志强骨，让老百姓心里没想法，没志向，吃

———————

① 《庄子·马蹄》。

得很饱，身体很强壮。在他们看来，这是最好的方法，使老百姓既没有知识，也没有欲望。在这一点上，老子是倒退的，认为人人都无为，社会就太平了。后来庄子把老子这一思想发展到极端，期待建立一个绝对自然的社会，叫作"至德之世"，让人与万物和谐相处，社会就不存在战争而归于太平了。

我们很难用老庄的自然无为指导生活，但他们有一些理念成了人生格言，至今都有积极的意义。如老子说："祸莫大于不知足，咎莫大于欲得。故知足之足，常足矣。"[1]这实在是有道理。人生的欲望没有穷尽，只有知足，才不至于遭受意外的灾祸。还有他说的："天下难事必作于易，天下大事必作于细。是以圣人终不为大，故能成其大。"[2]"合抱之木，生于毫末；九层之台，起于累土；千里之行，始于足下。"[3]他告诉我们，干大事业，要从小事情做起，包括你分内的事、分外的事，小事做好了，就能做大事；容易的事情做好了，就能做难事。持之以恒，一定会取得成就。这是宝贵的人生经验，现在有很多人践行，只要你目标正确，天天做，毫不懈怠，成功自然来了。如果你一开始就想做大事，不肯做小事，必将一事无成。每一个成功的人回想自己的人生，都很感慨这一点。

老子还说"上善若水"，人们很喜欢这句话，许多人把它写成条幅贴在大厅里作为座右铭。但这话好说不好做。要做到这一点，得永远处在一个不与人争锋的位置，保持谦虚谨慎，不争不抢，这是需要很高道德修养的。"上善若水"，在老子看来，"水

---

[1] 《老子·四十六章》。

[2] 《老子·六十三章》。

[3] 《老子·六十四章》。

善利万物而不争，处众人之所恶，故几于道。……夫唯不争，故无尤。"① 最根本的是不争可以避祸，为人的同时也能为己。老子还有一些理念，他说天之道，就像张弓，举高了往下压一点，举低了往上抬一点；有余者减少一点，不够的补充一点，即"损有余而补不足"②，社会一定是这样才能保持平衡。这一原则其实是很多管理部门的原则，因为需要平衡，需要稳定。他批评现实社会，说是人之道不像天之道，常常损不足而奉有余，让我们反思。

这里讲的，主要是老庄思想的积极面，他们同为道家的代表人物，老子的道家学说，如果不是庄子弘扬的话，不会有这么大的影响，老庄根本的思想相同，都以"道"为万物之源。但两人的道路、具体的操作实在不一样。我们现在常听说某某企业用《道德经》来管理，但你听说过某某企业用《庄子》来管理吗？我看没有，因为庄子最后归结到完全的、绝对的无为，并不可取。

第三我们说法家，讲一讲法家的"法"。

韩非说得很清楚，一个国家不可以没有法。他说"国无常强，无常弱"③，强弱总是变化的，有时强一点，有时弱一点。历史的规律也是如此。譬如汉武帝在位期间是西汉最强盛的时期，唐玄宗在位期间是唐代最强盛的时期。但汉武帝经过多年的边境战争，国力削弱了；唐玄宗遭遇了安史之乱，唐王朝走向衰落。韩非在这里还说"奉法者强则国强，奉法者弱则国弱"④，"奉法"是要制定法令，执行法令。有法，才能使国家强大；无法，国家就虚弱了。

---

① 《老子·八章》。
② 《老子·七十七章》。
③ 《韩非子·有度》。
④ 《韩非子·有度》。

他这里提到一个有意味的问题，说治国不要依赖别人对你好。如果依赖别人对你好，在国内可能没有十个道德水平很高、对你很拥戴的人。重要的还是用法来规范人的行为，使全国、天下的步调一致。他明确地说，圣人治国不用德而用法，这和儒家治国理论截然不同。孔子、孟子还有后来的荀子，都不主张用法，主张用德、用仁、用礼。韩非说一定要用法，因为用德、用仁、用礼很难规范人的行为。譬如我们讲仁也好，讲孝也好，这行为怎么统一规范？它们的内涵很大，社会生活复杂，规范起来也有难度。但用法规范就容易了。韩非强调用法，他打比方说如果没有马鞭子的威力，如果不用马笼头，即使是最会驯马的造父也不能降服烈马；如果没有规矩，没有绳墨，就是手艺最高的王尔也做不成方形和圆形的器物。他用这来比喻治国要有规矩、要有法，如果没有威严之势、没有赏罚之法，就是古代的圣君尧、舜也不能治天下。

韩非说的法，核心内涵是赏罚。赏罚的运用是有原则的，他说："功当其事，事当其言，则赏；功不当其事，事不当其言，则罚。"[①] 你做的事、说的话，正好对应你当做的事、当说的话，做得对、说得对就赏你。如果要你做这件事，你做了另一件事，尽管事做得很好，也是不会奖励的。而且做的事、说的话一定和赏罚相当，只要是有功劳的人，哪怕与你的关系很疏远，或者是地位很低下，那也是要赏赐的；如果犯错的人和你的关系很亲近，得你宠爱，也一定要惩罚。所谓"疏贱必赏""近爱必诛"[②]，完全是依法考量的。符合法的原则，该赏则赏，该罚则罚。只有这样，

---

① 《韩非子·二柄》。
② 《韩非子·主道》。

治理起来才容易，很疏远的人、地位很低的人做事才不会懈怠；而关系很亲近的人，才不会因为你的宠爱而骄纵。这话至今都有意义。

还有，君王的赏罚不能受自我情绪的影响，不能说情绪好就乱赏一通，情绪不好就乱罚一气。这就是韩非说的不因喜而滥赏、不因怒而滥刑，与上面说的赏罚不为对象的亲近、疏远左右是一致的。施行赏罚的时候，要使"智者弗能辞，勇者弗敢争"①，这是说你得公正公平，要赏得恰到好处，让那些有智慧的人、勇敢的人无言可辩。他同时说的"刑过不避大臣，赏善不遗匹夫"②，和儒家的观念完全不一样。孔孟主张刑不上大夫，而韩非说不看人物身份，只看违不违法，大夫违法也是要惩处的。赏罚一定要恰当，赏赐过头了，会丧失民心；刑罚过头了，老百姓不害怕，也不行。同时，行赏要能起到鼓励的作用，惩罚要能产生警诫的效果，让人守法而不犯法，不要弄得"有赏不足以劝，有刑不足以禁"③，不然即使国家很大，也一定是很危险的。韩非把这些话说得斩钉截铁，引起后人对他的批评，包括西汉的司马迁，说他严刑峻法，刑罚太严酷了。

韩非的赏罚原则是怎样确立的呢？主要是考察了人情人性。韩非和孔孟不一样，孟子强调人性善，韩非是荀子的学生，荀子有一篇很有名的《性恶论》，主张人性恶。他继承荀子人性恶的思想，说人性好利。因为人没有羽毛，不穿衣就寒冷；人有肠胃，不饮食就不能活命，所以人会有欲利之心。他打比方说，做车子

---

① 《韩非子·有度》。

② 《韩非子·有度》。

③ 《韩非子·饰邪》。

的人希望人多富贵，做棺材的工匠希望人多死亡，这并不是做车子的人特别仁厚，做棺材的人特别残忍，而是利益驱使。人不富贵车子卖不出去，人不死亡棺材卖不出去。因此要立法，用法来制约人的欲望。立法是有原则的，你的赏赐要使人向善，你的惩罚要使人没有暴力的行为，只有这样法才会完备，事情才能做得尽善尽美。应该怎样立法呢？应该是"立可为之赏，设可避之罚"①。赏赐应该是努力就可得到的，如果努力也不可能得到，人们就不会努力了。惩罚也是，一定要使人想着能够规避惩罚，如当今的酒驾入刑，酒驾可以规避，规避后不存在受罚的问题，所以现在很多人酒后不敢开车。可为之赏，可避之罚，是立法者需要注意的。

第四个问题：儒道法的区别

儒、道、法成为影响我国两千多年，且还会再影响下去的中华文化，它们之间的区别在哪里呢？我说四点意见。

一从人性的角度说。孔孟重人的社会性，人是社会的人，他们主张人性善，说人性可以用德与礼不断完善，只要从自身做起。孔孟把人的社会性说到了极致，从个人到家庭，从家庭到社会。人的基本道德行为，仁也好，孝也好，礼也好，后人都只有解释的份，很难再创造新的理念，很难超越。尽管这些理念本身还存在这样或那样的问题，它们还会随着时光流逝、社会发展注入新的内容。老庄注重人的自然性，反对人的有为而强调人的无为，但他们把人的自然性推向了无为无欲，这也是一个极端。推向这

---

① 《韩非子·用人》。

个极端之后，在这方面也没有人能够超越。后来许多人解释老庄，产生了一些解释性的著作，但没有人在"道"的基本理念上超过老庄。韩非也注重人的社会性，不同于孔孟和老庄，他主张人性恶，强调用法治改造社会、改造人性，使人弃恶从善。这和儒家用德和礼改造人性，道家用自然改造人性完全不同，他有法的强制性，而儒家要求高度自律，道家要求绝对自由。

二从社会主张说。在春秋战国时代，儒、道、法三家走的具体路径不一样，社会主张明显不同。孔孟讲仁爱、讲礼治，要以礼和德构成社会的基本秩序，不能擅自逾越。同时，社会的和谐很大一部分要靠仁爱、靠礼治。老庄讲自然，老子说小国寡民，国家要小，百姓要少，最好是鸡犬之声相闻，老死不相往来，这和儒家讲大一统迥异；庄子讲至德之世，要求人返璞归真，回到原始时代，在那样的社会里只有自然秩序没有社会秩序，也没有儒家所说的道德，人人都自然，也就没有什么危害了。韩非讲法、讲术、讲势，强调用法建立社会秩序，他觉得用法来掌控社会，比用道德要容易得多，他也绝对不讲老庄的自然无为。那个时代充满战乱，是道德很难控制的。如果道德可以控制，孔子讲德治天下，孟子讲仁治天下，说"老吾老，以及人之老；幼吾幼，以及人之幼。天下可运于掌"是多么美妙哇！但孔子不得志，孟子也不得志。那个时代也是老庄的清静自然、无为而无不为不能控制的，人人都顺应自然，那会是怎样的社会局面呢？倒是韩非的法治，为秦王嬴政喜爱和运用。

三从人生修养说。儒、道、法都讲人生修养。儒家讲修养重克己，自我控制；讲慎独，一人独处的时候，也是要自我把握的；讲节制欲望，重义轻利，"不义而富且贵，于我如浮云"。他们的"修齐治平"理论，注重从自身做起。首先是修身，然后是治家，身修得好、家治得好才能谈治国，这国是诸侯国，国治得好才能谈治天下。老庄讲人生修养，重知足，要人无私无我，最好是忘却客观外物，甚至忘却自身，消解人对名利以及一切外在事物的欲望，进入一个绝对没有欲望的自然世界。但谁回得去呢？老子回不到小国寡民的时代，庄子也不可能回到原始的至德之世。韩非讲用法节制人的欲望，要使人在遵纪守法的过程中获得各自的满足，使社会完全在法治的管理下，井然有序。

四从人生精神说。孔孟是积极的，达则兼济，穷则独善，是儒家的经典理论。老庄是消极的，避祸全身，随波逐流。不过，他们有的消极理论还是有用的。如庄子说过一句"知其不可奈何而安之若命"，劝人在无可奈何之际认命，促成人内心的平和，不至于太纠结。而且，老庄有别，老子在说自然无为的同时，也有一些积极的社会治理方法。韩非的法治天下，世异事变，厚今薄古，也是积极的。在历史的进程中，孔孟也有一些问题，他们老说要回到过去，回到西周时代，要克己复礼，这礼是周礼。老庄则是要到原始时代，比孔孟走得更远。而韩非始终向前看，社会变了，法令制度怎么能够不变呢？怎么能够守株待兔、刻舟求剑呢？一定要随着社会的步伐往前走。用现在的话来说，就是与时俱进。

总之，儒家、道家、法家是中国传统文化的三根支柱。儒家和道家在人性上互补，儒家重人的社会性，道家重人的自然性，一个人既要有社会性，也要有自然性，也就是个性；儒家和法家在社会治理上互补，儒家重道德治国，法家重法律治国，一个国家既要有道德，又要有法的规矩，这样才能治理好。三者相互渗透，彼此支撑。不过，人们在讲传统文化的时候，常常讲儒道而不讲法，这是不妥的。或者是讲儒、道、释，释就是佛教，佛教文化也高深莫测。我有时问，如果我们传统文化中只有儒家文化肯定不行，只有道家、佛教文化来补充儒家文化，行不行？我看也不行。道家讲清静自然，无为无不为；佛教讲禅修、讲来世、讲轮回，社会怎么治理呀？所以社会治理一定要有法来支撑。法与德不可少，当然人的自然精神也不可少。

我今天讲中国传统文化的三种境界，儒家的德、道家的道、法家的法，其实只讲了各自最核心的理念，这些会随着社会的进步不断有新的理解，绝不是要回到孔孟、老庄主张的时代，也不是要照搬韩非的法。如果是这样的话，韩非也是不同意的，社会变了，相应的事物也在变，那么法令制度也是要变的。

关于中国传统文化的三种境界就讲到这里，谢谢大家！

参考文献

楼宇烈:《王弼集校释》，中华书局 1980 年版。

楼宇烈:《老子道德经注校释》，中华书局 2008 年版。

朱谦之:《老子校释》，中华书局 1984 年版。

任继愈:《老子新译（修订本）》，上海古籍出版社 1985 年版。

陈鼓应:《老子注译及评介》，中华书局 1984 年版。

张松辉:《老子新解》，人民出版社 2019 年版。

老子等:《道德经的智慧》，新世界出版社 2016 年版。

钱基博:《老子道德经解题及读法》，中国书店 1988 年版。

林语堂:《老子的智慧》，陕西师范大学出版社 2004 年版。

任继愈:《任继愈谈老子哲学》，石油工业出版社 2018 年版。

张起钧:《智慧的老子》，广西师范大学出版社 2006 年版。

夏海:《老子与哲学》，生活·读书·新知三联书店 2016 年版。

王孺童:《道德经讲义》，中华书局 2013 年版。

熊铁基、马良怀、刘韶军:《中国老学史》，福建人民出版社 2005 年版。

钱穆:《庄老通辨》，九州出版社 2011 年版。

郭庆藩:《庄子集释》，中华书局 1961 年版。

陈鼓应:《庄子今注今译》，中华书局 1983 年版。

梁启超、胡朴安等:《道家二十讲》，华夏出版社 2008 年版。

刘宝楠:《诸子集成（第一册）·论语正义》，中华书局 1954

年版。

杨伯峻:《论语译注》，中华书局 1980 年版。

焦循:《诸子集成（第一册）·孟子正义》，中华书局 1954 年版。

孙诒让:《墨子闲诂》，中华书局 1986 年版。

吕不韦:《吕氏春秋》，上海古籍出版社 1989 年版。

梁启雄:《韩子浅解》，中华书局 1960 年版。

杨丙安:《十一家注孙子校理》，中华书局 1999 年版。

刘文典:《淮南鸿烈集解》，中华书局 1989 年版。

杨伯峻:《列子集释》，中华书局 1979 年版。

严北溟、严捷:《列子译注》，上海古籍出版社 1986 年版。

蒋伯潜:《诸子通考》，浙江古籍出版社 1985 年版。

郭齐勇、吴根友:《诸子学通论》，商务印书馆 2015 年版。

司马迁:《史记》，中华书局 1959 年版。

后　记

　　古往今来，喜欢《老子》的人太多，海南企业家黄先生喜欢《老子》，希望我能去他公司讲讲，并说是刘兴林老师推荐的。

　　刘兴林老师是我二十世纪八十年代初在华中师范大学访学时的老师，退休后来到海口经济学院从事教学和研究。当时，他正忙着在央视《百家讲坛》开讲"大秦崛起"，无暇抽身，推荐我去讲。对此邀请，我答应得很爽快。一则刘老师是我的老师，后来我考到华中师大温洪隆先生门下攻读先秦两汉文学硕士，刘老师是温先生的弟子，这样我们又成了师兄弟。他说让我来讲，我自当听命。二则当时有点误会，我以为讲《老子》，只是做一次讲座而已，这对我来说是轻而易举的事。但黄总希望我把《老子》八十一章完整地讲一遍。

　　2017 年的下半年，我在海南科技职业学院主管的升本工作进入最紧张的迎评阶段，教育部的专家组要进校考察，事务工作相当繁忙。这是我略显犹豫的原因。但想到我以前在全国一些地方做过孔孟的命运与道德、庄子的逍遥与自然、韩非的悲剧与法术的系列讲座（后整理成《中国传统文化演讲三题》由南方出版社出版），虽涉及过老子，但《老子》这一块讲得零碎。所以，我乐意完整地讲一讲《老子》，况且讲课时间又安排在我下班之后。于是，我答应了。

　　那时，讲《老子》的人已经很多了，多从不同的角度，结合社会生活理解或新读。而我有意识地结合历史文化来讲，让自己所讲的《老子》保持本色，又有较高的文化品位。这一则是以老解老，以先秦相关典籍解老，以历史故事解老，因为老子是春秋末年的人，对相关典籍和历史故事的引用尽可能偏于春秋战国时期。二则是偏于古代诗文，为我的演讲增加一些文学的色彩，使之有点灵动而不至于太板滞，这与我长期从事古代文学的教研有关，故和做哲学研究、社会学教育的学人讲的《老子》有所不同。我按这一思路做了实施，并在 2017 年底完成全部演讲。

2018 年 2 月 10 日，海科院升本工作基本完成，只等待教育部发文公布。这一天我辞去在该校的一切职务，先回到武汉，后旅居伦敦。我在伦敦小威尼斯河畔，与老伴、女儿和外孙丁丁享受着其乐融融的生活，并继续我对韩柳欧苏以及苏过的研究。待这些工作告一段落，我用一个多月的时间，把《老子》演讲的录音转换成文字，因之后忙于准备 2019 年 8 月底回国后的多个全国学术研讨会的论文，直到 2019 年 12 月 10 日我从武汉回到海口，才着手整理这些文字。

这次关于《老子》的演讲，《老子》原文主要以王弼的《老子注》为本，偶随后人正误而有纠改。尽管我努力与老子对话，很想把他的理念说得更清楚一点，但老子思想的抽象和跳跃既是众说纷纭所在，也是解读的乐趣和困难所在，不妨按我自己的思路去做。这次整理，在演讲录音稿的基础上，主要做了如下的工作：把演讲时因时间关系没有展开的内容展开，把讲得较粗略的地方稍作补充，对演讲的内容作适当的调整，重新敲定了章题和节题。不过全稿仍保持了演讲的口语风格，以便读者接受。

记得在 2019 年 5 月，我在伦敦与在欧洲巡讲的北师大康震兄相遇，当时他到伦敦圣玛丽大学孔子学院讲"苏东坡——最有魅力的宋代诗人",该院的楼尊院长派人接我过去。事后两人聊到文化传播,他说:"没有传播普及,也就没有学术生命力的延续与创新。毕竟,做学问的根本目的还是在于开启民智、弘扬文明、凝聚精神。"我很认同这话,而现在学术和普及分离厉害,大众少有人读学术著作和文章,学人往往满足自己专业的研究和著述,很少涉及行外的学术成果,也不太重视文化的普及传播。普及传播看似容易,其实要做到与读者、听众或观众产生共鸣很难。但我们还是应该为大众努一把力,让传统文化闪现更多的光彩,并让这些光彩照耀在普通百姓身上。

全书的最后,我附了自己2019年3月在伦敦中国驻英国大使馆演讲的《中国传统文化的三种境界》,这也是根据当时录音做的整理。演讲涉及儒、道、法三家的核心理念,虽说讲得比较简单,但呈现了这三家的基本精神,作为这里《老子》演讲内容的补充,也许有助于读者对《老子》的认知。

在演讲和整理本书过程中,参考了前贤与时贤的著述,在这里深表谢意。同时,这部演讲录的出版,要特别感谢海南出版社的编辑们,他们一直关注我关于传统文化的研究,无论我旅居伦敦,还是在武汉或者海口,这无形中成为我工作的强大动力。谢谢本书的责任编辑兢兢业业地为本书付出的辛劳,一部书最后的完善,总是浸渍着他们无数的汗水。

阮忠

2022 年 3 月 31 日